KB233103

세계화 시대
글로벌 코리안 네트워크와 국가발전

세계화 시대

글로벌 코리안 네트워크와 국가발전

김 재 기 저

한국학술정보[주]

〈프롤로그〉

'讀 萬卷書, 行 萬里路, 交 萬人友 10年'

　필자가 남북통일문제와 재외동포 문제에 대해 관심 갖게 된 것은, 지금으로부터 15년 전인 1991년 대학 4학년 때 통일부에 제출한 논문이 당선되어 소련과 통일독일에 연수를 참가한 것이 계기가 되었다. 1991년 12월 소련 공산당 체제하 모스크바대학을 방문하여 박 미하일 교수님을 만난 것이 재외동포 학자와는 첫 대면이었다. 박 미하일 교수님을 통해 구소련지역 고려인의 역사, 생활 실태에 이르기까지 많은 설명을 듣게 되었다. 모스크바를 경유해서 방문한 독일에서도 광부와 간호사로 이민 간 동포들을 만나면서 독일 거주 동포들의 애환을 체험하게 되었다. 그리고 통일부 독일주재관으로 계셨던 조용남(현 사회문화교류국장) 선배님으로부터 통일독일에 대한 자세한 이야기를 듣게 되었다.

　재외동포에 대한 본격적인 접근은 1996년 '통일대비 교포정책 활성화 방안'이라는 주제로 통일부의 신진학자 연구비를 받아 논문을 쓰면서부터이다. 남북한 통일과정에 북한과 밀접한 관계가 있는 중국 조선족과 구소련 고려인의 역할에 대하여 연구를 진행하였다. 1997년에는 전남대학교 교수님 다섯 분을 모시고 카자흐스탄 알마티에서 개최된 '중앙아시아 한인 강제이주 60주년 국제학술회의'에 참가하였다. 이 학술회의에 현재 재외동포재단 이사장이신 이광규 서울대 교수님, 윤인진 고려대 교수님,

이윤기 해외한민족연구소 소장님 등 재외동포 문제 전문가가 대거 참여했으며, 국제학술회의에 논문 발표하는 기회까지 갖게 되었다. 이 국제회의를 통해 일본 교토대학의 이애리아 박사, 카자흐스탄대학 김게르만 교수, 얼마 전에 고인이 된 고려일보 양원식 주필, 카자흐스탄고려인협회 최유리 회장님을 비롯하여, 북한정권수립시기 소련파로 분류되었던 수많은 고려인 동포들을 만날 수 있었다. 최근 시집을 낸 김병학 박사와 몇 년 전 고인이 된 고려일보 강춘성 기자, 현재 타슈켄트 한국교육원에 근무하는 장원창 박사님, 지금은 카자흐스탄의 대표적인 한상(韓商)이 된 진재정, 임병율 후배들과의 네트워킹이 유지되고 있다.

1998년에는 고려일보 창간 75주년 학술회의에 '신정부의 재외동포정책'을 주제로 논문발표와, 전남대학교 특성화 연구인 '중앙아시아 고려인에 대한 연구'를 위해 카자흐스탄과 키르키즈스탄을 방문하여 보다 더 심층적인 조사를 하게 되었다. 1999년에는 임채완 교수님을 책임자로 모시고 한국학술진흥재단의 '탈북자 인권'문제 조사를 위해 도문, 훈춘, 용정, 화룡, 장백, 집안 등 중국-북한 접경지역을 방문하여 탈북자와 인터뷰를 하였고, 이 과정에서 조선족 동포들이 중요한 역할을 하고 있음을 알게 되었다. 이때 촬영한 '꽃제비' 다큐는 북한사회론 강의에 유용하게 활용하고 있다. 이때 북경대사관에 통일관으로 계셨던 문대근 서기관님, 법무관으로 계셨던 구본민 부장검사님의 도움을 받기도 했다. 10월에는 전남대학교와 재외동포재단의 지원을 받아 '러시아 연해주 고려인과 중국 조선족 탐방'이라는 세계교육기행에 학생들을 인솔하여 블라디보스톡과 우수리스크를 방문하고 육로로 중국 연변을 방문하였다. 학생들이 역할을 분담하여 고려인과 조선족 학생들에게 남도 판소리와 대금을 연주하고, 태권도 시범을 보이면서 함께하는 시간을 가졌다.

2000년에는 '한국통일과 중국 동북3성 조선족에 관한 연구'를 위해 다시 중국 동북지역을 방문하였다. 설문조사과정에서 정치적으로 미묘한

민족관계를 질문하여 중국 공산당 당원으로부터 고발을 당하기도 하였다. 이때 연변을 거쳐 매하구-통화-집안-장백을 방문하였다. 2001년 1월에는 영하 40도의 혹한에도 불구하고 연변대학 동북아연구회 팀인 임형재 박사, 유병수 박사와 함께 연길-도문-목단강-계동-계서-밀산에 이르는 흑룡강성 지역 농촌실태와 촌민선거 과정에 대하여 현지조사활동을 진행하였다. 20시간 기차를 타고 밀산(密山)에 가는 동안 드넓은 만주벌판을 몸으로 체험하게 되었다. 밀산시 민족간부들과 만남이 있었고, 조선족 농촌의 위기를 체험하였다.

2001년 7월에는 전남대 포닥연구비를 지원받아 중국 서부지역 사천성 성도-티베트-네팔-홍콩을 한 달 간 방문하였다. 귀국 후 곧바로 전남대 5.18연구소의 교육인적자원부 특별과제 수행을 위해 국방부 군사편찬연구소의 심헌용 박사와 함께 '러시아 연해주와 볼고그라드 고려인 인권문제'에 대하여 현지조사를 하였다. 강 니꼴라이, 김 떼미르, 리 비아체슬라프 등 고려인 지도자와 함께 미하일로프, 라지돌로예, 크레모바 등을 방문하고 중국 흑룡강성 수분하를 통해 연변을 방문하였다. 두 달 동안 중국의 서부 티베트와 동북 연해주와 연변을 종횡으로 강행군을 한 것이다.

2002년 1월에 길림성 장춘에서 개최된 '제9회 조선족농촌발전 국제학술회의'에 '농촌발전과 촌민자치'라는 주제로 논문발표 한 뒤, 길림시 아라디 관리구, 금풍촌 등 농촌마을을 방문하였다. 이 학술회의에서는 동북3성에서 온 조선족 민족간부 200여명을 만날 수 있었다. 특히 중앙민족대학 김병호 교수님, 황유복 교수님, 중국 사회과학원 정신철 교수님, 연변대 김강일 교수님, 요녕조선문보 최호사장, 흑룡강신문 한광천 부사장, 이동춘 전인대 대표 등과 조선족사회에 관한 많은 이야기를 누었다. 한국에서 같이 간 김해성 목사님, 이길재 前국회의원님, 민화협 정현곤 처장과 만남도 있었다. 학술회의 후 장춘-하얼빈-오상-상지-목단강-해림

-도문-연길-북경에 이르는 한민족의 삶의 현장들을 방문하여 자료를 수집하고 수많은 조선족 민족간부와 학자들과 인적네트워크를 구축하였다. 당시 금호아시아나 중국대표로 계셨던 이원태 사장께서 물심양면으로 도움을 주셨다. 6월에는 대학통일문제연구소협의회에서 개최한 학술회의에 하바로프스크와 이르크츠크를 방문하여 많은 고려인 동포들을 만나게 되었다.

2003년 5월에 통일부 신진학자 연구비를 받아 민족향(진) 차원에서 50여개의 '동북3성 조선족 집거지 실태'를 조사하였다. 2003년 10월에 북경 중앙민족대학에서 개최된 학술회의에 '중국 조선족 농촌 집중촌 건설론'에 대한 주제를 발표하고 청도-대련 지역 한상네트워크를 조사하였다. 2004년 2월에 일본 동경과 가나가와(요코하마, 가와사키) 등을 방문하여 민단과 총련에 대한 연구를 진행하였다. 5월에는 법률팀을 지원하여 설문조사를 위해 뉴욕과 뉴저지를 방문하여 300개의 설문을 진행하였다. 이 과정에 뉴욕시립대학 Queens College의 민병갑 교수님, 뉴욕유권자센터 김동석 대표께서 많은 도움을 주셨다. 10월에는 오사카에서 개최된 동북아평화네트워크 국제학술회에 '중화경제권 화교네트워크'를 주제로 논문발표하고, '원코리아 페스티발'을 참관하였다. 코리아 NGO센터 정갑수 대표, 한민족연구소 박병윤 선생님, 허상림 선생님과 동행했었다. 2005년 2월에는 '중국 조선족의 남북통일관'에 관한 조사를 위해 단동-심양-연길-북경을 방문하여 설문조사를 실시하였다. 7월에는 '중국 조선족여성과학기술인 현황조사'를 위해 연변을 방문하였다. 8월에는 뉴욕에서 개최된 광복 60주년 '국제한민족포럼'에 참가하여 '차세대 동포청년의 남북통일관'을 주제로 논문발표 하였다. 이 학술회의에 평화재단 법륜스님, 영국 오스포드대학 정미령 교수님, 영세중립주의통일론을 주장하신 브레들리대학 황인관 교수님, 전뉴욕경제인협회 정수일 회장님, World-OKTA 서진형 회장님, 뉴질랜드 조세핀 김 변호사 등을 만날 수 있었다. 11월에는 공동학술회의를 준비하기 위해 모스크바를 방문하여, 조바실리 전러고려인협회장, 천발렌진 러시아고려인신문 발행인, 김영웅 과학아카데미 극동연구원 교수, 엄넬리 1086학교 교장, 김선국 변호사 등과 협의하고, 고려인과 중국 조선족 실태를 조사하였다. 12월에는 민주평통 국제위원회와 재외동포재단이 공동주최한 국제학술회의에서 '차세대 한민족네트워크 활성화'라는 주제로 논문발표 하였다.

이 책은 필자가 지난 1년 동안 발표한 재외동포와 통일문제 관련 논문들 중 일부를 수정보완 한 것이다. 처음에 중국 동북 변강지역 연변에서 시작한 연구가 시간이 흐름에 따라 북경, 청도, 위해, 연태, 대련, 단동, 하얼빈, 장춘, 상해, 호화호특(내몽고자치구), 라사(티베트) 등으로 확대되었고, 다시 국경을 넘어 동경, 오사카, 뉴욕, 뉴저지, LA, 모스크바, 블라디보스톡, 볼고그라드, 하바로프스크, 이르크츠크, 알마티, 타슈켄트 등 세계로 확산되었다. 이러한 현지조사과정을 통해 수집된 자료와 단체, 인적네트워크는 2003년에 한국학술진흥재단 기초학문육성과제 '세계한상네트워크와 한민족문화공동체조사연구'라는 주제를 제출하는데 기초자료로 활용되었다. 그리고 중국한상팀, 문헌정보자원팀, 집거지팀, 여성팀, 법률인권팀, 단체팀, 언론팀 등의 해외현지조사 과정에 인적네트워크로 활용되었다. 또한 지난 3년간 세계한상문화연구단에서 50여회 걸친 학술회의를 기획하는데 중요한 기초 자료가 되었다.

지난 10여 년 동안 재외동포와 관련된 연구를 꾸준히 진행할 수 있었던 것은 임채완 교수님의 배려가 컸다. 임채완 교수님과 함께 지난 10년 동안 수많은 재외한인 관련 해외현지조사 계획서와 국제학술회의 기획안을 작성하고 수정보완하면서 오늘에 이른 것이라고 할 수 있다. 전남대학교 정득규 전총장님을 비롯하여, 정광용 교수님, 박하일 교수님, 이광우 교수님, 김광수 교수님, 이명남교수의 가르침에도 감사한다. 논문지도를 해주신 최영관 교수님, 지금 국회에 계신 지병문 교수님, 학문에는 냉철하시면서도 따뜻한 마음을 가지신 김용철 교수님과 윤성석 교수님의 배려와 사랑에 감사한다.

그리고 통일부와 재외동포재단, 민주평화통일자문회의, 양재장학재단, 광주전남발전협의회 등도 귀중한 연구비를 지원해 주었다. 민주평통 국제위원회 위원장이신 박종화 경동교회 담임목사님(현 국제의료교류재단 총재)과 양병기 2005년 한국정치학회장님, 서병철 前통일연구원장님, 전현준 통일연구원 기획조정실장님도 국제위원회 회의 때마다 많은 가르침을 주셨다. 안종일 前광주시 교육감님, 이영일 한중문화협회 총재님, 강정채 전남대 총장님, 임현모 광주교육대 총장님, 김혁종 광주대총장님, 박석무 단국대이사장님(5.18재단이사장), 송정민 전남대 호남학연구단장님, 오갑렬 중국심양총영사님, 이재훈산업자원부 차관보님, 나도성 국제무역투자실국장님, 산업교역형 기업도시 건설에 주야로 바쁘신 서삼석 무안군수님, 한상네트워크에 관심이 많으신 이상경 국회의원님의 배려와 아낌없는 사랑에도 감사한다. 중국과 재외동포 지원사업단체를 같이 만들어 활동한 前 청와대 민정비서관 노인수 변호사님, 두남회 조기선 변호사님과의 많은 대화와 고민도 도움이 되었다. 전남대 약대 박행순 교수님과는 중국조선족여성과기인네트워크 사업, 새터민 사업 등을 공동으로 진행하면서 '봉사'가 무엇인지 알게 해주었다. 이 인연으로 과학기술부의 지원을 받아 운영하는 '광주전남여성과학기술인지원센터'의 한민족 과학기술인네트워크 사업에 공동참여하고 있다.

서울에서 활동하는 친구들도 자료수집에 많은 도움을 주었다. 헌법재판소와 법무부 재직시 재외동포 관련 자료와 자문에 응해준 염동신 부장검사, 수원지검 이건태 부장검사에 고마움을 표한다. 판사로 재직하다 목포에 법률사무소를 낸 최성진 변호사, 국회사무처 재정경제위 오창석 입법조사관, 양형일의원실 이진 보좌관, 기업경영과 투자에 대한 자문을 해준 한판석 회계사, 한국학중앙연구원 박현모 교수도 많은 격려와 자료들을 보내주었다. 또한 전남대와 광주교대에서 ‘정치학’ ‘세계한민족의 이해’, ‘민족관계론’, ‘북한론’, ‘통일론’, ‘민주주의론’을 수강한 학생들은 ‘敎學相長’을 실천케 해주었다. 2003년에 개설한 daum cafe/TOGETHERKOREAN의 2000여 회원도 많은 정보를 제공해 주었다. 특히 중국, 일본, 미국, 러시아 등지에서 좋은 정보들을 제공해준 네티즌에 고마움을 전한다.

일년이면 수차례 해외 출장을 가다 보니 가정에 소홀했다. 아내는 직장 나갈라 아이들 돌보랴, 남편 뒷바라지 할라 마음고생 컸으리라 생각한다. 초등학생인 주해(12살)와 유곤(9살)이도 건강하고 반듯하게 자라주어서 고마울 뿐이다. 지난 10년간 잦은 해외출장에 마음 졸이셨던 부모님과 장인장모님께도 한없는 감사드린다. 가뭄이 심했던 어느 어린시절 늦봄 아버지는 돌덩이 같은 황토밭을 쟁기질하시고, 어머니는 손 마디마디가 터지도록 수천 평이 넘는 땅에 맨손으로 고구마 순을 심던 모습이 떠오른다. 이렇게 수확한 무안 황토 고구마로 5남매가 대학을 나왔다. 이 모든 은혜 어떻게 갚아야 할지 모르겠다.

이 책은 중앙정부에서부터 지역의 기초자치단체 발전에도 도움을 줄 수 있다고 생각한다. 나의 고향 무안이라는 지역은 밤고구마와 양파, 마늘, 뻘낙지 등 친환경적인 농수산물을 생산해내는 황토고을에서 글로벌 도시로 변모하기 위해 몸부림을 하고 있다. 서해안고속도로가 개통되었으며, 무안국제공항이 완공되어 개항할 날만 기다리고 있다. 무안-광주 고속도로도 건설 중에 있으며, 호남고속철도도 무안을 경유할 예정이다. 삼향에는 전남도청이 이전하여 남악신도시가 건설되고 있다. 4년제 대학도 목포대학교, 초당대학교, 기능대학교 등 3개 대학이 인재를 양성하고 있다. 특히 현경과 망운, 청계는 참여정부의 지역균형발전 정책에 의해 ‘산업교역형 기업도시’ 건설에 박차를 가하고 있다. 기업도시 내에 한중국제산업단지에는 중국자본의 투자로 이루어지며, 차이나타운도 건설될 예정이다. 재외동포의 노후를 책임질 실버단지도 재미동포의 투자로 이루어질 예정이다. 이와 같은 중국의 화상자본이나, 유대인 자본, 한상자본의 유치나 차이나타운 건설에 도움을 줄 수 있을 것이다. 황토와 갯벌에서 나오는 친환경적인 농수산물을 바이오기능성식품으로 생산할 경우 해외마케팅에도 도움을 줄 것이다.

학문하는 사람으로서 '讀 萬卷書, 行 萬里路, 交 萬人友'를 실천하려고 노력하였다. 수만 리가 넘는 해외 지역을 방문하였고, 방문하는 곳마다 좋은 사람을 만나 토론하고, 귀중한 자료들을 구하였다. 이제 만리행은 줄이고 지난 10여 년 동안 수집한 자료들을 읽고 정리하여 여러 책으로 만들어 만리로에서 만난 수많은 분들의 은혜를 갚아야 할 것 같다.

끝으로 한국학술진흥재단 기초학문육성과제(KRF-2003-072-BL2002)의 3년간 연구비지원에 감사드린다. 또한 이 책의 기획과 교정, 출판에 이르기까지 많은 노력을 아끼지 않은 한국학술정보(주) 출판부 박혜경 씨와 채종준 사장님을 비롯한 출판사 관계자분들께 감사드린다.

저자 김재기

목 차

제1장 초국가민족네트워크와 재외동포

제1장 초국가민족네트워크와 재외동포

　마누엘 카스텔스(Manuel Castells)는 21세기 국제사회가 네트워크를 중심으로 조직되고 상호작용의 과정을 거치면서 발전하게 될 것이라고 전망하고 있다. 여기서 네트워크는 작게는 컴퓨터시스템의 조직원리이며, 크게는 세계를 더 가깝게 연결해주는 정보기술의 기본원리이다. 그리고 네트워크는 구성원 간에 공간을 초월하여 혈연, 지연, 학연, 업연(같은 직업이나 사업상 연고), 교연(같은 종교상의 연고) 등 다양한 관계들을 상호 연결시켜주고 구성원들 간의 응집성을 갖게 해준다. 또한 네트워크는 두 지점이 다른 네트워크에 있을 때보다 같은 네트워크에 있을 때 두 지점 간의 거리 즉 상호작용의 밀도나 빈도는 더 빈번하거나 조밀하게 해준다. 네트워크는 네트워크 내에서 커뮤니케이션할 수 있는 한, 즉 동일한 커뮤니케이션 코드(예로 가치나 수행목표)를 공유하는 한, 새로운 결절을 통합해서 무한히 성장해 나갈 수 있는 개방구조이다.

　국제사회에서 이러한 네트워크 사회에 가장 민첩하게 대응하며 초국적 민족네트워크를 구축하고 있는 대표적인 민족은 화교, 유대인, 인도인, 이태리인 등이다. 이들 민족들은 계 각국에 거주하는 재외동포의 역량을 경제성장과 국가발전에 활용하는 데 성공하였다. 특히 한국과 밀접한 중국은 전 세계 화교를 개혁·개방 정책에 끌어들여 경제성장을 이룩한 대표적인 국가이다. 1978년 이후 중국에 대한 해외직접투자(FDI)의 약 70%가 화교자본일 정도로 화교(華僑)들은 중국경제발전에 크게 기여하고 있다.

1945년 해방 후 인위적 분단을 맞이한 한민족이 민족통합 과제를 해결하지 못한 상태에서 대립과 갈등을 지속하면서 무한경쟁의 국제사회에 편입되고 있다. 역사적으로 식민지 지배와 디아스포라(diaspora)의 경험, 이념적 대립과 갈등을 거듭해 왔던 한민족에게 미래의 새로운 비전이 요구되고 있다. 그리고 한국이 IMF 체제에서 탈출과 그에 따른 경제회복, 2000년 남북정상회담, 한국기업의 세계진출 확대, 월드컵의 성공적 개최와 한류현상의 확산은 세계 180여 개 국가에 거주하는 한민족에 대한 새로운 관심을 불러일으켰다. 경제위기의 성공적 극복과 더불어 남북관계의 급진전에 따른 통일 가능성의 증대는 남북한 총 7,000만에 이르는 한민족의 세계적 위상 증대와 더불어, 세계 180여 국에서 한민족의 고유한 전통과 풍습을 지키고 살아가는 700만 재외한인의 동질성 회복, 경제적 상호협조를 위한 네트워크 형성의 필요성을 더욱 증대시키고 있다.

그렇다면 국가 간 인구유동이 자유로운 세계화 시대에 한민족의 민족문제는 무엇인가? 해방 이후 현재까지 민족문제 논의의 중심은 '외세와 관계 속에서 자주성'에 대한 부분도 아니고, 해외에 분산되어 거주하는 '재외동포들의 공동체 구성'에 대한 문제도 아니었다. 우리에게 민족문제의 중심은 분단문제 즉 '남북통일문제'만 해당된다는 관점에서 접근해 왔고, 외세문제는 차치하고라도, 같은 민족인 재외동포 문제는 매우 부수적이고 주변적인 존재로 자리매김 되어 접근했던 것이 현실이다. 민족분단 60년 동안 재외동포사회에도 철조망 없는 분단으로 이어지고 민족상호 간에 대립과 갈등이 존재했었다.

최근 들어 재외동포에 대한 정치경제적 중요성이 강조되고 있다. 재외동포들은 국가경제발전에 기여를 하고 있고, 수출증대에도 중요한 역할을 하고 있다. 최근 한류현상에도 재외동포들이 중요한 역할을 하고 있다. 북한과 교류협력에 참여하면서 남북통일과정에도 개입하고 있다. 이는 재외동포가 통일문제를 비롯하여 국가발전과 밀접한 관련이 있음을 보여준다.

또한 700만 규모의 재외동포들은 한반도 주변 강대국에 90.5%가 거주하고 있는 특성을 보이고 있다. 이와 같은 재외동포들이 보유하고 있는 자본과, 첨단과학기술, 유통망, 자본주의 경험 등은 남북한 관계의 특수성으로 인한 불확실성과 비경제적 제약요인을 극복하고, 북한의 국제사회로 진출을 매개하는 역할을 할 수 있다. 그리고 재외동포들은 남북경제공동체 건설과 세계 한민족네트워크 공동체 건설하는 데 중요한 민족적 자산이다. 재외동포들은 남북한을 연결하는 중요한 매개자 역할을 수행함으로써 남북한 간의 경제 교류 협력에 주체로서 또는 가교자로서 역할을 할 수 있다.

이와 같이 세계에 분산되어 거주하는 한민족을 네트워크 관점에서 접근하려는 것은, 탈냉전 이후 세계화라는 큰 흐름 속에서 분단과 분열, 대립과 갈등의 국내외 한민족 구성원들을 다양한 관계에 기초하여 연결하고 결합하기 위함이다. 네트워크를 통해 한민족 사이의 동질성, 연대성, 응집성을 높이고 교류협력의 확대를 통해 상호 간에 공동번영을 추구할 수 있다. 그리고 네트워크에 입각한 접근은 기존 국가의 영토, 주권, 국경 등 정치적 요소를 초월하여 비정치적인 영역에서 문화와 경제적 네트워크를 통해 교류협력을 추구하는 것으로 거주국과 외교적 마찰을 피할 수 있다. 또한 세계화라는 새로운 국제환경에서 세계적 차원의 교류와 거래에서 동일한 언어와 전통 등 문화적 자본을 공유하는 한민족이 협력의 기본단위가 되는 것은 피할 수 없는 일이다. 한민족은 다양한 연고를 중심으로 한 사회적 자본까지 보유하고 있으므로 타 집단과의 거래에서 오는 불신과 오해, 고정관념과 차별을 극복하기 용이할 뿐만 아니라 의사소통의 이점, 정보획득과 자원동원의 등에서 비교우위를 확보하게 해줄 것이다.

그리고 재외한인의 경제활동은 모국의 GNP에 직접 포함되지는 않으나, 소비생활 면에서나 생산활동 면에서 모국 경제와 밀접한 관계를 갖는다. 상품수지 면에서도 이들은 모국 상품의 바이어 역할을 해내고, 현지의 최근 소비성향이나 유통체계에 대한 신속하고 정확한 정보를 모국 기업에 제공하여 기업들의 해외 시장개척에 기여를 한다. 그리고 재외한인들은 현지에서의 인맥과 경험을 활용하여 자신들의 자본뿐만 아니라 외국인의 자본을 모국에 유치하는 데 매개역할을 할 수 있다. 또한 재외한인들은 대외거래활동에서 수반되는 운수나 보험 등 서비스수지에 영향을 미치고, 해외에서 습득한 BT, IT, NT, ET 등 고부가가치의 첨단 과학기술을 모국에 이전하는 데 중요한 역할을 할 수 있다.

이러한 세계 한민족네트워크는 한민족의 생존과 번영, 나아가서 21세기에 한민족이 세계무대에서 주역으로 활동할 수 있는 가능성과 기대에서 성립된다. 이러한 한민족네트워크 형성의 주체는 남북한과 해외에 거주하는 한민족이므로 한민족의 혈통과 문화적 공통성을 기초로 세계 여러 지역에 거주하는 한민족 구성원들 간에 다양한 상호작용을 통해 공동의 유대와 귀속감을 발전시키고, 문화적·경제적 교류를 증진시킬 수 있다. 이를 통해 한민족 구성원들의 생존, 안녕, 발전, 복지를 함께 도모하는 공동체로 규정할 수 있다.

그런데 한국 정부가 세계에 분산되어 거주하는 700만 명 규모 한민족을 국가정책의 대상으로 인식하고 네트워킹 작업을 시작한 것은 최근의 일이다. 1997년 재외동포재단이 외교통상부의 산하기관으로 설립되어 재외동포 관련 사업을 추진하고 있고, 1999년에는 '재외동포의 출입국 및 법적 지위에 관한 법률'이 제정되어 법적 지위를 부여받았다. 2002년 참여정부가 들어선 이후 12대 국정과제 중 하나인 '동북아 경제중심 추진'을 주요 과제로 채택하면서 '한상네트워크' 등 분야별 한민족네트워크 구축을 국가과제로 제시하였다.

현재 정부의 지원 속에 추진되고 있는 대표적인 '한민족네트워크' 사업은 외교통상부의 '한상네트워크', 여성부의 '세계한민족여성네트워크', 민주평통의 '민주평통해외지역네트워크', 산업자원부의 '세계한민족무역인네트워크', 과학기술부의 '세계한민족과학기술자네트워크', 정보통신부의 '세계한민족 IT 네트워크' 등이다. 그런데 현재 추진되고 있는 각 분야 한민족네트워크들은 이론적 논거와 구축 방법론에 대한 논의가 부족하고, 네트워크 상호 간의 연결망의 밀도와 정교함이 매우 약한 초보적인 수준에 머물러 있는 실정이다.

또한 학계에서도 글로벌 수준의 한민족네트워크에 대한 연구가 활성화되지 못하고 개별국가 차원의 접근이나 단편적인 논문들이 발표되고 있을 뿐이다. 재외동포재단이 2000년에 발간한 '재외동포 관련 문헌자료목록'에서 제시한 지역별 연구결과는 일반연구 343건, 일본지역 1,186건, 미국지역 653건, 중국지역 652건, 러시아·중앙아시아지역 305건, 기타지역 106건 등이다. 이러한 연구들은 내용적으로 사회문제영역, 각종 정책쟁점(법적 지위와 인권), 문화와 역사에 집중되어 있다. 이는 재외동포에 대한 기존의 연구가 사회적 쟁점이나 정책적 이슈에 따라 이루어져왔다는 것을 의미한다.

이를 다시 주제별로 분류해 보면, 사회(인구정보, 한인사회 구조 및 구성, 한인사회 당면문제, 사회적 활동 및 네트워크, 한인 사회 내 사회집단 연구 등) 635건, 인권, 법적 지위, 해당국가의 한인정책에 관한 것이 546건, 문화(종교활동, 예술활동, 전통문화, 언어, 의식구조 실태

등) 316건, 재외한인의 역사(이주사, 이민생활사 등) 304건, 교육(교육활동 및 교육관련 문제 등) 265건, 한국정부의 재외동포정책(이민정책 포함) 147건, 정치(한인회 및 각종단체 활동, 각종 정치활동, 권익옹호운동 등) 145건, 통일 등 한국·한반도문제와의 관계 및 관련 활동 주제 129건, 그리고 경제(재외동포의 생업활동, 직업과 취업, 한인사회 경제발전 등) 108건 등이다.

주제 범주의 성격상 사회관련 영역이 가장 많고, 다음으로 인권, 법적 지위 등의 현지 정책 이슈, 그리고 문화와 역사 등에 관한 연구가 다음으로 큰 비중을 차지한다. 이처럼 재외한인의 사회적, 인권·법적 측면에서 연구가 많은 것은 기존의 연구들이 주로 사회현상과 한인관련 현안에 편중되었다는 반증이다. 이것은 대부분의 선행연구들이 단편적이고 일회적인 정책 대안 제시에 주력하여 왔음을 보여주고 있다.

최근 지역별 연구들은 역사적, 체제 전환적, 문화적 변화에서 나타난 정책 지향적인 주제를 다룬다. 재중한인들의 경우, 항일독립운동사, 이주과정 추적, 중국의 개방과정에서 발생한 빈곤과 실업, 중국 내 도시진출과 한국 취업이민으로 인한 인구감소, 조선족 집거구의 붕괴, 민족정체성의 위기, 민족구역자치의 위기, 민족교육의 위기, 집중촌 건설 등의 문제가 중요하게 다루어지고 있다. 그리고 북한의 개혁개방과 남북한 통일과정에서 재중한인의 매개체 역할을 강조하는 연구들이 드물게 발견된다. 러시아·중앙아시아 한인에 대한 연구는 1991년 소련 해체 이후 직면한 심각한 경제난, 1991년 중앙아시아 국가들의 독립 이후 비등하는 토착민 민족주의로 인한 차별, 언론과 교육현황, 민족어를 포함한 민족문화의 소멸, 연해주와 볼고그라드주로 재이주, 민족문화자치주 건설 등과 같은 문제들을 다루고 있다. 또한 재일동포에 대한 연구들은 주로 직장·공직·정치참여에서 차별, 2세·3세들의 귀화, 사회적 지위와 인권, 민족정체성, 민단과 조총련과의 갈등 등의 문제를 중심으로 접근하고 있다. 재미한인들의 경우, 인종차별, 주류사회로의 진입, 청소년들의 적응과 부적응, 세대 간 갈등 등의 문제에 초점이 모아지고 있다.

세계한민족네트워크에 선행연구들은 중국의 화상네트워크를 모델로 한 접근과 참여정부의 동북아경제중심추진 전략과 관련하여 접근하는 문제제기 수준에 있는 연구들이 전부이다. 먼저 화상을 모델로 접근하고 있는 이문형(1999)은 홍콩, 대만, 싱가포르에서 형성된 화교자본의 현황과 대 중국 투자를 설명하고 한국과 전략적 제휴를 통해 협력방안에 대해 정책적인 접근을 하고 있다. 이 연구의 한계는 화상네트워크에 대한 풍부한 자료를 제공해주고 있지만 한상에 대한 구체적인 접근이 없다는 것이다. 박승록(2000)은 한민족공동체 구축을 위한 각 지역별 한인사회의 경제적 네트워크 구축을 제안하고 있다. 이보다 발전된 연구는(사)한중포럼(2003)에서 발간된 단행본으로 현대중국 건설과정에서 화교자본의 역할을 강조하고 이를 우리의 재외한인에 벤치마킹할 수 있는 장점들을 제시하면서, 구체적으로 세계화상대회에 착안하여 한상네트워크 구축의 필요성을 제기하고 있다. 2003년부터 전남대학교 세계한상문화연구단이 진행하고 있는 '세계 한상네트워크구축과 한민족문화공동체조사연구'라는 프로젝트도 11개 지역과 내용으로 분류하여 접근하고 있지만 글로벌 수준에서 네트워킹 구축에 대한 연구는 이루어지지 않고 있다.

1996년부터 2005년까지 대한무역투자진흥공사(KOTRA)와 세계해외한인무역협회(World-OKTA)가 7차에 걸쳐 개최한 '해외한민족 경제공동체대회'는 한민족경제공동체에 관한 담론을 형성해 가고 있다. 하지만 이들 논의는 재외한인 상공인 중심의 시장마인드에서 제기된 것들로서 재외한인 경제활동을 총체적으로 파악하는 데 한계가 있다. 특히 이들 논의는 한민족공동체 구축의 당위성에 치중한 나머지 지극히 선언적이고, 일회적인 정책제안에 치우쳐 학문적 기반이 취약한 실정이다.

다음으로 참여정부의 동북아경제중심추진과 관련하여 한상네트워크를 구축하자는 논의들이 국가전략적 차원에서 제기되었다. 권병현(2003)은 중국 화상네트워크에 착안하여 재외한인 상공인을 한상네트워크로 구축하여 국가발전의 성장 동력으로 활용하자는 제안을 하고 있다. 특히 그는 한민족 통합경제네트워크 건설을 위해 한상네트워크 구축과 오프라인상의 한상네트워크를 실질적인 비즈니스의 장으로 활용하자고 제안하고 있다. 정진영(2003)은 한국학술연구원에서 주최한 세미나에서 동북아 경제중심 건설을 위한 외교적 과제로서 한상네트워크 구축을 통한 재외 한인들의 경제력을 활용하자고 강조하였다. 민주평통(2003)도 평화번영의 동북아시대를 위해서 세계한인무역협회, 세계한인상공인협회, 한인정보기술네트워크 등을 포괄하는 한상네트워크 구축을 통해 한민족경제공동체를 구현하자고 제안하고 있다. 유현석(2003)의 경우도 재외한인 CEO들을 동북아 경제중심 건설에 적극 참여시키고, IT, BT, ET 등 신경제 중심의 재외한인 경제인을 발굴, 네트워킹에 적극적으로 정부가 나서야 한다고 강조하고 있다. 그런데 이러한 연구들은 국가전략의 방향을 제시했다는 점에서 의의가 있지만 문제제기 수준에서 한상네트워크의 당위성만 강조할 뿐 구체적인 자료를 통해 접근하지 않고 있다.

한민족문화공동체에 대한 연구는 한민족공동체론에 대한 큰 틀에서 대부분 논의되고 있다. 이만우(1998)는 한민족공동체 형성의 당위성을 강조하고 각 분야별 네트워크를 제시하면서 민족문화의 중요성을 강조하고 있다. 이광규(1998)도 한민족공동체의 의미와 민족문화의 관계를 설명하며 고유한 민족문화의 역할을 강조하고 있다. 박동준(2000)은 재외한인 민족교육의 목표와 이념을 제시하면서 문화공동체에서 교육의 역할에 대해 구체적인 방향을 제시하고 있다. 이종훈(2002)은 한민족공동체론의 기원과 이상 그리고 현실에 대하여 체계적으로 기술하고, 한민족공동체 형성에 있어서 한민족의 고유한 민족문화의 요소들을 개발하여 발전시키도록 정부의 적극적인 역할을 강조하고 있다. 정영훈(2002)은 한민족 민족정체성의 현실과 형성방향을 제시하면서 민족 언어의 역할을 중시하고 있다. 박창규(2003)의 경우도 새로운 국제환경 속에서 한민족 공동체의 발전전략으로 화교와 유대인의 네트워크 사례를 제시하고 한민족네트워크공동체 형성에 대하여 이론적 접근을 하고 있다. 이러한 연구들은 문화를 구성하는 다양한 요소 간의 유기적인 접근을 하지 못하고 있으며, 특히 한민족 통합네트워크의 전망을 제시하지 못하고 있는 실정이다.

이와 같은 선행연구들의 한계를 종합해 보면, 첫째, 지금까지의 연구들은 한상네트워크와 같이 구체적인 방법으로 재외한인 사회를 접근하지 못하고 있다. 특히 지역 내·지역 간 네트워크 구축에 대한 연구는 문제제기 수준에 머물러 있다. 둘째, 한상네트워크와 문화공동체 간의 상호교류 망 연구는 거의 찾아보기 어렵다. 셋째, 많은 연구들이 재외한인 사회에 대한 광범위하고 실증적인 기초조사 자료 없이 추상적이고 규범적인 수준에 머물러 있다. 넷째, 한민족문화공동체에 대한 논의 역시 문화를 구성하는 개별적인 연구는 진행되고 있으나, 각각의 영역을 유기적으로 결합하는 네트워크 접근은 거의 이루어지지 않고 있다.

이 책은 최근 국제환경 변화 속에서 국가를 초월하여 진행되고 있는 민족 간 연계 현상을 디아스포라의 개념에 의해 접근해 보고, 글로벌 수준의 한민족네트워크가 갖는 정치경제적 의미를 제시해 보고자 한다. 이를 위해 국제사회 대표적인 초국가민족네트워크인 화상과 유대인네트워크의 영향력과 활동 실태를 분석해 본다. 다음으로 현재 추진되고 있는 글로벌 수준의 한민족네트워크의 사례들을 찾아서 추진현황을 점검해보고, 네트워크 활성화를 위한 방안을 제시할 것이다. 그리고 '한민족 디아스포라 공동체'와 남북통일에 대해서 이론적으로 상호관계를 접근해 보고 통일과정에서 역할을 모색해 본다. 또한 세계한상네트워크와 지역경제발전에 어떠한 역할을 할 수 있는가를 광주전남의 사례를 통해 모색해 본다.

이 책은 모두 10장으로 구성되어 있다. 1장은 서론에 해당하는 부분으로 재외동포와 남북통일, 그리고 세계한민족네트워크의 연구의의와 선행연구현황이다. 2장은 세계화 시대 민족문제에 대한 이론적 논의를 통해 민족주의가 나타나는 현상을 설명하고 있다. 국제사회의 이러한 흐름 속에 diaspora문제가 'homeland nationalism'과 연결되면서 정치적인 이슈로 나타나는 현상을 설명하고 있다. 이 글은 본인의 박사학위논문(중국-티베트 민족갈등의 정치적 동학: 국내외 집단요인을 중심으로)의 이론적 부분을 일부 수정하여 최근의 동향을 분석하였다. 3장과 4장은 초국가민족네트워크 대표적인 사례인 화상과 유대인네트워크를 설명하고 있다. 화상에 대한 글은 2005년에 대한정치학회보에 게재한 '중화경제권 화교네트워크의 부상과 조직적 특성'이라는 논문의 일부를 수정 보완 하였다. 유대인에 대한 글은 2005년 21세기정치학회 연례학술회의에 발표한 'Global Jewish network and AIPAC' 논문을 수정 보완 한 글이다. 5장은 한민족이 세계로 이주하게 된 정치경제적 배경과 한반도 주변 주요국가에 거주하는 한민족의 규모와 분포에 대해 설명하고 있다. 이 글은 2005년 21세기정치학보에 게재한 '세계한민족 디아스포라와 네트워크 구축의 정치경제'의 일부를 수정보완 것이다. 6장은 세계 한민족네트워크 현황과 특징을 글로벌 차원에서 추진되고 있는 사례들을 집중적으로 검토하였다. 이 글은 2004년 한국정치학회 연례학술회의와 2005년 5.18 25주년 국제학술회의에 발표한 '세계한민족네트워크 현황'에 관한 논문을 일부 수정 보완한 것이다. 7장은 세계 한민족네트워크와 남북통일이라는 주제로 미국, 중국, 일본에 거주하는 한인들의 역할에 대하여 기술하였다. 이 글은 2004년에 통일문제연구협의회에서 발표한 '재외한인과 남북통일, 세계한민족공동체'라는 논문과 2006년 한국동북아학회에 발표한 '과계민족으로서 중국조선족의 남북통일관'이라는 논문을 수정 보완한 것이다. 8장은 세계한상네트워크 활용 지역경제발전 방안을 모색해 보았다. 이 글은 2005년 KOTRA, 산업자원부의 지원으로 발표한 '세계한상네트워크와 광주전남경제발전'이라는 논문을 대폭 수정한 것이다. 9장은 세계 한민족네트워크 활성화를 위한 정부의 정책을 평가해 보고 활성화 방안을 제시하였다. 이 글은 2004년 한국정치학회 연례학술회의에 발표한 논문을 중심으로 최근의 논의를 수정 보완한 글이다.

제2장 세계화시대 민족문제와 'diaspora politics'

제2장 세계화시대 민족문제와 'diaspora politics'

1. 세계화시대 민족문제와 민족주의

민족문제(problem of nations)[1]와 관련된 연구는 정치학을 중심으로 그동안 비교적 활발하게 전개되었으며, 최근 세계화 현상과 관련하여 민족주의와 민족국가의 발전(development of nation states)에 대해 많은 논쟁이 되고 있다. 많은 학자들이 다민족 국가에 있어서도 그 세력을 잃지 않고 있는 민족집단(ethnic group)의 존재에 주목하고 그러한 집단들 간의 관계 및 그것이 정치, 경제, 사회, 문화의 제 과정에 미치는

---

[1] 민족문제는 민족상호 간의 압박, 피압박 관계에 있으면서 피압박 민족이 타민족의 압박을 배제하고 전면적 해방을 수행하려는 과정이나, 다수민족이 민족정책을 수행하는 과정에서 발생하는 제 문제를 말한다. 압박의 내용은 정치적, 경제적, 문화적으로 다면적이나, 정치적으로 독립이 되었어도 계속해서 민족문제는 존속한다. 그리고 민족문제는 민족이라는 개념 그 자체의 난해성과 그 문제가 야기하는 역사적, 구체적 사정의 상위성(相違性) 때문에 복잡한 양상을 갖는다. 『정치학대사전』(서울: 박영사, 1983), pp.615-617.

영향에 대하여 관심을 보다 뚜렷이 나타내기 시작하고 있다.[2] 최근 들어 국제사회에 민족갈등(ethnic conflict), 민족정치(ethnopolitics), 초국가민족네트워크(transnational ethnic network)와 같은 개념에 초점을 맞춘 연구의 증가가 이를 말해준다.[3]

최근의 신국제 질서의 발단은 미소 냉전체제의 와해, 구소련의 붕괴와 동유럽 국가들의 민주화, GATT체제의 한계를 극복하기 위한 WTO 체제의 등장으로 인한 국제정치경제질서의 재편으로 설명될 수 있다.[4] 현재의 국제관계의 상황은 WTO와 같은 범세계적인 국제규범이 주요한 경제운영의 축으로 작용하고 있거나 다른 한편으로는 전통적인 민족국가나 국민경제의 경계를 뛰어넘는 그야말로 국경의 내용이 바뀌는 세계화가 새로운 흐름으로 대두되면서 세계 체제 내 각 사회의 상호의존성이 심화되고 있는가 하면 유럽연합(EU), 북미자유무역협정(NAFTA) 등으로 대변되는 지역주의(regionalism)가 1990년대 세계경제질서의 또 다른 흐름으로 국제사회에 부각되고 있다. 자본주의 경제체제가 범세계화 함에 따라 신맑스주의와 중상주의가 쇠퇴하고 신자유주의가 강화되고 있다는 것을 의미한다.[5] 이러한 자본주의적 시장경제체제와 자유무역주

---

2) Henry Teune, "Introduction: The "Problom" of Ethnic Nationalism,", *International Political Science Review*, Vol.19, No.3(July 1998), pp.231-1232.

3) Ted Robert Gurr and Barbara Harff, *Ethnic Conflict in World Politics*(Westview Press 1994), pp.1-14; Fred W. Riggs, "The Modernity of Ethnic Identity and Conflict", *International Political Science Review*, Vol.19, No.3, 1998, pp.269-288; Wilbur C. Rich, *The Politics of Minority Coalition*(Praeger, 1996), pp.10-25.

4) Benard M. Hoekman and Michel M. Kostecki, *The Political Economy of the World Trading System: From GATT to WTO*(Oxford: Oxford University Press, 1996), pp.9-34.

5) Anthony Payne and Andrew Gamble, "Introduction: The Political Economy of Regionalism and World Order," *Regionalism and World Order*(New York: St. Martin's Press, 1996), pp.1-18.

의하에서 국가들은 경제발전의 촉진을 위해 시장의 확대를 도모함으로 범세계적·지역적 기구 및 레짐이 번성하게 된다.6)

이러한 세계경제의 통합과 국가 간 상호의존의 증가는 기존의 세계경제질서에 커다란 충격을 가하고 있으며 상품, 용역, 자본, 기술의 흐름이 국경을 초월하여 대규모로 손쉽게 일어나면서 명실상부한 세계시장이 등장하고 있다. 이에 따라 그 국경 없는 경쟁, 경쟁의 세계화가 급속히 이루어지고 있다.7) 그리고 인터넷(internet)이라는 정보통신기술의 혁명적 발전으로 세계경제의 통합이 더욱 심화되고 경제적 교류와 협력의 패턴이 크게 변화하고 있다. 특히 세계적 컴퓨터 통신망의 발전으로 세계자본시장에서의 자금 흐름이 순식간에 대규모로 이루어지고 있고, 8) 생산의 거점을 수 개국에 두면서 활동하던 '다국적기업'(multinational corporation)이 이제는 국경을 초월한 '초국적기업'(supernational corporation)들이 세계시장에서 상품의 생산과 유통의 모든 과정에 참여하고 있다.9) 세계화는 현 시기 세계 자본주의를 규정하는 가장 강력한 흐름이다. 세계화는 국민국가를 넘어 전개되며, 그 가장 두드러진 분야가 경제 분야이다. 그러나 세계화는 이미 경제영역을 뛰어넘어 우리의 삶의 전체에 확산되어 막대한 영향을 미치고 있다.10)

그렇다면 칸트(Immanuel Kant)가 '영구평화론'에서 이야기하였던 세계정부(world governance)가 과연 나타날 것인가.11) 월러스타인(Immanuel

---

6) 윤성석, "신국제질서에 대한 절충주의적 해석", 『호남정치학회보』, 제7집(광주: 호남정치학회, 1995), pp.103-106.

7) 유석진, "세계화·국제화의 정치", 『국제화에 대한 사회과학적 이해』(서울: 박영사, 1995), pp.129-133.

8) 현인택, "세계화시대의 국제정치", 김경원·임현진 공편, 『세계화의 도전과 한국의 대응』(서울: 나남 출판, 1995), pp.234-238.

9) Peter Dicken, *Global Shift: The Internationalism of Economic Activity*(London: Paul Chapman Publishing, Ltd., 1992)

10) Anthony Giddens, *The Third Way: The Renewal of Social Democracy*(Polity Press, 1998), p.31

Wallestein)이 주장한 '세계체제를 규율하는 세계정부'[12]는 진정으로 가능한가. 글로벌 사회가 폐쇄적인 소집단들의 집합이 될 것인지, 아니면 완전히 지구촌이 하나의 마을이 되는 사회가 될 것인지는 불확실하다. 민족과 인종, 종교 등 이질적인 것을 초월하는 지구촌화가 완성되기 전까지는 민족이나 인종, 종교적인 이유로 분쟁이 계속될 것이기 때문이다.

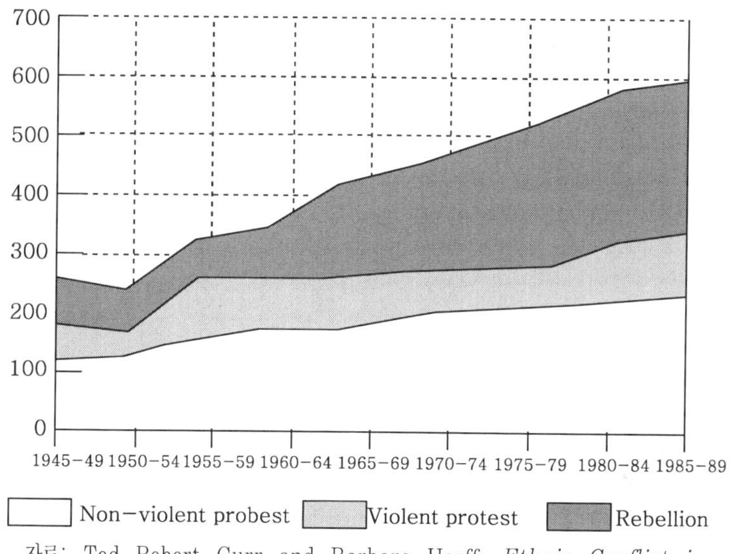

자료: Ted Robert Gurr and Barbara Harff, *Ethnic Conflict in World Politics*, (Westview Press 1994), p.11.

〈그림 2-1〉 1945-1989까지 세계분쟁 추이

---

11) '하나의 세계'에 관한 논의는 18세기에 구성원의 자유, 법에의 종속, 시민의 평등에 기초하는 헌법질서에 따른 국내적 공화제의 원칙을 국제사회에 적용하여 공동의 협약에 의한 국제법을 기초로 하는 세계시민적 체제를 구성하고, 이를 통하여 '영구평화'가 보장된다는 것이다; Immanuel Kant, *Perpetual Peace(1975), Kant's Political Writings*, ed. Hans Reiss and trans. H. B. Nisbet (Cambridge University Press, 1971). pp.93-130.

12) 자본주의의 계속적인 발전으로 '자본주의 세계경제'의 달성이라는 세계체제의 성립으로 거대한 하나의 세계가 성립된다. Immanuel Wallestein, *The Modern World-System* I. II, (New York: Academic Press, 1980)

이는 탈냉전 이후 시장자본주의의 세계화와 유럽통합과 같은 통합주의적 흐름과 모순된 것처럼 보이는 소수민족의 분리독립운동이 민족주의라는 이름으로 세계 곳곳에서 발생하고 있는 점에서 증명된다. 거(Ted R. Gurr)는 〈그림 2-1·2〉에서 보는 바와 같이 1945년부터 1989년까지 전 세계에서 정치적으로 현저하게 돌출된 233개의 '민족공동체적 집단'(communal groups)을 경험적으로 비교 분석한 연구에서 1950년대 이래 대부분의 세계지역에서 민족 간의 '갈등'이나 '분쟁'이 꾸준히 증가하였고, 1990년대에도 이러한 추세를 계속될 것이라고 전망하고 있다.[13]

월러스틴과 엑셀의 연구는 1989년부터 1993년 사이의 5년간 무력갈등이 증가함을 보여주고 있는데, 지난 5년간 90건의 무력갈등이 발생했다고 한다. 이 기간에 오직 4건만이 국가 간의 갈등이고, 60건이 61개의 세계도처 지역에서 발생하였고, 60개 국가가 개입되었다는 것이다.[14]

1945년 이후 냉전의 시대에는 강대국 간의 전쟁이 없는 상황에서 게디스(John L. Gaddis)의 명제인 '오랜 평화'(long peace)라는 개념이 상당히 적실성 있게 받아들여졌다.[15] 그러나 이에 대한 반론으로 냉전시기에도 세계도처에서 국가 또는 국가 내에서 여러 형태의 무력갈등이 있었으며, 세계는 강대국 간의 오랜 평화 뒤에 수많은 약소국, 인종 간에 갈등과 전쟁이 있어 왔다며 이러한 관점을 비판하고 있다.[16] 요점

---

13) Ted Robert Gurr and Barbara Harff, *op.cit,* pp.10-13.
14) Peter Wallensteen and Karin Axell, "Conflict Resolution and the End of the Cold War, 1983-93," *Journal of Peace Research,* Vol.31, No.3 (August 1994), pp.333-337.
15) John L. Gaddis, "Long Peace: Elements of Stability in the Postwar International System," *International Security* 10, (Spring, 1986).
16) 이와는 달리 탈냉전시대에도 적어도 민주주의 국가들 사이에는 전쟁이 없다는 '민주적 평화론'(democratic peace theory)이 주장되어 논쟁이 되고 있다; Michael W. Doyle, "Liberalism and World Politics,", *American Political Science Review,* Vol.80, No.4(December 1986); 이러한 민주평화론에 정반대되는 주장이 헌팅톤의 '문명의 충돌'(The Clash of Civilizations)이다.

은 탈냉전 시기에 들어서면서 세계 도처에서 무력갈등이 발생하고 있으며 갈수록 점증하는 양상을 보인다는 것이다.

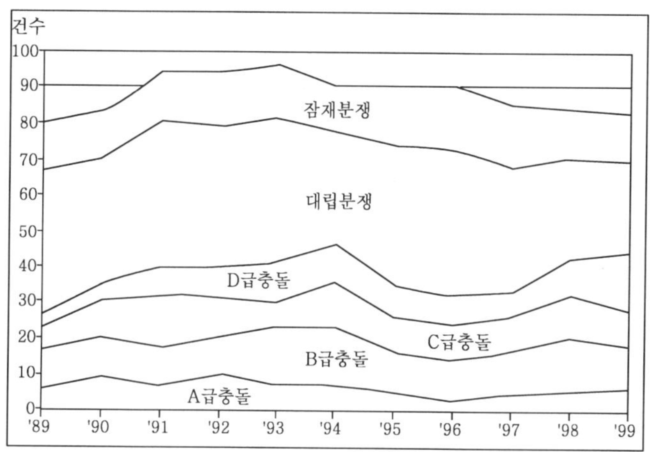

자료: http://www.kida.re.kr/woww/up2000/8900level-trend.htm
(한국국방연구원)

〈그림 2-2〉 1989-1999 세계분쟁 추이

이러한 민족주의의 부활에 대해 스미스(Anthony Smith)는 세계화라는 상호의존 시대에 민족 간 갈등과 민족주의가 재분출하는가를 검토하고 민족주의의 중요성을 옹호하고 있고[17], 헌팅톤(Samuel P. Huntington)은 세계화가 인종적·문화적 폭력을 부추기며, 멀지 않은 미래에 이슬람권과 중국을 중심으로 한 유교문화권이 약진하면서 세계가 재편될 것이라는 주장하고 있다.[18] 캐플런(Robert D. Kaplan)은 세계화의 요구에 적

---

17) Anthony Smith, *Nations and Nationalism in a Global Era*, (London: Blackwell, 1996) / 이재석 역, 『세계화시대의 민족과 민족주의』(서울: 남지, 1997), pp.3-20.

18) Samuel P. Huntington, *The Clash of Civilization and the Remaking of World Order*(New York: Simon & Schuster, 1996).

응하지 못한 국가들이 종교나 민족에 기반을 둔 새로운 정체성을 형성함으로써 중세 이전의 암흑시대와 같은 양상이 벌어질 수 있다고 경고한다.[19] 임혁백은 세계화 시대에 민주주의를 위협하는 요소로 신부족주의적 정치(neotribalism)의 출현을 들고 있다.[20] 세계화 시대를 맞아 개방과 경쟁이 증대하면서, 문화적 동질성을 지키고 민족이 정체성을 유지하기 위한 '정체성의 정치'(politics of identity)가 더욱 가열되고 있다.[21] 세계화에 따른 민족 간 그리고 지역간 다양한 접촉은 자신이 정체성과 존재적 차이에 대한 각성을 심화시킴으로써 정치의 민족화(nationalizaton of politics)를 자극할 것이라는 주장도 눈여겨볼 만하다.[22] 새도스키(Yahiya Saedoski)는 민주적 가치의 확산이 오히려 민족분쟁을 부추긴다고 주장한다.[23] 구 사회주의 국가에서 사회주의라는 대안적 신념체계의 붕괴로 빚어진 이데올로기의 위기를 민족주의가 대체하고 있다는 주장도 있다.[24]

그렇다면 세계화라는 흐름 속에 통합된 지구촌 문화가 형성되고 있다기보다는 이러한 민족문제가 대두되는 이유는 무엇인가? 이는 세계화와 민족주의 관계의 논의 속에서 이해를 얻을 수 있다.

현대 세계에서 현실적인 토대로 존재하고 있는 민족과 민족주의에 대한 개념은 민족주의자 수만큼이나 많이 있다. 그럼에도 불구하고 민족과

---

19) Robert D. Kaplan, *The Ends of the Earth,* (Knopf Alfred Press, 1997).
20) 세계화된 시장경제에서 낙오하여 주변부로 밀려난 자들이 시장의 폭력으로부터 자신을 보호해 줄 피난처를 찾으려 한다. 그들은 종족, 종교, 인종, 고향과 같은 곳에서 자신의 정체성을 찾으려 한다. 이러한 운동이 기존에 형성되어 있는 국민국가를 해체시키고, 그 결과 민주주의를 위협한다; 임혁백, "세계화시대의 민주주의", 『사상』, 제10권 4호(서울: 사회과학원, 1998), p.155-156.
21) Zdravko Minar, ed., *op.cit,* pp.25-30.
22) 김동성, 전게 논문, 1997, p.17.
23) 『한겨레신문』, 1999. 2.22.
24) 윤덕희, "사회주의권의 변화와 민족주의의 부활", 『한국정치학회보』 32집 2호(서울: 한국정치학회, 1998), p.256.

민족주의에 대한 명제는 다음과 같이 요약할 수 있다. 첫째, 세계는 민족으로 분할되어 있고 각각의 민족은 자신의 성격과 운명을 갖는다. 둘째, 민족은 정치권력의 근원이고, 민족에 대한 충성은 다른 것에 대한 충성을 압도한다. 셋째, 인간은 자유로워지기 위해 특정한 민족과 일체화된다. 넷째, 진정한 민족이 되기 위해서는 자치적이어야 한다. 다섯째, 세계에 평화와 정의가 충만하기 위해서, 민족은 자유롭고 안전해야 한다. 이러한 명제로부터 나오는 기본적인 이상은 민족정체성, 민족의 통일, 민족의 자치이다. 민족주의는 "민족을 구성하는 일부 성원에 의해 민족이라고 간주되는 사람들을 위해 자치·통일·정체성의 획득과 유지를 위한 이데올로기적 운동"이다.[25]

민족주의의 주체인 민족에 대한 개념이 다양하고, 원어로도 nation, ethnic, tribe, race 등으로 혼용 내지는 중복되는 경향이 없지 않으나 본 논문에서는 민족에 대한 개념을 스미스(Anthony D. Smith)의 개념을 받아들인다. 즉 3가지 조건을 충족시켜야만 민족으로 간주될 수 있는 것이다. 첫째는 혈연, 지연, 언어, 종교, 역사 등 객관적 구성요소이고, 둘째는 동류성에 대한 자각과 의식이며, 셋째, 구체적 정치성을 띠는 행동을 말한다. 물론 수많은 논자들의 주장대로 민족의 객관적 구성요소 중 어느것도 배타적 우월성을 누리지 못하는 것은 분명하고, 보다 중요한 것은 "살아있는 적극적 집단의지"이지만, 객관적 구성요소들이 민족주의의 필요 요건임은 부인하기 어렵다.

이러한 민족주의는 세계화 심화에 따른 국가 간의 불평등이 확대되고 비서구에 의한 서구 선진국의 지위가 강화되어 나갈 때 세계질서는 새로운 정치와 문화적 영역에서 갈등을 낳게 된다. 세계화된 무한경쟁에서 낙오하여 세계체제의 주변부로 밀려난 측은 자신들의 정체성에 민감하게

---

25) Anthony D. Smith, *op.cit,* pp.149-150.

되고 종교적 근본주의 혹은 종족적 민족주의를 통한 정신적 피난처를 찾게 되기 때문이다. 즉 세계화 과정에서 소외되고 분산되어 버리는 개인의 경제적, 사회적 정체성의 재확립과 일상의 안위를 위해 원초적 공동체에 기반을 둔 정체성을 고양하게 되고 전통적인 정치공동체의 역할을 부각시키게 된다는 것이다. 그 결과 세계화 논의는 경제적 영역에서 그 해답이 주어지는 것이 아니고 정치영역의 문제로 전이된다는 것을 의미한다.

이와 같이 세계화 과정의 진전에 수반되는 개인적 혹은 집단적 차원의 경제, 사회 및 문화적 위기와 국가적 대응은 원초적 공동체에 기반을 둔 정체성의 고양을 부르고 전통적인 정치공동체의 역할을 부각시킴에 따라 민족주의의 부활로 쉽게 귀결되는 것이다. 이는 민족주의의 표출의 근본적인 현상은 세계화와 관련이 깊다는 의미이다. 인간사회의 한편에는 세계화된 사회를 추구하고 다른 한편에는 정서적이고 생물적인 관계를 되찾으려 한다. 또한 경제나 기술 등 기능적인 요구에 적응해야 하며 동시에 경쟁적이고 이기적인 문명의 사회에서 자기가 속한 원초적인 공동체의 요구에 응해야 한다. 그렇다고 국가가 이런 문제를 잘 해결해주지 못한다. 우리가 살고 있는 세계는 세계화되고 보편적이면서 동시에 파편화되고 분열된 사회에 살고 있는 것이다. 정보화가 세계화를 촉진하는 기제라는 측면에서 보면, 인터넷, 텔레비전, 이동통신기기 등 모든 커뮤니케이션은 인간에게 새로운 상황을 제공하지만, 전체적인 문제를 해결할 수 없고 다양한 논리들이 얽혀 있는 세계에 살게 되어 정체성의 불안이 만연되어 있는 것이다.

그리고 구사회주의 국가에서 민족주의의 과열 현상이 사회주의 몰락에 따른 일시적인 현상인가, 아니면 보다 보편적이고 장기적인 현상인가가 제기된다. 사회주의자들이나 세계화론자들 가운데는 민족주의를 경제논리와 장기적인 측면을 강조하면서 일시적이고 시각적 환상에 불과하다고 본다. 홉스봄(Hobsbawm)에 의하면 민족주의는 어쩔 수 없이 쇠퇴할 것이며, 일부지역에서 발생하는 민족주의 현상은 19세기나 20세기 초반부보다 '역사적'으로 덜 중요하다고 평가한다.[26] 후쿠야마(Fukuyama)도 경제교역의 세계화가 민족국가의 해체를 가져올 것이며, 미래는 초민족적 혹은 국가 내부적 차원에 속하게 될 것이라 본다.[27]

그러나 이러한 입장과는 달리 해스너(Pierre Hassner)는 경제적 상호의존이라는 세계화가 그 반작용으로 세계 곳곳에서 민족과 정체성에 대한 집착을 지속시킬 것이라고 주장한다. 구소련 신생국가나 동유럽 국가들이 사회주의에서의 탈피와 함께 경제적 상호의존이라는 세계화 현상에 무방비로 노출됨으로써 그 반작용으로 민족과 민족주의에 집착하게 된다는 것이다.[28] 핀킬크라우트(Alain Finkielkraut)는 20세기 말 사회주의로부터 자유민주주의 승리 이후 이념적 혼란기에 민족정체성을 강조하면서 민족주의가 나타난다고 보고 있다.[29]

에이미 추아(Amy Chua)는 모든 민족 갈등의 원인을 세계화에서 찾는다. 세계화가 바로 '불타는 세계'를 낳은 진짜 원인, 곧 세계화는 '세계火'(World on fire)라는 것이다. 미국이 주도하는 세계화는 제3세계 개도국들에게 자유시장과 민주주의라는 패키지 상품을 일방적으로 수출

---

26) Hobsbawm, *Nations and Nationalism since 1780,* (London: Canto, 1992) / 강명세 역, 『1780년 이후의 민족과 민족주의』(서울: 창작과 비평사, 1994), p.26.

27) F. Fukuyama, *The End of History and the Last Man*(London: Hamish Hamilton, 1993).

28) Pierre Hassner, "Beyond Nationalism and Internationalism: Ethnicity and World Order.", *Survival,* Vol.35. No.2, 1992.

29) 사람들은 마지막 경쟁자를 물리친 자유민주주의의 승리를 바야흐로 축하하려 하고 있다. 그런데 겨우 첫 번째 샴페인을 따자마자 역사의 무대에는 제대로 발음하기조차 힘든 이름을 가진 소란스러운 민족들이 각자 자신들의 특이한 기억, 이상스러운 문장(紋章), 새로 만든 해묵은 자신들의 국기, 불투명한 위조성을 가지고 갑자기 들이닥쳤다; 알랭 핀킬크라우트 저, 이자경 역, 『잃어버린 인간성』(서울: 당대, 1997), p.197.

해 왔다. 그 결과 자유시장경제는 각 지역의 시장을 지배하는 민족적 소수집단들(동남아시아의 중국인들, 러시아의 유대인들, 동아프리카의 인도인들, 서아프리카의 레바논인들, 남아프리카와 라틴 아메리카의 백인들 등)의 불만을 기형적으로 팽창시키고, 국민의 절대 다수는 절대 빈곤에 빠뜨렸다. 한편, 민주주의의 보급은 이 경제적으로 소외된 다수집단 원주민들이 더 쉽사리 민족국가주의에 경도되도록 만들었다. 세계화가 심화시킨 '절대빈곤의 다수집단'대 '시장지배 소수집단'이라는 민족적 대립구도가 시장에 대한, 민주주의에 대한, 그리고 소수집단 자체에 대한 백래시를 초래한다. 극심하게 부가 편중된 상이한 민족 집단이 존재하는 제3세계 개도국에 이 두 가지가 강제 이식할 때, 기대할 수 있는 유일한 사태는 비극적 파국뿐이다.[30]

구 사회주의 국가에서의 민족적·인종적 갈등은 민족국가들이 확실히 정착될 때까지 오랫동안 지속될 것이다. 동유럽의 발칸과 코카서스를 피로 물들이고 있는 민족분쟁은 오늘날 민족 수립이 완결되고 국경이 안정된 서유럽과 중유럽이 차례로 겪은 것을 재현하고 있다고 할 수 있다. 따라서 민족국가들이 확실히 정착될 때까지는 오랜 기간에 걸쳐 민족 간의 갈등·분쟁·전쟁이 발생할 것으로 보인다. 특히 민족적·종교적으로 다양한 인구구성으로 특징 지워지는 동유럽지역에서 소수민족에 대한 불인정은 평등한 민족공동체의 공존을 어렵게 하고 있다. 구소련이나 동구 사회주의권의 분열은 민주주의의 가능성뿐만 아니라 민족주의 회귀의 가능성도 열어주고 있으며, 서구의 사회과학계 일부에서는 구사회주의 권에서 민족주의의 폭발 현상을 민족주의 복귀로 논의되고 있다.[31] 이는

---

30) 에이미 추아 지음, 윤미연 옮김, "불타는 세계: 세계화는 어떻게 전세계의 민족갈등을 심화시키고 있는가?", (부광, 2004), pp.7-31.

31) 이러한 최근의 현상을 민족주의의 '제3의 물결'로 표현한다. 제1의 물결은 프랑스대혁명에 의해 유럽전역에 확산된 민족주의가 1919년 민족자결주의 원칙하에 중동부 유럽에서 민족국가가 수립된 시기, 제2의 물결은 1960년대 제3세계의 탈식

현재 발칸에서 중앙아시아에 이르기까지 국경 및 소수민족과 관련된 새로운 갈등과 분쟁이 발생하고 있는 점에서 알 수 있다.

2. 국가 간 인구유동의 증가와 'diaspora politics'

세계화론자들은 세계화의 진행에 따라 이론적으로는 민족국가의 배타적 주권이 약화되고 세계적 연대의 중요성이 증대함에 따라 민족과 국가의 지위가 약화되고 동시에 민족주의의 문제가 의의를 잃게 될 것처럼 주장하고 있다. 그러나 세계화론자들이 말하는 세계화의 완성단계에 이르기 전까지는, 그리고 민족국가를 대신할 새로운 패러다임이 실현되기 전까지는 계속해서 민족국가의 국제적 그리고 국내적 역할을 중시되고[32] 이에 따른 민족주의 현상도 중시될 수밖에 없다.

근대 이후 정치활동의 주체는 국민국가였다. 국민국가의 영토 내에서 주권은 배타적인 것으로 인정받았고, 국민국가의 영토 내에서 벌어지는

민화로 새로운 민족주의가 등장한 시기; 윤덕희, 전게 논문, p.256.

[32] 세계화와 근대주권(국민)국가 사이의 국내연구는 박상식, "세계화란 무엇인가", 『한국정치학회보』, 제29집 1호(한국정치학회, 1995); 이국영, "신세계질서와 국민국가 성격의 재조명", 『사회비평』, 제7호, 1992; 정진영, "세계화와 국민국가의 장래: 이분법적 사고의 극복을 위하여", 『경제와 사회』, 1994; 김호기, "세계화와 국민국가의 위상: 국민국가는 몰락하고 있는가.", 김경원, 임현집 공편, 『세계화의 도전과 한국의 대응』(서울: 나남, 1995); 전상인, "긴장 절충 비판: 최근 국내 세계화 논의에 대한 검토" 『동향과 전망』, 1995(여름); 정진영, "세계화와 주권국가의 변모", 『세계화와 민주주의』(서울: 세종연구소, 1996); 김동성, "한국 민족주의와 세계화 전략", 『한국과 국제정치』, 제13권 제2호, 1997; 박노영, "세계화와 민족국가", 『사회과학논총』 제9권(충남대 사회과학연구소, 1998); 이국영, "세계화와 국민국가의 변화", 『사회과학』 제37권 2호(성균관대 사회과학연구소, 1998).

행위에 대해 외국이나 국제기구가 개입한다면 주권 침입이자 외세의 개입으로 인식되어 격렬한 저항을 불러일으켰다. 근대 민주주의는 바로 이러한 민족국가적 경계 내에서 정치를 규정하는 제도이자 틀이었다. 당분간 국제정치는 독립된 민족국가의 존재와 일치하지 않고는 발전할 수가 없다는 것을 의미한다. 민족국가는 정치적 논의가 개최되는 곳에는 기본적 정치 단위로 남을 것이다.[33]

그러한 이유는 정치적 주권이 민족국가에서 세계적 제도로 이전되는 것은, 파편화된 봉건적 분권국가가 국민국가로 전환되는 것보다 훨씬 지난한 과정으로 생각하기 때문이다. 다수의 국제적 제도들이 이미 생겨났고 부분적으로는 이미(유럽연합 내부) 국민국가의 주권은 초국가적인 제도로 인하여 위축되었다. 다른 한편으로는 구소련과 유고연방에서 민족국가(nation-state) 혹은 국민국가(national state)[34]가 새로이 형성되었고, 제3세계에서는 국민국가의 형성과 공고화 과정이 현재도 진행 중에 있다. 이러한 신생 국가의 건립과 발전을 위해서는 국가의 역할이 매우 중요하다.

독일 뮌헨대 베르너 바이덴펠트의 경우도 유럽연합이 주권국가의 고유 영역과 권한에서 해결할 수 없는 국제적인 문제를 해결하는 하나의 방안이지만, 아직까지 정체성의 주요한 지향점은 국가에 있으며 앞으로

---

33) 노태구, "민족주의와 국제정치", 『민족문제연구: 한국민족주와 국제주의』 제3집(경기대 민족문제연구소, 1995), pp.58-64.

34) 국민국가는 확연히 경계를 지우는 영토 내에서 편성되고 그리고 대부분의 다른 국가들에 의해서 이 영토 내에서 공식적인 주권자임을 인정받는다. 국민국가를 형성하는 정치적 주체는 국민적 민족이다. 국민적 민족이란 그 구성원들이 일반법칙에 복속하고, 공식적인 언어를 사용하고, 서로를 국민으로서 동일시하고, 자기 영토 안에서 국가기구를 정당성이 있는 권위로서 인정한다. 민족국가는 하나의 인종적 민족공동체 혹은 문화적 민족을 토대로 해서 정립된다. 문화적 민족이란 동질적 공동체, 공통의 언어, 선조를 가지고 있고, 그 정체성을 이러한 조건에 기초를 둔다; 이국영, "세계화와 국민국가의 변화", 『사회과학』 제37권 2호(성균관대 사회과학연구소, 1998, pp.57-58.

도 고유한 구실을 계속할 것이라 보고 있다.[35] 헬드(Held)의 경우도 세계 경제 시스템이 지배적인 현실로 나타나고 있고 주권개념의 적실성이 크게 상실되고 있지만 세계경제의 규범과 제도를 결정하는 주체는 다국적 기업이나 비정부기구가 아닌 민족국가임을 강조하고 있다.[36] 모틸(Motyl) 역시 정보통신과 국제무역의 발달로 국가를 넘어서는 시장이 가장 효과적인 사회적 생산형태가 될지라도 기본적으로 "사회적 공공재"를 생산하지 못할 뿐만 아니라 사회정의와 분배의 공정성, 그리고 사회적 안보요구를 보장할 수 없기 때문에 근대적 민족국가는 지속된다고 보고 있다.[37]

그리고 세계화 과정에서 초국가적 국가성이 구성되는 경향에도 불구하고, 일반적으로 국민국가는 계속해서 지배의 정당성을 확보하기 위한 중심적 심급(instance)을 형성하고 있다. 이 사실은 글로벌 한 사회화의 증대가 사회적, 경제적 그리고 생태적 문제를 생성해내는 불안정한 상황을 초래하고, 그 극복을 위해서 주민들은 점차 국민국가에 그 해결을 요구하게 되지만, 글로벌 한 사회화는 바로 이 국민국가의 해결능력을 점점 더 약화시킨다. 많은 개별국가에서 현재 진행되고 확인할 수 있는 정치의 위기는 상당한 부분은 그 문제 상황에서 이유를 찾을 수 있다. 다른 말로 표현하면, 국민국가에 대한 요구의 증대와 세계화 과정 사이에서, 단일화와 파편화의 변증법적 작용은 통치능력의 부족문제를 야기시키는 중심적인 원인일 것이다.

그러나 지난 몇 년간의 세계화의 과정에서 보듯이, 글로벌한 정치적 조정(경제, 환경, 사회적 영역 등)에 대한 점증되는 필요성에서 거의 자

---

35) 『한겨레신문』, 1999, 2. 22 인터뷰
36) Held, *Political Theory Today*(Cambridge: Polity Press, 1991), p.228.
37) Motyl, A. J. "The Modernity of Nationalism," *Journal of International Affairs*, Vol.45. No.2, 1992, pp.317-323.

동적으로 국민국가의 의미가 상실되는 결과를 초래한다는 것은 잘못이다. 반대로 대부분의 인간들에게는 국민국가는 여전히 주권의 담당자로 남아 있고, 갈등을 구속력 있게 해결하는 정당화된 기관으로 남아 있다. 그리고 비록 국민국가적 차원에서 문제해결능력이 축소되었다고 하더라도, 국민은 국민국가에게 불만족의 해결을 요구할 수 있고, 이를 수용하는 정치적 해결의 관철을 위한 정당화된 기관으로 존재한다.

또한 탈냉전 이후 국제사회는 세계화의 진척과 정보통신의 발달로 경제의 통합과 국가 간 상호의존의 증가를 가져와 기존의 국제질서에 커다란 변화를 주고 있다. 즉 세계화의 진척으로 상품, 용역, 자본, 기술의 흐름이 국경을 초월하여 대규모로 이동하는 명실상부한 지구촌이 되고 있다. 그리고 인터넷(internet)이라는 정보통신기술의 혁명적 발전으로 세계경제의 통합이 더욱 심화되고 경제적 교류와 협력의 패턴이 크게 변화하고 있다. 특히 세계적 컴퓨터 통신망의 발전으로 세계자본시장에서의 자금 흐름이 순식간에 대규모로 이루어지고 있고, 생산의 거점을 수개국에 두면서 활동하던 ‘다국적기업’(multinational corporation)이 이제는 국경을 초월한 ‘초국적기업’(supernational corporation)들이 세계시장에서 상품의 생산과 유통의 모든 과정에 참여하고 있다. 그리고 세계화의 결과 국제관계에 있어서 행위자의 다양화를 초래하였다. 세계화의 추동세력은 국민국가를 포함하여 초국적 기업, 국제조직, 민간조직, 다양한 형태의 사회운동 등으로 다양화되고 있다. 또한 세계화의 진척은 민족분쟁, 환경오염, 불법체류, 빈부격차, 난민, 국제이주노동자, 국제테러[38], 초국적 민족네트워크 등이 국제적 이슈로 등장하고 있다.

---

38) Christopher Rudolph는 2001년에 발생한 9.11테러도 세계화의 급격한 발전으로 인한 ‘국가 간 인구유동과 국가안보’가 관련이 있는 것으로 접근하고 있다; Christopher Rudolph, “Security and the Political Economy of International Migration”, *American Political Science Review*, 2003, p.203

최근 국제사회의 이슈 중 국가 간 대규모 인구이동과 탈영토화된(deterri-torialized) 초국가적 공동체(transnational communities) 등장을 '디아스포라'(diaspora)[39] 개념에 입각하여 논의하려는 경향이 나타나고 있다. 국가 간 인구이동으로 형성된 국제사회의 대표적인 초국적 네트워크인 화교네트워크와 유대인네트워크의 정치경제적 영향력의 증대는 이러한 논의를 활성화시키고 있다. 문학과 예술 분야는 물론이고, 인류학, 경제학, 국제정치학 등 사회과학의 영역에서도 논의가 확산되고 있다.

그런데 이러한 디아스포라는 개념은 오래된 것이지만 사화과학계에서 사용하기 시작한 것은 탈냉전과 세계화에 대한 논의가 급진전된 1990년대 이후의 일이라고 할 수 있다. 디아스포라는 우리말은 민족분산 또는 민족이산으로 번역되는데, 단지 같은 민족 성원들이 세계 여러 지역으로 흩어지는 과정뿐만 아니라 분산된 동족들과 그들이 거주하는 장소와 공동체를 가리키기도 한다. 고대 그리스인들은 소아시아와 지중해 연안을 무력으로 점령하고 식민지로 삼은 뒤 그곳으로 자국민을 이주시켜 세력을 확장하였다. 이때 디아스포라는 이주와 식민지 건설을 의미하는 능동적인 의미를 가졌다. 이후 디아스포라는 유대인의 유랑을 의미하는 뜻으로 '바빌론의 유수 이후 팔레스타인 밖에서 흩어져 사는 유대인 거류지' 또는 '팔레스타인 또는 근대 이스라엘 밖에 거주하는 유대인' '유대인의 강제집단이주와 망명지에서 고통, 그로 인한 집단적 상흔과 모국으로 갈망' 등 다의적인 의미를 갖는다.

따라서 디아스포라는 이민이나 국제적 인구이동을 뜻하는 말로 사용되기도 하고 강제이주나 비극적 민족이산의 경험을 지칭하는 의미로 사용되기도 한다. 최근 왈벡(Wahlbeck Osten)은 디아스포라의 개념의

---

39) 어원적으로 디아스포라는 그리스어 전치사 dia(영어로 over, 우리말로 '~을 넘어')와 동사 spero(영어로 to sow, 우리말로 '뿌리다')에서 유래되었다; 윤인진, 『코리안디아스포라: 재외한인의 이주, 적응, 정체성』, (고려대학교 출판부, 2004), p.5

활용이 "국제적 인구이동 문제로부터 초국가주의의 문제로 관심이 이행"하는 것과 관계있음을 강조하면서 몇 가지로 유형화하고 있다. 첫째, 현대의 정체성의 탈영토화(deterritorialization of identity)의 경향을 지칭하는 개념으로 세계화의 진전 속에서 국민국가의 규정력이 약화되고 정체성이 특정한 공간, 영역과의 연관성으로부터 자유로 와지면서 다민족 공존과 다문화, 혼중화되는 경향을 특성으로 파악하는 것이다.[40] 둘째는 'diaspora politics'라는 말에서 보는 바와 같이 이주자 집단과 모국, 거주국 간의 복잡한 정치적 관계를 주목하는 것이다. 이러한 관점은 'homeland nationalism'이라는 개념을 통해 해외이주자 집단과 모국의 정치적 연관성을 분석하며, 디아스포라 내부에서 어떻게 정치적 주체가 형성되며 공동의 책임의식이 형성되는지, 모국의 정치, 경제와 어떠한 상호관계를 맺게 되는가 관심을 갖는다.[41] 셋째, 디아스포라는 특정한 형태의 초국가적 공동체를 의미하는 개념으로, 국민 국가적 범주 또는 특정한 공간에 한정된 조직이 아니라 글로벌 차원에서 상호 연계되는 탈공간적 네트워크 유형으로서 의미이다. 샤프란(Safran)도 유대인의 경험을 기초로 디아스포라를 "국외로 추방된 소수민족 집단 공동체(expatriate minority communities)"라고 정의한 바 있다. 샤프란은 이러한 디아스포라의 특징을 (1) 원거주지로부터 둘 또는 그 이상의 외국으로 이주, 분산, (2) 모국에 대한 집합적 기억의 소유, (3) 거주국 사회에 완전히 수용되지 않는다는 의식소유, (4) 조상의 모국을 진정한 고향으로 간주, (5) 모국의 안전과 번영을 위해 집단적으로 공헌해야

---

40) Wahlbeck, Osten. "The concept of diaspora as an analytical tool in the study of refugee communities", *Journal of ethnic and migration studies* Vol.28, No.2. 2002

41) Werbner, Pnina, "The Place which is diaspora: citizenship, religion and gender in the marking of chaordic transnationalism" *Journal of ethnic and migration studies* Vol.28, No.1.. 2002, p.122

한다는 신념, (6) 모국과 다양한 형태의 상호작용을 제시한다.[42]

이러한 종합해 볼 때 디아스포라는 유대인의 경험뿐만 아니라 다른 민족들의 국제이주, 망명, 난민, 이주노동자, 망명자 공동체, 소수민족 공동체, 초국가민족공동체 등을 아우르는 포괄적인 개념으로 사용되고 있다. 디아스포라라는 개념은 탈냉전 이후 진영 간 이념적 대립이 종식되면서 국가 간의 인구유동이 증가하면서 정보통신기술과 연계되면서 다양한 모습으로 나타나고 있다.

---

42) Safran, W. "Diaspora in Modern Societies: Myth of Homeland and Return", *Diaspora* 1 : 1, 1991, pp.83-84

제3장 미국을 움직이는 초국가민족네트워크 유대인

제3장 미국을 움직이는 초국가민족
네트워크 유대인

1. 유대인 디아스포라와 반유대주의

미국의 부시정부는 2001년 9월 11일 뉴욕 맨하탄 세계무역센터(WTC) 테러를 계기로 '21세기 새로운 전쟁'을 하게 된다. 이는 팔레스타인 지역 분쟁의 불똥이 미국의 심장부로 인화되었음을 보여준 것이다. 아랍 테러리스트에 의해 세계 금융 거래의 중심이 파괴되면서 유대인과 아랍권의 분쟁은 새로운 차원의 전쟁으로 국제사회의 주목을 받게 된 것이다. 아랍 테러리스트들은 유대인의 심장부가 이스라엘의 텔아비브나 예루살렘의 통곡의 벽이 아니라 세계 자본주의의 총 본산인 뉴욕 맨해튼 월드트레이드센터에 있음을 각인시킨 것이다. 그 결과 미국이 이스라엘을 대신하여 아랍권과 대결 당사자로 등장하여 아프가니스탄, 이라크와 전쟁을 하였고, 현재는 레바논과 전쟁을 하고 있다.

그런데 이러한 전쟁은 어느 날 갑자기 발생한 것이 아니라 '가나안'이라는 이름으로 처음으로 불린 팔레스타인 땅에서 주변 민족들과 수천 년 동안 싸움을 벌여 온 유대인과 이웃 민족들과의 갈등과 분쟁의 연장이라고 할 수 있다. 이러한 이웃 민족들은 바빌론인, 페르시아인, 희랍인, 로마인이었고, 현재는 이슬람교를 신봉하는 범아랍권이다. 대결의 무대도 팔레스타인에서 유대인이 정치경제적으로 영향력을 행사하고 있는 미국의 심장부 뉴욕이나 워싱턴으로 옮겨졌다.

이러한 유대인은 셈족의 한 부족이었다. 나일강과 티그리스·유프라테스강 유역 메소포타미아 지역의 고대 문명사회와 깊은 연관을 맺으면서 요르단강 줄기와 사해 서편의 제리코를 비롯한 팔레스타인 전역에 자리잡아 성장했다. 셈어족에는 아람어(aramaic)을 비롯하여 히브리어어와 바빌로니아어, 가나언어, 페니키아어, 앗시리아어, 아카드어 등 중근동의 고전어가 모두 포함된다. 오늘날 여기에서 발전한 언어들을 중근동 전역의 민족들이 사용한다. 그래서 오늘날 셈어족어를 사용하는 민족을 말할 때에는 크게 아랍권 민족들과 히비리어를 말하는 소수의 유태민족을 주로 칭한다. 근대에 들어서 대두된 반유태주의 정서를 '안티세미티즘'(antisemitism)으로 부르게 된 연유가 여기에 있다.[43]

유대인의 역사는 디아스포라(Diaspora)의 역사다. 디아스포라의 의미는 민족분산 또는 민족이산으로 번역되는데, 단지 같은 민족 성원들이 세계 여러 지역으로 흩어지는 과정뿐만 아니라 분산된 동족들과 그들이 거주하는 장소와 공동체를 가리키기도 한다. 고대 그리스인들은 소아시아와 지중해 연안을 무력으로 점령하고 식민지로 삼은 뒤 그곳으로 자국민을 이주시켜 세력을 확장하였다. 이때 디아스포라는 이주와 식민지 건설을 의미하는 능동적인 의미를 가졌다. 이후 디아스포라는 유대인의 유랑을 의미하는 뜻으로 '바빌론의 유수 이후 팔레스타인 밖에서 흩어져

---

[43] 김종빈, 『갈등의 핵 유대인』, (효형출판, 2001), pp.127-128.

사는 유대인 거류지' 또는 '팔레스타인 또는 근대 이스라엘 밖에 거주하는 유대인' '유대인의 강제 집단이주와 망명지에서 고통, 그로 인한 집단적 상흔과 모국으로 갈망' 등 다의적인 의미를 갖는다.

유대인 디아스포라의 배경과 과정은 정치적인 것과 밀접한 관련이 있다. 유대인 이주과정은 자발적인 이주보다는 다른 민족의 침입에 의한 지배와 탄압과정에서 강제적으로 외부로 내몰리면서 시작된 것이다. 유대인의 초기 이름인 히브리인은 본래 고대 여러 지역에 흩어져 타민족의 지배하에서 떠돌이로 살며 사회적으로 하층계급에 속하던 '하삐루'라 불리던 이들로써, 토라(모세 법)를 구심점으로 하나의 공동체를 형성하여 동일성을 갖기 시작한 것은 대략 기원전 13세기경의 일이었다.44) 유대인은 BC 8세기 후반부터 팔레스타인 바깥쪽으로 퍼져나가기 시작하였던 것으로 추정된다. 팔레스타인의 북부를 차지하고 있던 이스라엘 왕국이 BC 734~721년의 아시리아 침입으로 멸망하였다. 그리하여 아시리아 영토에 편입되었는데, 이때 많은 유대인이 고향을 떠났다. BC 598~587년에는 바빌로니아인의 침략으로 남쪽의 유대왕국이 멸망하자, 비슷한 이주현상이 일어났다. 이러한 역사적 사건들을 통해 개척자 같은 정신으로, 혹은 어쩔 수 없이 이집트 등 다른 지역으로 이주하였다. 그후, BC 4세기 초 알렉산드로스대왕이 페르시아를 정복하자, 근동에서는 그리스인의 통치에 의해서 파급된 그리스 문화 실려 문화적인 혁신을 겪게 되었다. 또 교역과 상업이 급속하게 발달한 데다, 알렉산드로스의 후계자들이 이민을 장려하는 정책을 취했던 탓으로, 유대인의 이산을 촉진하는 결과를 낳았다. 이러한 경향에 대하여 유대인들은 매우 능동적으

---

44) 이스라엘 백성들에게 있어서 '흩어짐'이란 신의 심판이요, 흩어진 백성들이 자신들의 땅으로 돌아와 다시 모이게 되는 것은 신의 은총이라는 사상을 발전시켜 왔다 (이사야 66: 18).; 최창모, "세계 유대인 네트워크와 반유대주의", 세계한민족네트워크 국제학술회의논문집(5.18 25주년 기념한국정치학회, 전남대 세계한상문화연구단), pp.7-8.

로 반응하여, BC 1세기 말엽에는 시리아·이집트·소아시아·메소포타미아·그리스·이탈리라에 많은 유대인 공동체가 나타났다.

디아스포라의 가장 큰 중심지는 로마제국의 3대도시인 로마·안티오키아·알렉산드리아였다. 안티오키아에 유대인들이 정착한 것은 BC 150년 이후였으며, 로마인은 그보다 더 늦었는데, 규모가 크고 부유하였으며 영향력이 강하기로는 알렉산드리아의의 유대인들이었다고 전해진다. 디아스포라의 유대인들은 팔레스타인의 유대인들보다 그리스 문화에 대해 훨씬 개방적이어서 헤브라이어와 아랍어를 사용하던 극소수를 제외하고는 대부분이 그리스어를 상용(常用)했다. 헬레니즘 문화권의 도시들에서 주로 수공업과 무역에 종사하던 그들은 본토 유대인들보다 높은 수입을 올렸으며, 그들이 행하는 무역의 중성 때문에 알렉산드리아 같은 곳에서는 원주민보다 높은 지위를 얻을 수 있었다. 로마의 시민권이 제국(帝國)의 여러 곳으로 넓혀질 때, 시민권을 얻은 사람도 많았다. 그렇지만 중세의 유대인들은 기독교의 반유대주의를 신학적·형이상학적 차원에서 차별과 배척을 받았다. 유대인에 대한 하나님의 선택과 약속은 파기되었으며 이제 교회가 새로운 하나님의 약속을 상속받게 되었다는 교리이다. 유대인의 방랑과 고난은 하나님과의 약속을 저버린 백성이 치러야 하는 정당한 대가로 해석되었다. 유대인은 기독교를 대적하는 자, 제의적 살인자, 우물에 독을 타는 자, 성체를 모독하는 자, 기독교도의 어린이를 죽여 피를 빨아 먹는 자, 세계의 지배를 도모하는 자, 고리대금업자, 무당, 흡혈귀 등으로 묘사되었다.[45]

인권을 주장하는 근대 계몽주의 바람이 일고 자본주의 사회가 발달하면서 유대인들이 서구 기독교권 문명사회의 일원으로 편입되면서 역사의 전면에 등장하게 된다. 그런데 이 시기 또한 유럽 유대인 디아스포라는

---

45) 최창모, 『기억과 편견: 반유대주의의 뿌리를 찾아서』, (책세상, 2004), p.24.

차별과 증오, 배척의 반유대주의 측면이 강했다. 유대인 배척이 사회적, 경제적, 정치적 또는 인종적인 동기에서 이루어졌다. 반유대주의는 독일에서 시작되어 오스트리아, 헝가리, 프랑스 및 러시아로 퍼졌다. 유대인 박해 풍조가 강했던 유럽에서 생존기반마저 위협받게 된 유대인은 자구책으로 유대 국가 건설을 모색하기 시작했다. 그 대상 지역은 여호와 하나님이 그들에게 약속한 가나안, 즉 팔레스타인으로 귀결되었다. 전세계 유대인 조직을 통해 이루어진 팔레스타인 복귀 운동으로 1914년에 9만 명에 달하는 유대인이 이주하였다. 특히 오스만 터어키가 쇠퇴함으로써 팔레스타인 지역은 유대인의 이주를 통제하거나 현지 민족 간 분쟁을 조정할 만한 공권력이 존재하지 않았다. 제2차 세계대전 직전에 팔레스타인 유대인 인구가 약 40만 명으로 늘었다.

그런데 유대인은 기독교 세계의 한 복판 유럽에서 홀로코스트라는 역사적으로 최대의 비극을 경험하게 된다. 바이마르공화국 내에서 반혁명적 분위기가 일기 시작했는데, 실패한 혁명의 주동자 대부분이 유대인이었다. 이러한 사실은 자존심에 상처를 입은 독일인들의 반유대주의를 강화시키는 결정적인 요인이 되었다. 그리고 독일계 유대인들은 대부분 애국심 넘치는 존경받는 중산층이었다. 그들은 사회민주당이나 공산당보다는 진보 정당에 투표했다. 이러한 유대인에 대해 히틀러와 독일 극우파들은 거대 자본, 국제금융, 부르조아 정당, 조직적인 노동운동 기구, 의회민주주의를 장악하고 온갖 못된 힘을 동원해서 독일 국가와 민족의 권위를 훼손하려는 존재의 상징으로 간주하였다. 특히 러시아에서 성공을 거둔 혁명은 독일의 '볼세비키화'의 서곡이자 세계적인 헤게모니의 장악을 위한 유대인의 마지막 시도의 출발로 여겨졌다.[46)]

나치는 반유대주의 프로그램을 이행하는 데 장애를 느끼지 않고 단계

---

46) 최창모, 같은 책, pp.106-107.

적으로 진행하였다. 1935년에 제정된 뉘른베르그법 같은 유대인 발본 정책은 독일인과 유대인 사이의 제도적 격리를 효과적으로 이루어냈다. 유대인에 대한 법적 식별, 토지몰수, 강제이주, 강제적 집단거주(ghettoisation) 등의 조치를 취해나갔다. 유대인의 회당이 불에 타거나 파괴되었으며, 3만 명 이상의 유대인 남자가 체포되어 수용소로 보내졌다. 러시아와 동부 유럽에서도 이러한 반유대주의 프로그램은 잔악하게 진행되었다. 그런데 유대인은 이 대학살 극을 민족부흥의 발판으로 전환한다. 홀로코스트의 비극을 2천 년 전에 실종된 민족국가인 신생 이스라엘의 건국으로 디아스포라를 매듭짓는다.

또한 유럽의 반유대주의는 새로운 약속의 땅 '가나안' 미국으로 유대인 디아스포라를 가져와 이스라엘과 미국의 정치군사적 밀착을 강화시켰다. 유대인이 미국으로 본격적으로 이주한 것은 1840년부터 1850년까지 독일에서 건너간 30만 명, 그리고 러시아 및 동유럽에서 자행된 유대인 박해를 피해 19세기 말부터 20세기 초인 1917년까지 동유럽에서 건너간 약 260만 명이 주류를 이룬다. 그 후 유럽에서 나치의 박해를 피해 1935년부터 1945년까지 10여 만 명의 유대인 최고 지식인들이 미국으로 이민이 이루어졌다.[47] 천재 물리학자 아인슈타인을 비롯하여 독일, 오스트리아, 헝가리, 이탈리아, 프랑스 등 유럽 각지에서 미국으로 건너간 유대인 지식인들은 그 당시까지만 하더라도 학문, 과학기술, 문화예술 방면에서 전통의 뿌리가 깊지 못했던 미국으로부터 크게 환영을 받았다. 지식인층의 주요 직종은 변호사 9백 명, 의사 2천 명, 음악가 1천5백 명, 작가 1천5백 명, 학자 및 교수 3천 명인데 그 가운데 노벨상 수상자가 10명 포함되었다.

---

47) 박재선, 『유대인의 미국』, (해누리, 2002), pp.9-10.

2. 세계 유대인의 규모와 분포

〈표 3-1〉은 지난 2000년 동안 세계유대인구와 주요 정착지역 별 유대인구의 발전 개요를 보여준다. 20세기 전까지 세계인구가 비교적 꾸준하고 느린 속도로 증가하는 데 비해, 유대인 인구는 크게 세 번의 시기에 증가하였다.[48] 이러한 변화는 유대인의 정치적 역정과 밀접한 관계가 있다.

〈표 3-1〉 2004년 현재 주요 지역별 유대인 인구 추정치(단위: 1,000명)

연 도	수(단위: 1,000명)						세계총인구
	총	팔레스타인/이스라엘	기타 아시아 아프리카	서유럽	동유럽, 발칸	미주 오세아니아	이스라엘/팔레스타인의 %
1	(3,000-6,000)	(1,000-2,500)	(2,000-3,500)			−	(33-42)
500	(600-1,200)	(200-300)	(400-900)			−	(25-33)
1170	1,200	5	1,045	103	47	−	0.4
1300	1,200	3	747	385	65	−	0.3
1490	1,300	5	695	510	90	−	0.4
1700	1,100	5	372	146	573	4	0.5
1825	3,281	7	533	458	2,272	11	0.2
1880	7,663	24	606	1,044	5,727	262	0.3
1939	16,500	445	1,155	1,350	8,150	5,400	2.7
1948	11,185	650	1,325	1,035	2,515	5,660	5.8
1970	12,633	2,582	693	1,119	1,969	6,270	20.4
2004	12,990	5,165	122	1,068	468	6,167	39.8

출처: Sergio DellaPergola, *The State of Israel and the Jewish Diaspora: Trends, Policies and Challenges*, International Symposium the Policies on Ethnic Diaspora of Various Countries, (Korean International Network, September 10, 2004), p.330

---

48) Baron, S.W., "Population". *Encyclopedia Judaica*, Vol.13, 1971, pp.866-903; de Tudela, B.(ca. 1170). *Sefer Massa'ot.* [*The Itinerary of Benjamin of Tudela*(Adler, M.N., ed.). London, 1907.]

첫 번째 시기는 고대 이스라엘의 정치적 영향력이 최고조에 달했던 왕들의 시대이다. 다윗왕의 인구조사에 따르면 이스라엘 왕국의 국경 안에서 200-250만 명이 살았던 것으로 추정된다. 두 번째로 유대인구가 크게 늘어난 시기는 하스모니안(Hasmonean)(B.C. 3-2세기)시대 예루살렘의 제2성전 건축 시기이다. 이 시기 인구수는 약 450만으로 추정하고 있다.

이런 과정을 거쳐 1650만 명까지 치솟았던 이 안정적 인구 팽창 시기는 제2차 세계대전 동안 600만 명이 학살된 *쇼아(Shoah)*로 급격히 그 끝을 맺게 된다. 전쟁 후 전세계적으로 남은 1100만 명이 현재 1300만 명으로 늘어난 것으로 추정된다. 현재 세계유대인구의 전체성장률은 0에 가깝다. 또한 20세기 들어 국가로서 이스라엘의 독립은 빠르게 유대인구성장의 중심이 되었다. 제2차 세계대전 종전에서 2004년까지, 이스라엘의 유대인구는 10배 이상 늘어났고 전체 유대인구에서 차지하는 몫도 5%에서 40%로 늘어났다.

〈표 3-2〉에서 현재 80%가 넘는 유대인이 미국과 이스라엘 두 나라에 살고 있고, 95%가 넘는 인구가 10개의 강대국가들에 집중되어 있다. 또한 G8 국들 중 여섯 나라(미국, 프랑스, 캐나다, 영국, 러시아연합, 독일)에 전체 이스라엘 유대인구의 87퍼센트에 해당하는 유대인들이 살고 있다. 이러한 집단들이 사실상 세계의 유대사회의 규모와 경향을 좌우한다고 볼 수 있다.

〈표 3-2〉 유대인 거주 국가(2004)

| | | | % of Total Jewish Population | | | |
| | | | In the World | | In the Diaspora | |
Rank	Country	Jewish Population	%	Cumulative %	%	Cumulative %
1	United States	5,290,000	40.7	40.7	67.6	67.6
2	Israel	5,165,400	39.8	80.5	=	=
3	France	496,000	3.8	84.3	6.3	73.9

Rank	Country	Jewish Population	% of Total Jewish Population			
			In the World		In the Diaspora	
			%	Cumulative %	%	Cumulative %
4	Canada	371,000	2.9	87.2	4.7	78.7
5	United Kingdom	299,000	2.3	89.5	3.8	82.5
6	Russia	244,000	1.9	91.3	3.1	85.6
7	Argentina	185,000	1.4	92.8	2.4	88.0
8	Germany	112,000	0.9	93.6	1.4	89.4
9	Australia	101,000	0.8	94.4	1.3	90.7
10	Brazil	96,800	0.7	95.2	1.2	92.0
11	Ukraine	89,000	0.7	95.8	1.1	93.1
12	South Africa	74,000	0.6	96.4	0.9	94.0
13	Hungary	50,000	0.4	96.8	0.6	94.7
14	Mexico	39,900	0.3	97.1	0.5	95.2
15	Belgium	31,300	0.2	97.3	0.4	95.6

출처: Sergio DellaPergola, *The State of Israel and the Jewish Diaspora: Trends, Policies and Challenges*, International Symposium the Policies on Ethnic Diaspora of Various Countries, (Korean International Network, September 10, 2004), p.352.

2004년 초기 세계 유대인 인구의 수는 약 12,989,700으로 추산된다. 세계 유대인은 세계 총인구 6십3억1천4백 만 인구 중 1000명당 2.06명 정도의 비율로 구성되어 있다. 2003년 1월 1일과 2004년 사이, 유대인 인구는 약 4만 1천 5백 명까지 증가했고, 이는 약 0.3 퍼센트 증가한 것이다. 이는 1.3퍼센트의 총세계전체인구의 증가와 비교된다. 세계 유대인 인구는 이스라엘에서의 인구성장과 더불어 디아스포라에서의 인구감소를 서서히 극복하면서 제로성장률에 가까운 증가율을 보이고 있다.

이스라엘에서의 유대인인구의 수는 2003년 5,094,200에서 2004년 초기 5,165,400까지 증가했고, 이는 1.4%에 해당하는 71,200명이 증가한 셈이다. 이와 대조적으로 디아스포라에 있어서 추정되는 유대인 인구는 7,854,000에서 7,824,300으로 0.4%에 해당하는 25,700명이 감소하였다. 이러한 변화는 FSU와 다른 나라로부터 지속적인 유대인의 이민과 디아스포라 유대인 집단의 내부적인 감소추세를 반영한다. 2003년에 추정되는 이스라엘 디아스포라 총 이주 합계는 이스라엘에 대하여 5,200명 유대인의 증가를 의미한다.[49]

세계 유대인의 97.3퍼센트는 가장 큰 15개의 국가에 살고 있고 95.6퍼센트는 이스라엘을 제외하고, 14개의 가장 큰 디아스포라 커뮤니티들을 형성하고 있다. 2004년에 93개 국가에 적어도 100명의 유대인들이 있으며 미국과 이스라엘 두 나라에는 각각 5백 만이 넘는 유대인 인구가 있고, 다른 7개국은 10만 명의 이상, 4개국은 5만 명에서 10만, 4개국은 2만 5천 명에서 5만, 10개국은 1만에서 2만5천, 그리고 66개국은 1만 명 이하의 유대인이 있다.

이러한 유대인에 대한 한국의 시각은 긍정적인 측면이 강했던 것이 사실이다. 이는 60-70년대 개발독재 시절 이스라엘의 독립과정에서 나타난 민족애, 애국심, 공동체 의식 등을 한민족의 자긍심을 계몽하고 고취시킬 정치적 목적으로 선전·이용한 바 있으며, 실천적인 민족 번영의 시책의 하나로 일으킨 새마을 운동의 모델로서 차입한 이스라엘의 키부츠 운동을 소개한 것 등에서 받은 영향이 크다 하겠다. 여기에 한국 사회의 뜨거운 교육열과 기독교(교회)의 부흥과 성장 과정에서 소개된 유대인의 교육과 신앙의 우수성이 지나치게 강조된 것 등의 요소가 크게 작용한 것 또한 사실이다.[50]

---

49) Israel, Central Bureau of Statistics, *Monthly Bulletin of Statistics* (Jerusalem, 2004).

50) 최창모, "세계 유대인 네트워크와 반유대주의", 세계한민족네트워크 국제학술회의논

  그렇지만 9.11 테러(2001년) 이후 급속도로 퍼져나간 이슬람에 대한 동정적인 이해, 여중생 사망 사건, 2003년 미국의 이라크 침공으로 펼쳐진 미국의 일방주의적인 패권주의와 관련해서 젊은 층을 중심으로 새로운 형태의 반미주의로 확산되면서, 중동문제에 대한 미국의 입장이 언제나 이스라엘 편향적이라는 비판이 반미주의로 확산되는 경향을 보이기도 하였다. 이는 미국의 중동정책 결정에 있어서 네오콘들의 입장이 관철되고 이 과정에 Paul D. Wolfowitz, Richard Perle, Douglas Feith, Elliot Abrams 등 유대인 지식인들이 적극적으로 개입한 결과라는 인식 때문이다.[51] 유대인들은 민주당 지지가 많지만 미국의 핵심적인 권력에 영향을 미치고 있는 네오콘(Neocon)에 유대인 지식인들이 포진해 있다. 이는 9.11테러 이후 중동에서의 미국, 이스라엘과 이슬람 민족 국가 간의 유혈사태를 보면서 유대인을 미국과 동일시하는 관점으로 연결시키는 계기가 되기도 하였다.

  그런데 유대인은 수천 년의 역사를 통해 이런 대결과 갈등 그리고 비극을 온몸으로 수없이 겪고 되풀이해 온 민족이다. 오늘날 유대인들은 과거 게토의 담장 안에 갇혀있지 않다. 전 세계 자본주의 시장의 사실상의 지배자이며, 초강대국인 미국의 정치경제 그리고 군사를 배후에서 움직이는 민족이다.

  세계 인구의 0.3%에도 못 미치는 유대인이 10억이 넘는 이슬람권과 상대하고 나아가 60억 인구의 세계에 영향력을 행사하고 있다. 그리고 미국 내에서 유대인은 전체인구의 3% 정도인 600만으로 아시아계 950만과 비교할 때 대단한 숫자는 아니다. 그럼에도 불구하고 그들은 미국 사회에서 정치경제적 영향력을 크게 발휘하면서 미국의 국가발전에 실질

문집(5.18 25주년 기념한국정치학회, 전남대 세계한상문화연구단), pp.5-6
51) Murray Friedman, *The Neoconservative Revolution: Jewish Intellectuals and the Shaping of Public Policy*, (Cambridge University Press, 2005)

적인 기여를 하고 있다. 그들은 영향력이라는 측면에서 보았을 때 미국 내 소수자라는 범주에 속하기보다는 오히려 지배적 영향력을 형성하고 있으며, 정치, 경제, 금융, 언론, 예술 등 각계각층의 최고 상층부를 구성하고 있다[52].

유대인네트워크는 국제사회에서 패권을 장악하고 행사하고 있는 미국의 정치, 외교, 경제, 언론 등에서 더욱 강력하게 작용하고 있다. 유대인이 미국의 각 분야에서 영향력을 행사할 수 있는 요인 중에 하나는 정교하게 조직된 네트워크 때문이라고 할 수 있다. 오늘날 3천 5백 개가 넘는 미국 유대인 단체가 국내외를 무대로 활동하고 있다. 이들 단체들은 인터넷으로 긴밀하게 연결되어 있으며, 중동에서 이스라엘의 안전과 발전을 위해 다양한 방법으로 활동을 진행하고 있다.

3. 세계 유대인 네트워크

1) 세계 유대인네트워크 현황

수천 년간 지구의 구석구석에 흩어져 살면서 타문화에 대한 이해와 동화과정을 거치면서도 유대인이 자기 정체성을 어느 정도 유지할 수 있었던 까닭은 그들만의 독특한 종교 신앙과 문화 때문이다. 그들의 연대의식은 물론 혈통에서 비롯된다. 하지만 민족적 자기 동일성이 유지될 수 있었던 까닭은 어디까지나 혈연이라는 자연적인 특성만이 아니라, 디

---

52) J.J. Goldberg, *Jewish Power: Inside the American Jewish Establishment,* (Perseus Publishing, 1996), pp.3-20.

아스포라 세계에서 살아남기 위해 고안한 독특한 문화적인 특성들, 즉 종교적인 제의(예배)와 관습, 그리고 가족 중심의 문화가 자리하고 있기 때문이다. 자연(혈통)과 문화(종교)는 유대인끼리의 관계를 맺게 해주는 날줄과 씨줄인 셈이다.

또한 다양한 분야에 거미줄처럼 연계된 유대인 네트워크는 오늘날 가장 강력한 초국가민족네트워크로서 국제사회 곳곳에 영향력을 행사하고 있다. 이러한 활동을 하는 대표적인 유대인네트워크는 다음과 같다.

(1) 세계 시오니스트 기구(WZO)와 이스라엘을 위한 유대기구(JAFI)

WZO는 처음에는 시오니스트 기구(Zionist Organization)로 알려졌는데(역사는 일차 시오니스트 총회(1987)로 거슬러 올라간다) 1960년에 다시 재조직되었다. WZO의 회원은 단체 기구 중의 하나로 국한된다. 이스라엘을 위한 유대기구는 비정부(준 정부) 기구이며 예루살렘에 기반을 두고 있으며 역사적으로 이스라엘 이주를 조직하고 촉진하였으며, 처음에는 팔레스타인으로 이주를 후에는 이스라엘 정착을 주도하고 경제의 발전을 이끌면서 사회 및 교육 서비스를 개발했다.

JAFI / WZO의 준 국가기능은 일부 차원에서는 여전히 존재하고 있다. 그러나 지난 30년간 JAFI / WZO 내부에서 급격한 변화가 일어나기 시작했다. 1971년 이래로 유대기구가 이스라엘 안에서 활동을 하고 WZO가 디아스포라 시오니스트 활동과 이스라엘 안의 행정구역의 정착 활동에만 영역을 국한시키면서 JAFI와 WZO의 기능은 분리가 되었지만 1971년 합의로 JAFI는 다시 완벽한 파트너로 부활했다. 그리고 한동안 새로운 시스템이 잘 운영되었지만 더 강한 통제를 원하는 미국인 기부자들이 등장하면서 2004년에는 권력흐름이 완전히 바뀌어서 사실상 WZO는 완전히 물러나게 되었다. 그리고 현재는 미국 유대인들로부터 권력이 흐르고 있기 때문에 JAFI 또한 한때 미국 시스템의 강력한 핵심이었지만 지금은 거의 시스템의 외부요소 정도에 불과하다.

(2) 세계 유대인 회의(WJC)

세계 유대인 회의(WJC)는 국제기구로써 전세계에 있는 유대인들과 유대기구의 이익을 도모하고자 하는 임무를 띠고 있다. 1936년 제네바에서 유대인들을 결집시키고 전세계에 나치의 학살을 알리기 위해 설립된 WJC는 6개 대륙에 걸쳐서 아르헨티나에서 짐바브웨에 이르기까지 100여 개국에 있는 유대인 공동체와 기관들을 대표하는 기구이다. 또한 통일과 유대인의 생존을 도모하며 동시에 정신적, 문화적 및 사회적 유산을 유지하고자 하고 있다. 뉴욕에 본부를 둔 WJC는 브뤼셀, 부다페스트, 부에노스아이레스, 제네바, 요하네스버그, 모스크바, 오타와, 파리, 시드니와 예루살렘에 지부를 두고 있으며 예루살렘에는 WJC의 연구소가 위치하고 있다. 세계유대인 총회는 유럽연합으로부터 많은 인정과 신뢰를 받으면서 여러 다양한 기관들 중에서 독특한 기관이 되었고 유엔과 그 소속 기관, 위원회, 부속단체에서 외교관 지위를 부여받고 있다. 세계2차대전이 끝난 후에는 평화조약, 나치 전범의 기소 및 재판, 홀로코스트의 유대인 희생자들에 대한 배상 및 보상계획 채택, 2차 대전 이후 유대인들의 삶의 재건계획 채택에 대한 유대정책을 수립에 있어 중요한 역할을 하면서 유명해지게 되었다.

(3) Keren-Hayesod United Israel Appeal

1920년 런던에서 열린 세계 시온주의자 총회에서 WZO의 재정조달을 목적으로 하여 세워진 기구로, 전 세계 45개 국가에서 활동하고 있다. 특히 제1차 세계대전의 종전을 앞두고 예상되는 중요한 정치적 이익, 즉 팔레스타인의 이민과 정착을 전개하기 위하여 필요한 재정을 확보하기 위한 조처로서 탄생하였다. 한 그룹은 팔레스타인의 경제적 발전을 촉진시키기 위해 회사와 은행을 세우는 등 비즈니스 차원에서 출발하였으며, 다른 한 그룹은 시온주의자들의 개척정신을 도모하고 실천을 지원하기 위한 기금 마련을 강조했다.

(4) 유대 여성 국제 위원회(International Council for Jewish Women)

유대 여성 국제 위원회(International Council for Jewish Women)는 47개국의 52개 유대여성기구로 구성되어 있고 유대인들의 거의 모든 활동영역을 다루고 있다고 할 수 있다. 주 목적은 모든 유대 여성들을 단결시켜서 모든 인종과 민족에게 사회정의를 실현하는 것이다. ICJW는 유엔에서 ECOSOC와 자문위치에 있으며 런던에 본부가 위치하고 있다.

(5) Alliance Israélite Universelle

Alliance Israélite Universelle는 교육과 문화기반의 기관으로 2만 명의 학생이 포함된 학교 네트워크를 통해서 활동을 하며 정부 및 국제기관에서 인권옹호활동에 참여하고 있다. 벨기에, 캐나다, 프랑스, 이란, 모로코, 스페인 및 미국에서 활동을 벌이고 있으며 본부는 파리에 위치하고 있다.

(6) 유대학생세계연맹(World Union of Jewish Students)

유대학생세계연맹(World Union of Jewish Students)은 1924년 반유대주의를 타파하고 국가 유대학생기구의 대표기구로써 역할을 하기 위하여 설치되었다. 교육 프로그램과 지도력 훈련 세미나를 조직하고 디아스포라 공동체를 위한 서비스 프로그램을 제공한다.

2) 미국의 유대인 네트워크

(1) 미국 유대위원회(American Jewish Committee, AJC)

미국 유대위원회(American Jewish Committee, AJC)는 1906년 설립되어서 1943년 후에 확대되었으며 인종, 다원주의 및 그룹 간 관계에 관심을 가진 기관이다. 1990년대에 기관 내부점검 기간을 거쳐서 미국 유대위원회의 주안점과 방향이 국제분야로 바뀌게 되었고 지금은 Presidents Conference의 회원이며 유럽 정부들에게 미국 유대계를 대표하며 유럽 무대에서 다양한 관계를 수립해 오고 있다. "think-tank" 기관의 관점에 미국 유대인 연감을 매년 발간하고 있으며 연구부서는 그룹 간 관계, 반유대주의 및 유대계 정체성에 대한 가치 있는 연구와 조사를 수행하고 있다.

(2) 전미유대인 총회(American Jewish Congress, AJCongress)

전미유대인 총회(American Jewish Congress, AJCongress)는 1918년 설립되어서 미국 유대인 공동체 안에서 변호사의 역할을 하고 있다. 또 종교의 자유를 수호하기 위해 법안을 만들고 홍보를 하며, 반유대주의, 차별 및 인종주의에 대항한다. 주, 연방 및 대법원 차원에서 사건을 제시하며 다원주의, 교회와 주의 분리 및 종교의 자유를 수호하기 위해 개인과 지역사회에 조언과 지원을 제공하고 있다.

(3) 반비방연맹(The Anti-Defamation League(ADL)

The Anti-Defamation League(ADL)은 1913년 조지아에서 있었던 레오 프랭크 구타사건에 대응해 B'nai B'rith의 위원회로 설치가 되었으며 다양한 형태로 위장한 반유대주의를 타파하는 것이 주 역할이다. 반유대주의를 모니터링하는 것을 주안점으로 삼고 있어서 미국과 유럽에서의 반유대주의적 태도에 대한 정기적인 여론조사를 후원하고 편견퇴치 프로그램53), 반 이스라엘 활동, 좌파 및 우파 극우주의 및 1981년 이래 주와 교회의 분리 위반, 홀로코스트 교육과 타 종교 관련 업무에 초점을 두고 있다. B'nai B'rith의 위원회로 설치되었지만 독자적인 활동을 하고 있다.

이 모든 활동에 대한 자금원은 동일하다. 각자 회원 및 기구의 임무를 지지하는 개인들로부터 지원과 후원을 받는다. 하지만 최근 몇 십 년 전부터 기업들로부터 후원을 받기 시작했으며 국가로부터의 지원은 줄어들고 있다.

(4) 미국 이스라엘 공공문제 위원회
(American-Israel Public Affairs Committee, AIPAC)

미국 이스라엘 공공문제 위원회(American-Israel Public Affairs Committee, AIPAC)는 1950년 설치되어 워싱턴 정가에서 이스라엘 관련 문제에 대해 영향력을 행사해 왔다. 공식적으로 등록된 로비 단체로 워싱턴에 본부를 두고 있으며 지역사무소 네트워크는 점차 규모가 커져 가고 있으며 이 사무소의 기능은 미국 행정부 안에서 이스라엘에 대한 지원을 도모하는 것이다. 전문성과 효율성에 있어서 최고의 로비단체 중의 하나로 여겨지고 있다.

(5) PAC 정치행동위원회(Political Action Committees, PACs)

PAC 정치행동위원회(Political Action Committees, PACs)는 후보자나 관료들의 선거전에 자금을 지원하여 후원하는 정치가가 당선되도록 하기 위해 설립되었다. 친 이스라엘 PAC는 1980년에 의회의 반 이

---

53) ADL의 예산 중의 상당액이 "다른 세상" 프로그램에 할당된다. 반유대주의 분석 기관은 아직 편견퇴치 프로그램의 효과성에 대해서 확신을 갖지는 못하고 있지만 ADL은 아직 "다른 세상"에 대한 체계적인 평가를 실시하지는 않고 있다.

스라엘 관료들을 몰아내기 위해 설치되었고 오늘날 친 이스라엘 PAC는 친 이스라엘 파로 간주되는 후보의 당선과 재선을 위하여 사용되고 있다.

(6) Hadassah

Hadassah는 여성단체 회원수가 150만 명에 이르는 세계에서 가장 큰 여성단체의 하나이다. 주로 시오니스트 기관, 여러 문제에 있어서 엄청난 숫자의 회원들을 동원할 수 있고 이를 통해서 공동체 관계에 있어서 잠재적으로 중요한 참여자가 되었다. 이스라엘과 관련된 문제에 있어서 여전히 영향력 있는 기관이다.

4. 유대인 네트워크의 영향력

1,300만 명 규모의 유대인이 10억이 넘는 이슬람권과 상대하고 나아가 60억 인구의 세계에 영향력을 행사하고 있다. 미국 내에서 유대인은 전체인구의 3% 정도인 600만이지만 미국사회에서 정치경제적 영향력을 크게 발휘하면서 미국의 국가발전에 실질적인 기여를 하고 있다. 유대인들은 미국의 정치, 외교, 경제, 금융, 언론, 학술 등 각계각층에서 상층부를 구성하며 영향력을 행사하고 있다.

유대인은 정치과정에 영향력을 행사하면서도 실제 정치권력의 중심에서 막강한 영향력을 행사하고 있다. 미국 내 유대인 권력(Jewish Power)은 대통령을 중심으로 한 행정부, 상원과 하원을 구성된 의회, 연방대법원, CIA와 FBI 등 정보기관, 언론 등 각 분야의 권력과 유기적으로 잘 연결하고 활용하여 영향력을 극대화할 뿐만 아니라, 빈틈없는 조직력을 통해 영향력을 장기적으로 관리하고 있다.

유대인은 1999-2001년 회기에 미국 20여 개 주에서 상원의원 11명, 하원의원 30명을 배출하여 의회에서 왕성한 정치활동을 전개하고 있다. 이들은 미국이 이스라엘과 관련된 중동외교정책에 AIPAC(American-Israel Public Affairs Committee)와 연대하여 이스라엘에 유리하도록 영향을 미치고 있다. 민주당 클린턴 행정부에서는 12명이 각료급 공직에 기용되기도 하였다. 올브라이트 국무장관, 루빈 재무장관, 서머스 재무장관, 코헨 국방장관, 글릭맨 농무장관, 캔터 통상장관, 라이치 노동장관 등이 그들이다. 클린턴 정부시기 연방 대법관 9명 가운데 2명이 유대인이다. 2000년 선거에서 민주당의 고어 후보를 전폭적으로 지지했던 미국 유대인 사회는 전통적인 와스프(WASP)출신이며, 보수성향의 부시의 당선으로 행정부에 조엘릭 통상장관 과 월포위츠 국방부 부장관 정도만 입각하는 데 그쳤다.

각종 선거 때마다 미국인 전체의 평균 투표율이 53%인 데 반해, 유대인의 투표율은 80%를 넘게 참여한다. 유대인 사회는 국가의 크고 작은 일에 관해서 일반 국민들보다 관심이 많고 참여의식이 강하다. 또한 미국 유대인의 주요 활동 무대가 대부분 대도시와 선거인단 규모가 큰 대형주에 집중되어 있다. 그래서 다수 득표자가 모든 선거인단을 차지하는 미국의 대통령 선거 제도 아래에서는 유대인의 정치적 영향력이 커질 수밖에 없다.

그 외 언론부분에서도 유대자본과 인맥은 큰 영향력을 발휘하고 있다. 세계적 재벌 언론 머독을 비롯해 뉴욕 타임즈, 워싱턴 포스트, US뉴스 앤드 월드리포트, 타임 등 미국의 영향력 있는 매체들이 유대인맥에 의해 설립, 인수 또는 운영되고 있다. 미국 4대 일간지인 뉴욕 타임즈, 워싱톤 포스트, 로스앤젤레스 타임즈, 월스트리트 저널은 경영진과 필진의 35%가 유대인이다. 미국 언론계에서 유대인 종사자는 6% 정도에 불과하지만 이들은 주요 매체에서 여론을 주도하고 있다. 영화계에도 파라마운트, MGM, 워너, 폭스, 유니버설, 콜롬비아, 디즈니 등 7대 메이저 중 디즈니를 제외한 6개가 유대인이 설립한 기업이다. 미국 명문 사립 대학들로 구성된 아이비 리그(Ivy League)의 총장 및 교수의 약 40%가 유대인이다. 워싱톤과 뉴욕에 집중된 종합법률사무소(Law Firm)의 45% 이상이 유대인이다.

유대인이 미국의 각 분야에서 영향력을 행사할 수 있는 요인 중에 하나는 정교하게 조직된 네트워크 때문이라고 할 수 있다. 오늘날 3천 5백 개가 넘는 미국 유대인 단체의 기원은 '약속받은 자손'(Indepedent Order of B'nai B'rith)으로 1843년에 설립되었다. 이 단체는 1840부터 1885년에 이르기까지 독일계 유대인이 본격적으로 미국에 유입된 결과, 유대인의 권익 옹호를 위한 활동이 적극적으로 전개되면서 결성되었다. 당시 미국 유대인의 주요한 관심사는 국가의 고위 공직에 취임하는 것이었다. 유럽에서는 능력이 있어도 유대인이라는 신분 때문에 공직 취임에 제약을 받았지만, 미국에서는 많은 유대인들이 정치계와 관계, 법조계 등에 진출하게 되었다.

미국의 유대인 사회는 본격적으로 제1차 세계대전을 전후로 전국적 규모의 단체들이 결성되는데 1907년 미국유대인전국위원회(American Jewish Committee: AJC)를 설립하였고, 이어서 미국유대인전국총회(American Jewish Congress: AJC)와 반비방연맹(Anti-Defamation League of B'nai B'rith: ADL)도 발족시켰다. 이 3대 단체는 오늘날 미국 내 유대인 단체의 핵심을 이루고 있다. 이외에도 AIPAC는 미국 내 이스라엘 로비의 핵심기구인데 주로 의회, 행정부, 언론 등을 대상으로 활동하고 있다.

다음으로 미국에서 경제적 영향력을 보면 다음과 같다. 미국 6대 은행 중 유대인 자본이 경영권을 장악하고 있는 은행은 체이서 맨해튼, JP 모건, 뱅크 아메리카 등 3개에 이른다. 월 스트리트의 주요 투자은행인 메릴린치, 모건 스탠리, 골드만 삭스, 퍼스트 보스턴 등도 유대인 자본이다. 국제금융시장의 헤지펀드에서도 유대인 자본의 영향력이 막강하다. 세계 대기업 50개 중 21개사, 상위 20개사 중 13개사가 미국기업이고, 이들 기업들은 유대인 자본과 밀접한 관계를 맺고 있다.

이와 같은 자본의 형성을 통해 금융권을 장악하게 된 배경은 독일계 유대인들 때문이다. 독일계 유대인들은 주로 금융 분야에서 두각을 나타냈는데, 전통적으로 유럽의 그리스도교들이 돈을 취급하거나 이자를 받는 행위는 죄악시하는 종교적 상황 속에서 멸시를 받으며 성장하였다. 유럽 대륙에서 국제금융의 맹주로 활약한 독일의 프랑크푸르트 출신 로스차일드(Rothschild)가문에서 보는 바와 같이 적극적으로 금융사업을 주도하였다. 자본주의 사회인 미국에서도 재산의 관리 및 증식에 관한 천부적인 감각을 갖춘 유대인들은 이 분야에 잘 파고들었다. 대표적인 미국의 독일계 유대인 금융가문은 셀릭맨(Joseph Seligman), 발부르그(Felix Warburg), 쿤 뢰브(Kuhn-Loeb), 골드먼 삭스(Goldman-Sachs) 등으로 오늘날 미국의 유대인 금융계를 창시했다. 쉬프(Jacob Schiff)의 경우 미국의 아시아 진출에 재정지원을 했고, 러-일 전쟁에 일본에게 전쟁자금을 지원해 일본의 승리를 유도한 장본인이다. 이들이 일본을 지원한 이유는 제정러시아의 유대인 박해와 탄압에 대한 대응이었다.

그리고 오늘날 전 세계 경제 대통령이라고 불리는 연방준비제도이사회(FRS)의 의장도 유대인 그린스펀(Alan Greenspan)이 역임했다 레이건, 부시, 클린턴, 부시 주니어 등 4명의 대통령이 교체되었지만 의장의 직책을 계속 수행하다 최근 퇴임하였다.

현재 유대인 단체는 단순한 친목과 결속을 위한 단체 499개, 문화관련 단체 504개, 이스라엘 지원을 목적으로 하는 단체 512개, 국제 유대인 사회의 연대를 위한 단체 524개가 포함되어 있다. 이 단체들은 1948년 이스라엘 건국을 계기로 미국과 이스라엘을 특수 관계로 묶는

데 큰 역할을 했고, 전세계에 흩어져 있는 유대인들의 권익 향상을 위해 그 영향력을 확대하고 있다.

또한 세계 각 지역의 유대인들은 각 지역별로 독특한 유태민족권을 형성하고 있는데, 이들 유대인들은 정보화의 산물인 인터넷을 통하여 서로 정보를 교환하며 상호 네트워크로 맺어져 있다. 인터넷은 유대인을 국경을 초월하여 결속하는 구심점으로 작용하고 있다. Michael Levin은 이를 'Jewish Internet Community'라 부르며, 지난 2000년 이래 최근 인터넷을 활용한 네트워크는 유대인들을 가장 긴밀하게 연결시키고 있다고 주장한다.

유대인커뮤니케이션 네트워크(http://www.jcn18.com)는 전 세계 1,500개가 넘는 이스라엘 및 유대인 관련 사이트를 연결해 놓고 있다. 36년에 결성된 '세계유대인의회'도 인터넷홈페이지(http://www.virtual.co.il)를 통해 80여 개 국가에 흩어져 살아가는 유대인들의 정치적 이해를 관철시키려고 노력하고 있다.

이와 같이 미국 유대인들은 그 숫자나 정착 역사에 비해 미국뿐만 아니라 국제사회에서 월등하게 중요한 위치를 차지하고 있는 것이 현실이다. 그들은 세계 유일의 슈퍼파워 미국의 각 분야에서 실질적으로 많은 역할을 수행하고 있으며, 이러한 확고한 위치는 앞으로도 상당기간 지속될 것으로 보인다. 특히 해외 거주 유대인들이 지금의 이스라엘을 막강한 나라로 만드는 데 결정적인 역할을 했으며 지금도 이스라엘에게 유리한 외교정책이 세워지도록 각국 정부에 압력을 가하고 있다.

5. 미국에서 AIPAC의 친이스라엘 정치활동

1) AIPAC의 형성과 친이스라엘 로비

AIPAC는 이스라엘 지지에 있어서 미국 유대인 커뮤니티를 대표하는 유일한 등록 로비단체이다. 2차 대전이 끝난 지 4년이 다 되어가는 1949년 4월 애이팩은 워싱턴에서 최초로 친이스라엘 로비활동을 표방하면서 결성되었다. 시오니스트들이 주도한 친이스라엘 로비단체가 있었는데, 반시오니스트 조직들로부터 거센 압력 때문에 1959년 AIPAC로 명칭을 바꾸게 되었다.

친이스라엘 로비단체의 결성 소식에 대해 미 국무부는 "중동에 아랍계 여러 국가가 있는데, 중동의 한 작은 국가인 이스라엘을 대표하는 로비단체가 만들어진다면 이는 아랍계를 자극하게 될 것이고, 미국의 중동정책이 아랍권에 불리하게 보일 경우 친이스라엘 단체의 로비 때문이라는 모함을 받을 우려가 있다"는 등의 이유를 들어 반대 입장을 표시하고 포기를 요청하기도 했다.

그러나 2차대전을 거치면서 유럽에서 반유대 정서의 실제와 홀로코스트를 경험한 유대인들로서는 미국이 알아서 잘 해주기만을 기다리는 것은 모험일 뿐 아니라 자신들의 책임을 회피하는 것이라는 확고한 입장이 있었다. 스스로 돕지 않으면 아무도 돕지 않는다는 역사적 경험이 그들을 단호하게 만든 것이다.

49년 창립에서부터 70년대까지 30년간의 애이팩의 활동은 주로 친이스라엘 의원을 늘리는 작업을 주로 하였다. 애이팩은 본격적인 1959년 정식 로비스트 단체로 등록된 이후부터이다. 애이팩은 전통적으로 정치, 사회 활동에 대한 후원에 인색하지 않은 유대인들은 회원수가 수만 명

단위로 늘어나면서 소수 독지가에 의존하던 예산을 일반 회원 중심으로 확대해 나갔다. 뉴욕, LA는 물론이고 플로리다, 펜실베이니아, 매사추세츠 주 등에 사무실을 열고 그 지역 의원들과 관계를 돈독히 해 나갔다. 애이팩의 주요 로비대상은 유대인이 많이 사는 지역의 의원들이었고, 특히 이들 중 중동외교에 영향을 미칠 수 있는 소수 의원들이 특별관리 대상이었다. 당연히 이들의 영향력은 북동부, 중서부에 집중될 수밖에 없었다.

그런데 애이팩은 소련의 아프가니스탄 침공을 계기로 난관에 부딪쳤다. 공산권의 힘이 중동에 뻗치는 것을 우려한 미국은 사우디에 미군기지를 설치하기로 결정하였고 사우디의 정찰기 도입 요청을 승인한다. 이란과 이라크의 전쟁이 발발하자 사우디는 이번엔 탱크, 비행기 등을 포함하여 당시 84억 달러 규모의 무기 구입을 희망해 왔다. 1980년 선거 막바지에 카터는 이러한 결정이 민주당 내 주요 기반인 유대계의 반발 등 악재로 작용할 것을 우려했지만, 군부의 설득으로 결국 이 요청을 승인한다. 80년 선거 결과 백악관의 주인이 된 공화당의 레이건은 감세정책 등을 통해 여론의 지지를 얻고 이에 힘입어 사우디 무기 판매 건을 의회에 보내겠다고 발표했다. 이스라엘의 베긴 수상은 개인서한 등을 통해 레이건을 설득하려 했지만 허사였다. 이스라엘의 마지막 희망은 유대계 미국 시민들이 주도하는 애이팩이라는 또 하나의 대사관에 달려 있었다.54)

애이팩은 이스라엘 정부와는 별개로 발 빠르게 움직였다. 30년 이상의 노력과 경험이 사우디 무기 판매 건에 모두 집중하였다. 애이팩은 행정부와 상원을 공화당이 차지하고 있음을 감안해 공화당에서 유대인들과 가까운 오레건 주의 팩우드 의원을 내세워 상원을 결집시키기로 했다.

---

54) J.J. Goldberg, "Jersalem on the Potomac: The rise and rise of the Israel Lobby", *Jewish Power: Inside the American Jewish Establishment*, (Perseus Publishing, 1996), pp.197-226.

하원은 민주당이 다수인 데다 그동안 캘리포니아, 뉴욕, 플로리다 등 유대인들이 많은 주에서 영향력을 확대한 보람으로 어렵지 않게 의원 다수에게서 대사우디 무기수출 반대 서명을 이끌어 낼 수 있었다. 이렇게 해서 상원 54명과 하원 224명이 레이건의 결정을 반대하는 서명을 하기에 이르렀다. 하원은 결국 301대 11이라는 압도적 표차로 이 무기수출안을 부결시킨다.[55]

이에 취임 첫해 상승세를 타던 레이건과 군수복합체는 천문학적인 자금을 투여하며 의원들을 포섭해 갔고, 여론을 자신들에게 유리하게 조성하여 찬성 52, 반대 48. 행정부, 아니 군수복합체의 승리였다. 애이팩은 창립 이래 가장 뼈아픈 패배를 맛보게 되었다.

패배원인을 부석한 애이팩은 유대인의 영향력이 높고 유대인 사회가 자리를 잡은 편안한 지역에만 안주했고 외교를 주도하는 상원에서 공화당이 다수당으로 자리를 잡아가는 변화를 보였음에도 너무 민주당 편향의 활동을 보여 왔다는 결론에 이르렀다.

이에 따라 이들은 워싱턴 중심의 로비에서 탈피해 지역으로 파고들어 풀뿌리 로비를 통해 워싱턴을 움직이기로 새로운 방향을 결정하고, 이를 위한 체계적 준비와 대대적 자금모금에 들어갔다. 애이팩은 남부지역 등에 연고가 있는 회원들을 찾았고 텍사스 등에 사무실을 열기 시작했다. 그들의 체계적인 활동은 곧 그 효과를 보이기 시작했고 30년간의 활동 노하우와 그간의 인맥은 새로운 곳에서도 진가를 인정받았다.

레이건 정부 2기 첫해인 1985년 요르단의 후세인 국왕은 15억 달러의 무기구입을 미 정부에 희망해 왔다. 50개 주 가운데 49개 주를 석권하며 재선에 성공한 레이건 대통령은 의회에 이를 허가해줄 것을 요청한다. 애이팩은 지난번의 실수를 되풀이하지 않았다. 아직 언론이 이 문제

---

55) 박재선, 같은 책, pp.150-168.

에 대해 논란을 벌일 사이도 없이 신속하게 74명의 상원의원들의 서명을 받아 반대성명을 발표했다. 100명 상원의 2/3가 넘고 81년 사우디 무기수출 건 당시와 비교해 20명이 늘어난 숫자였다. 백악관은 고민 끝에 결국 의회승인 요청을 철회하게 만든다. 워싱턴에 집중되어 있는 군사복합체 로비스트들은 의원들이 살고 있는 지역에서 탄탄하게 다져진 애이팩의 로비력 앞에 속수무책이었던 것이다.

애이팩에 대해 비판적인 워싱턴의 관계자들은 이 이후로 미국 행정부는 아랍권의 무기판매나 중동평화협상에 있어 애이팩과 사전회담을 통해 의견 조율을 거친 후 이런 문제들을 추진하고 있다며 비난한다. 또한 의회에서 올라오는 친이스라엘 정치인들의 중동문제 결의안의 초안은 사실상 애이팩이 초안을 쓰고 있다고 비판하기도 한다. 그러나 재미있는 것은 오늘날 누구도 공개적으로 이 같은 비판을 하지는 못한다는 것이다.[56]

2) AIPAC의 정치권 로비 성공요인

(1) 시민권자로 구성된 자발적인 조직 구성과 연대활동

애이팩은 포춘지 등이 선정하는 워싱턴 파워로비 그룹 가운데 5위권 밖을 벗어나 본적이 없다. 워싱턴에서 이스라엘 대사관과 애이팩 중 하나를 택하라면 이스라엘 정부는 주저하지 않고 애이팩을 택할 것이라는 게 워싱턴 관계자들의 공통된 의견이다. 이스라엘 정책을 옹호하고, 대

---

56) 애이팩에 비판을 가했다가 희생양이 된 예로 폰 핀들리 의원이 있다. 핀들리는 의원일 당시 공개적으로 친이스라엘 로비의 문제점을 지적했던 인물이었고 팔레스타인 정부 수반과 두 차례 회동하기도 했으니 애이팩으로서 곱게 볼 리가 없었다. 일리노이에 지역구를 두고 있던 폴 핀들리 공화당 의원은 외교위원회에서 반이스라엘 정치인으로 지목되어 낙선운동의 대상이 되었고, 당시 하원선거라고 보기엔 엄청난 선거자금이 사용된 선거에서 결국 낙선하게 된다.

변하는 데 이스라엘 대사관보다 더 막강한 영향력을 발휘하는 애이팩의 성공요인은 무엇인가?

애이팩은 이스라엘 정부를 대표하는 외국 에이전트로 등록하는 대신 미국 시민권자로 이루어진 국내 로비단체로 등록했다는 것이다. 이는 미국인으로서 미국의 친이스라엘 정책을 요구한다는 것이며, 외국 정부가 요구하는 것과는 비교할 수 없는 정당성과 영향력을 가진다. 특히 이스라엘에 반대하는 아랍권 국가들이나 국제사회는 이스라엘 정부의 로비가 아닌 미국인의 로비를 대놓고 비난할 수 없다는 점도 크게 작용한다.

현재 애이팩의 회원은 10만이 넘는다. 워싱턴을 본부로 두었지만 지역 곳곳에 사무실을 두고 회원들이 선거에 가담해서 '애이팩'의 확실한 효과를 보여주고 있다. 그들은 애이팩이 친이스라엘 정치인으로 분류한 의원들의 당선을 돕기 위해 자원봉사를 마다하지 않고 정치후원금을 내는 것은 물론이고 유대인이 아닌 주변 사람들까지 설득해 그 의원을 지지하도록 만든다. 그래서 뉴욕의 정치인들은 이들이 1천 표를 약속하면 2천 표를 몰고 오고 1만 달러를 약속하면 2만 달러를 모금해 오는 등 항상 기대 이상의 성과를 보여준다고 이들의 공헌도를 극찬한다.

현재 유대인 단체는 단순한 친목과 결속을 위한 단체 499개, 문화관련 단체 504개, 이스라엘 지원을 목적으로 하는 단체 512개, 국제 유대인 사회의 연대를 위한 단체 524개가 포함되어 있다. 이 단체들은 1948년 이스라엘 건국을 계기로 미국과 이스라엘을 특수 관계로 묶는 데 큰 역할을 했고, 전세계에 흩어져 있는 유대인들의 권익 향상을 위해 그 영향력을 확대하고 있다.

또한 세계 각 지역의 유대인들은 인터넷을 통하여 서로 정보를 교환하며 상호 네트워크로 맺어져 있다. 인터넷은 유대인을 국경을 초월하여 결속하는 구심점으로 작용하고 있다. 전 세계 1,500개가 넘는 이스라엘 및 유대인 관련 사이트를 연결해 놓고 있고 80여 개 국가에 흩어져 살아가는 유대인들의 정치적 이해를 관철시키려고 노력하고 있다.

(2) 유대인의 기부문화

특히 각종 단체의 행사가 열릴 때마다 기부금을 모집하는 모금이 일종의 전통으로 확립되어 있다. 유대인의 전통을 유지하기 위한 교육, 미국의 친이스라엘 정책, 이민자에게 유리한 정책 수립지원에 필요한 기금모금에 적극 나선다. 미국의 대 이스라엘 정책에 대한 이슈가 있을 때 정치인들에게 지지와 반대의사를 적극적으로 나타낸다. 유대인에게 유리한 입장을 가진 정치인을 적극 지원하고 기부금을 낸다.

유대인들은 애이팩 운영을 위한 기부금에도 인색하지 않았다. 애이팩은 로비단체인 이상 어떤 정부 기금은 물론이고 재단 등의 기금을 받을 수 없게 되어 있다. 오직 이 로비목적에 공감하는 사람들의 후원금을 받을 수 있을 뿐이다. 이러한 후원금이 연간 1천 만 달러가 넘는다. 이러한 기금을 통해 이스라엘에 원조가 몇 십 억 달러 더 가고, 아랍의 무기수출을 제한하고, 중동평화회담에서 이스라엘의 입장을 조금이라도 더 반영하게 만든다.

애이팩은 로비단체로 등록되어 있어 정치후원금을 줄 수도 없고 의원들에게 어떠한 접대나 여행 주선 등도 금지되어 있다. 동시에 이스라엘 정부의 지원을 받아서도 안 된다. 그럴 경우 이는 외국 국가 에이전트로 인정되며 시민로비와는 다른 또 다른 법적 절차와 등록이 요구되기 때문이다. 애이팩에는 이들의 활동을 지원하는 십만 명에 가까운 유대계 회원들이 전국에 퍼져 있다. 애이팩과 직접적 관계가 없지만 사실상 보조를 같이하는 이스라엘 교육재단과 친이스라엘계 정치 후원단체들은 애이팩의 로비를 원활하게 도와주는 중요한 무기이다. 이들과는 말하지 않아도 서로 마음이 통하는 관계가 형성되어 있어 애이팩에게는 금지되어 있는 정치인 후원이나 이스라엘 초청 교류 같은 활동은 이들이 대신해주고 있는 것이다. 한 예로 이스라엘 교육재단은 미국 내 주요 인사와 앞으로 성장 가능한 지도자들을 지목해 이들에게 이스라엘 여행을 주선하고 교류를 증진시킨다.

(3) 미국 내 유대인들의 이스라엘과의 관계 지속

미국 내 유대인들은 이스라엘과 계속적인 관계를 유지하여 정체성을 유지하고 있다. 이러한 노력은 세대가 바뀌어도 애이팩에 계속 젊은 활동가들이 영입되고 회원들이 줄지 않고 영향력을 유지할 수 있는 비결이다. 이스라엘은 이중국적을 통해 미국에서 태어난 2세, 3세가 이스라엘과 계속해서 연대를 가지도록 하는 법적인 장치를 마련하고 있다. 동시에 이들 2세, 3세들도 부모들을 따라 각종 수련회에 참가하고 대학생 때에는 단기간 군사훈련도 받고 돌아온다. 미국사회 유대인들의 이스라엘과의 이러한 긴밀한 관계를 이상하게 보지 않는다. 유대인 부모들은 미국서 자라나는 세대를 청소년기부터 반 의무적으로 이스라엘 역사에 대해 공부시키고 이스라엘로 장기 여행을 보내고 하는 방식으로 그들의 이스라엘에 대한 인식을 고취시키고 모국과의 끈을 놓지 않고 있는 것이다.

(4) 친 이스라엘 의원 후원과 지지

친이스라엘 정치자금 후원단체들은 선거를 앞두고 항상 돈이 필요할 수밖에 없는 정치인들의 최대 후원자가 된다. 이들의 정치후원에는 분명한 규칙이 있다. 우선 친이스라엘 현역의원을 지원한다. 여기엔 공화, 민주의 당파적 구분의 의미가 없다. 심지어 애이팩 활동을 했던 유대계 출신이 보수파 공화당 의원에 도전장을 던진다 하더라도 그러하다. 애이팩 지도부의 한 간부는 이를 이렇게 얘기한다. "신뢰가 중요하다. 우리는 의원들에게 당신이 만약 이번 투표에서 우리의 의견을 따라준다면 다음 선거에서 우리 형제나 부모가 당신 지역구에서 출마한다 해도 당신의 당선을 위해 최선을 다할 것이라고 약속한다. 그리고 우리는 이 약속을 한 번도 어긴 일이 없으며, 우리가 최선을 다한다고 할 때 의원들은 그 말이 무엇을 뜻하는지를 잘 알고 있다."대단한 자신감이 아닐 수 없다. 이들은 친이스라엘 정치인이 유대계의 도전을 받아 고전할 경우 유대계의 덕망 있는 인물을 이 정치인의 후원회장으로 내세워 유대계에서 선거자금을 모으는 데 앞장서게끔 한다. 때론 이들은 유대계 의원들을 사퇴시키는 역할도 한다.[57]

에이팩의 구체적 영향력은 의원들과의 개별접촉을 통한 로비에서 확인된다. 로비단이 의회를 방문해 의원들과 가진 개별면담에서 전달하는 메시지는 세 가지로 압축된다. ①지금까지 이스라엘 우호정책에 감사드린다. ②중동평화협상에서 예루살렘을 팔레스타인에 양보하는 일이 있어서는 안 된다. ③이스라엘의 지원금을 삭감해서는 안 된다.

메시지의 속뜻을 풀어놓고 보면 거기에는 구체적인 거래가 담겨 있다. 즉 이 메시지는 ①이스라엘에 대한 우호정책만큼 우리 회원들은 앞으로도 확실한 정치적 후원을 통해 보답할 것이다. ②중동평화협상에서 예루살렘 포기 내용이 포함되는 행정부나 의회의 시도가 있을 경우 분명한 반대의사를 나타내야 한다. ③다른 모든 나라들의 지원 예산 삭감 결정이 이스라엘의 예산지원에 영향을 주어서는 안 된다. 왜? 이스라엘은 미국에게 특별하기 때문이다는 의미를 담고 있다. 이처럼 언뜻 들으면 간단한 것 같지만 이는 실로 무거운 요구가 아닐 수 없었다. 더욱 놀라운 사실은 이들이 만났던 의원들 중 애이팩이 요구한 이 세 가지 메시지를 거부한 의원이 한 사람도 없었다는 것이다.

---

57) 1986년 유대계 의원인 론 와이든 하원의원은 공화당의 밥 팩우드 상원의원에게 상원 도전장을 준비하고 있었다. 애이팩은 와이든 의원을 설득해 상원 도전을 포기시켰다.

(5) 유대인 금융과 언론의 연계

미국 유대인 로비의 두 가지 핵심은 기금의 모금과 언론의 막강한 영향력이다. 정치가 언론에 의해 생산되는 여론을 중심으로 움직이게 되어 기존의 제도적 권력과 어깨를 나란히 하는 권력이 되었다.

유대인이 미국과 서방언론을 장악했다는 이야기는 미국이나 서유럽에서 심심치 않게 듣는 하나의 속설이다. 러시아를 비롯한 동유럽의 언론도 유대인이 지재하고 있다는 주장도 제기된다. 미국에 170 종류의 일간지가 있는데 이 가운데 50여 종류만이 유대인 소유로 운영되고 있다. 언론 매체 전체의 3%에 해당된다. 유대인 언론기관과 언론인 25%가 미국의 수도 워싱턴을 비롯하여 뉴욕, 로스앤젤레스에 집중되어 있다. 대도시에 기반을 둔 언론매체는 막강한 힘을 발휘하기 마련이다.

유대자본은 세계적 재벌 언론 머독을 비롯해 뉴욕 타임즈, 워싱턴 포스트, US뉴스 앤드 월드리포트, 타임 등 미국의 영향력 있는 매체들이 유대인맥에 의해 설립, 인수 또는 운영되고 있다. 미국 4대 일간지인 뉴욕 타임즈, 워싱톤 포스트, 로스엔젤레스 타임즈, 월스트리트 저널은 경영진과 필진의 35%가 유대인이다. 이들은 전국적인 유대인 단체와 연계하여 친이스라엘 정책을 지지하는 의원과 비판적인 의원들을 공개적으로 비판한다. 이스라엘 정책에 비판적인 정치인들은 결국 사과하도록 만든다.

(6) 유대인의 높은 투표율

각종 선거 때마다 미국인 전체의 평균 투표율이 53%인 데 반해, 유대인의 투표율은 78%를 넘게 참여한다. 유대인 사회는 국가의 크고 작은 일에 관해서 일반 국민들보다 관심이 많고 참여의식이 강하다. 또한 미국 유대인의 주요 활동 무대가 대부분 대도시와 선거인단 규모가 큰 주에 집중되어 있다. 그래서 다수 득표자가 모든 선거인단을 차지하는 미국의 대통령 선거 제도 아래에서는 유대인의 정치적 영향력이 커질 수밖에 없다.

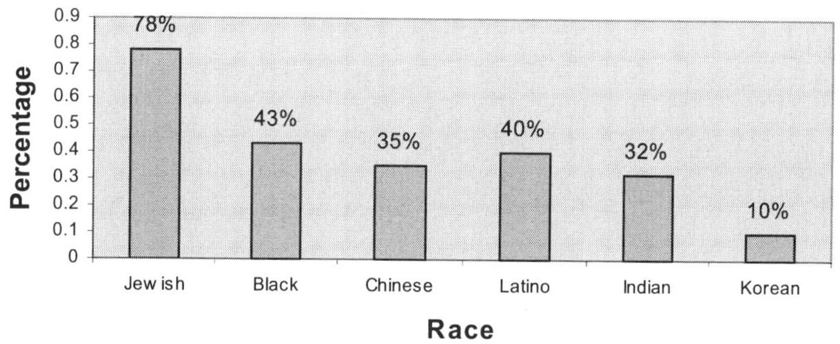

6. 한민족에게 주는 시사점

한민족은 여러 면에서 유대인과 공통점을 가지고 있다. 상대적으로 높은 교육열, 검약하고 부지런한 민족성, 외세의 침입을 많이 받은 민족, 이로 인해 조국을 강제로 떠나야 했던 디아스포라(Diaspora)의 경험 등이 그것이다. 그래서 미국에서는 한민족을 '동양의 유대인(Oriental Jew)'이라고도 부른다.

미국 유대인들은 그 숫자나 정착 역사에 비해 미국뿐만 아니라 국제사회에서 월등하게 중요한 위치를 차지하고 있는 것이 현실이다. 그들은 세계 유일의 슈퍼파워 미국의 각 분야에서 실질적으로 많은 역할을 수행하고 있으며, 이러한 확고한 위치는 앞으로도 상당기간 지속될 것으로 보인다. 특히 해외 거주 유대인들이 지금의 이스라엘을 막강한 나라로 만드는 데 결정적인 역할을 했으며 지금도 이스라엘에게 유리한 외교정책이 세워지도록 각국 정부에 압력을 가하고 있다.

미국 전역에서 파악할 수 있는 한인단체는 전체 한인단체 수는 지역
적으로는 L. A.가 805개로 가장 많고 그 다음 시카고가 662개, 뉴욕이
523개, 워싱턴 D. C.가 486개, 애틀랜타가 215개, 샌프란시스코가
176개, 휴스턴이 102개, 시애틀이 13개로 파악되었다. 여기에는 4,000
여 개의 종교단체가 제외된 수자이다.[58]

〈표 3-3〉 재미한인단체의 지역별 기능별 현황표(단위: 개 / %)

	전체	LA	SF	NY	DC	시카고	휴스턴	시애틀	애틀 랜타
전 체	2,981	805	176	523	486	662	102	13	215
	100%	27.0	5.0	17.0	16.0	22.0	3.0	0	7
한 인 회	192	14	11	39	35	34	20	6	34
	6.0%	1.7	6.2	7.5	7.2	5.1	19.6	46.1	15.8
경 제 단 체	402	76	15	78	76	94	30	1	32
	13.0%	9.4	8.5	14.9	15.6	14.2	29.5	7.7	14.9
한인봉사단체	334	127	18	80	52	36	10		11
	11.0%	15.8	10.2	15.3	10.7	5.4	9.9		5.2
교육단체 / 기관	67	8	2	14	10	21	1		11
	2%	0.9	1.1	2.7	2.1	3.2	0.9		5.2
동 창 회	682	244	53	75	16	222			72
	22.0%	30.3	30.1	14.3	3.3	33.6			33.4
문화예술단체	232	66	15	56	43	41	2	1	8
	7.0%	8.2	8.5	10.7	8.8	6.2	1.9	7.7	3.7
재향군인단체	89	23	4	10	20	26	3		3
	0%	2.9	2.3	1.9	4.1	3.9	2.9		1.4
체 육 단 체	497	90	42	76	135	100	24	2	28
	16.0%	11.2	23.8	14.5	27.8	15.1	23.6	15.4	13

---

58) 동포 기독교신문인 크리스찬투데이가 발행한 '2005 한인교회 주소록'에 따르면 미
   국 내 한인교회는 3천323개이며 기독교 기관 346개, 언론 및 방송사 48개, 기도
   원 및 수양관 58개, 신학교 및 교육기관 116개 등이다

	전체	LA	SF	NY	DC	시카고	휴스턴	시애틀	애틀랜타
향우회 / 종친회	107	34	4	17	31	19	1		1
	3.0%	4.2	2.3	3.3	6.4	2.9	0.9		0.5
기 타 단 체	379	123	12	78	68	69	11	3	15
	12.0%	15.3	7	14.9	14	10.4	10.8	23.1	6.9
종 교 단 체	3,777	1225	379	855	636	204	131	162	185
공 공 기 관	116	33	6	20	19	21	6	5	6

출처: 전남대학교 세계한상문화연구단 보고서: 재외한인 단체, 2005.

그런데 한인 커뮤니티의 정치력을 결집하여 정치인들과 직접적으로 활동을 꾀하는 단체가 뉴욕과 LA에 있다. 가장 대표적인 조직으로 KAC(Korean American Colation)가 LA에 본부를 두고 DC에 지부를 두고 활동하고 있다. 최근 1992년 LA폭동 13주년을 기념하여 4월 29일 LA에 미국 내 전 지역에서 한인 정치인들과 그에 관련되어 활동하는 1.5세나 2세들이 모였었다. KAC와 LA중앙일보가 주관하여 치룬 13주년 LA폭동 기념행사에 130여 명의 인사들이 참여하였다. 한인커뮤니티의 이슈를 연구하여 정치적인 해결방안을 강구하기로 했으며 새롭게 전국적인 네트워크로 NPF(National Political Forum)를 결성했으며 각 지역이 연대하여 활동하기로 하였다.[59] 주로 공화당계 인사들이 주축이 된 모임이고 소수계의 입장에서 미국의 보수정치 권력에 대한 입장이 이들 주축세력과 극명한 차이를 보이는 이유로 민주당계나 일반 동포사회에서 권익활동을 활발하게 펼치는 진보계에선 이러한 움직임에 소극적인 자세를 보였다.

KAC가 원래 공화당계 인사들의 활동(Political Action Committee)이었고 10여 년 이상 되었지만 한인커뮤니티에 베이스를 두고 활동한 것

---

59) 미주중앙일보, 2005.4.29.

이 아니고 몇몇 정치적인 성향의 1.5세가 주축이 되어 단지 미국의 공화당 인사들과의 교류사업만을 해 왔기 때문에 소수계의 입장에서 정책적 대안을 갖고 권익활동을 펼치는 정치력 단체(NPO, NGO)들과는 네트워킹하는 데에는 일정한 한계를 갖고 있는 것이 사실이다. 오히려 각 지역(Local)에서 특정사안을 갖고 동포사회를 위하여 일하는 비영리단체들이 펼치는 정치력신장운동이 보다 큰 힘을 발휘하고 있다. LA에서는 이민노동자의 권익을 위하여 일하는 한인노동상담소(KIWA)나 전국조직인 한인봉사교육단체협의회(NAKASEC), 한인청소년단체(KYCC) 등의 단체가 나름대로 로컬에서 정치적인 영향력을 발휘하고 있다. 뉴욕에서는 한인 봉사 센타(KCS)나 한인 유권자 센타(KAVC) 등이 활발한 활동을 펼치고 있으며 영어권의 2세 전문인들이 새롭게 결성한 정치후보자 훈련 프로그램을 실시하는 KALCA(Korean American Legal Civic Asso.)가 있다. 이들은 뉴욕에서 타 아시안계 권익활동단체들과 연대하여 아시안 유권자연맹을 만들어 2005년 시장선거에 목소리를 높이고 있는 중이다. 특히 유권자 센터는 지난 10여 년 동안 뉴욕일원 한인유권자 1만 5천 명을 만들어서 매 선거 때마다 전략적 투표를 실시하여 지역정치인들이 갑자기 주목하고 관심을 보여 오게 하기도 하였다.[60]

유대인 1세대들의 근면과 성실을 통한 자영업의 성공과 학벌 위주의 엄격한 자녀교육은 한인들에게는 모범의 대상이 되어 왔고 대다수 한인들은 '아시아의 유대인'이라고 불려지는 데 대해 자랑스럽게 여겨 왔다. 한인들도 유대인 못지않게 박사, 변호사, 의사들을 배출해내고 있고, 1세대들은 미국의 이질적인 문화와 사회분위기 속에서 근면과 성실로 경제적으로 자리를 잡아가고 있는 게 사실이다.

그러나 미국 내의 한인들은 '아시아의 유대인'으로 불리기에 부족한

---

60) 김동석, "미주동포 정치세력화 전망", 세계한민족네트워크 국제학술회의논문집(5.18 25주년 기념한국정치학회, 전남대 세계한상문화연구단), pp.302-303.

것이 한 가지 있다. 미국 내의 유대인이 보여주고 있는 공동체의식과 정치참여의식을 미국 내의 한국인들에게서는 아직 발견하기 어렵다. 미국 내 유대인 사회가 오늘날 발휘하고 있는 영향력은 단순한 1세대의 경제적 성장과 그 다음 세대의 고학력을 통한 전문직 진출을 통해서 이뤄진 것만이 아니라, 경제적 성장의 결과를 사회로 환원하는 기부금 문화와 전문직 진출을 발판 삼아 유대 사회의 전체 이익에 부합하는 각종 정치, 사회적 진출을 적극적으로 도모해 왔기 때문에 가능했다.

미국 내 한인 사회가 보여 온 개인 혹은 가족 중심적이고 사회참여에 무관심한 듯한 모습은 한국인의 역사와 환경에서 기인하는 점도 있지만, 이는 한국의 정치나 정부의 정책과도 무관하지 않다. 근본적으로는 한반도의 분단과 이념적 갈등이 미국은 물론 전 세계의 한인들에게 영향을 미치고 있어 한인 사회 내부의 갈등과 반목으로 재현되고 있거니와, 한국에서 수십 년 간 군사정권이 계속되는 동안 미국 내 한인들은 스스로 국가나 민족 공동체의 이해를 대변하고자 하는 의욕을 보이기 어려웠던 것이 사실이기 때문이다. 한국사회의 민주화가 진전되면서 상황이 변화하고 있기는 하나, 아직은 한인 사회의 에너지를 공동체적인 목표 속에 결집시켜 내기보다는 개별 정치인 중심의 편 가르기에 쏠리게 하고 있는 게 현실이다. 이런 속에서 대다수 한인들에게 정치적 참여나 공동체적인 활동은 크게 환영받지 못하는 영역이 되어 가고 있다.

미국 내 유대인 사회의 자발적 사회참여와 기부문화는 그들이 겪었던 홀로코스트의 악몽과 아직도 전쟁의 위험에 하루하루를 보내야 하는 모국 이스라엘의 상황에서 기인한다. 이는 한국전쟁을 겪었고 아직도 전쟁의 위기에서 벗어나지 못하고 있는 한반도의 정세와 비교할 때 크게 다르지 않다고 하겠다.

이러한 이유로 미국 내 한인사회가 앞으로 어떤 역할을 할 것인가 하는 질문에 대한 답은 어떻게 미국 내의 유대인들이 워싱턴과의 유대를 강화하고 정책결정에 영향력을 미치고 있는가를 벤치마킹하는 것에서 출발할 필요가 있다. 미국 내의 3%밖에 안 되는 유대인들이 미국을 움직인다는 이야기를 듣기까지는 유대인 사회가 미국의 심장부인 워싱턴을 향한 끊임없는 노력이 있었으며, 이것이 오늘날 유대인 사회의 진정한 힘이 되고 있기 때문이다.

제4장 중화경제권의 부상과 화상네트워크

제4장 중화경제권의 부상과 화상네트워크

1. 화교네트워크의 형성과 발전

국제사회에 영향력 있는 세력으로 등장하고 있는 초국가 민족네트워크의 대표적인 사례가 화교네트워크와 유대인 네트워크이다. 그중에서도 화교 경제인들로 구성된 화상네트워크는 동아시아에 중화경제권을 형성하며 이 지역의 상권과 무역을 장악하고 있다. 그리고 정교한 화상네트워크는 최근 중국 경제성장의 견인차 역할을 하였고, 국제사회의 중국위협론의 근거가 되고 있다.

해외에 거주하는 중국계 민족을 화교(華僑), 화인(華人) 등으로 부른다. 엄밀한 의미에서 화교는 중국 국적을 유지하고 있고, 화인은 거주국 국적을 취득했다는 점에서 양자는 구분된다. 그러나 현실적으로 이들의 국적 확인이 어려운 데다 이중 국적자도 많아 해외에 거주하는 중국계 민족을 화교라고 통칭한다. 화상은 화교와 화인을 막론하고 기업에 종사하는 중국계 상인을 말한다.

이러한 화교 인구는 세계적으로 약 6,000만 명에 달하는 것으로 추산된다. 홍콩, 대만, 마카오 등 3대 지역에 약 2,800만 명, 싱가포르, 태국, 말레이시아 등 동남아시아에 약 2,000만 명이 거주하며 나머지는 미국, 유럽 등지에 흩어져 있는 것으로 추정된다. 80% 이상이 동남아 지역에 집중돼 있는 셈이다.

화교가 세계적인 관심의 대상으로 부각된 것은 막대한 경제력 때문이다. 화교자본은 현금과 채권 형태로 1조 5,000억 달러, 주식과 자산으로 5,000억 달러 이상을 보유해 유동자금 규모가 최소 2조 달러를 넘는 것으로 추산된다. 중국의 연간 국내총생산(GDP)의 두 배에 육박하는 금액이다. 거대한 자금동원 능력 때문에 국제 금융권에서는 화교 상권을 미국과 유럽연합(EU)에 이은 세계 3위의 경제세력이라고 평가할 정도다. 그리고 동아시아에서 중국, 홍콩, 대만 등 3개국만을 포함하는 중화경제권의 시장성은 구매력 평가기준의 GDP 규모 면에서 이미 1990년에 미국의 절반수준에 육박해 있으며, 2002년에 미국을 능가할 것으로 예상하였다. 또한 동남아에서 2,000만 명의 화교들이 이 지역 전체 자본의 70%, 역내교역의 2/3를 담당하고 있다. 태국에서는 전체인구에서 화교가 차지하는 비중은 3%에 불과하지만 부의 80% 이상이 이들에게 집중돼 있다. 인도네시아와 필리핀에서도 상황은 비슷하다. [61]

〈표 4-1〉에서 동아시아 각국의 전체인구 중에서 화교인구의 비중을 보면, 싱가포르 77.6%, 인도네시아 2.5%, 말레이시아 30%, 태국 10%, 필리핀 2% 등으로 나타나 있다. 인구비중으로 보면 상대적인 격차는 있지만 싱가포르와 말레이시아를 제외하고는 그다지 높은 것은 아니지만 각국 경제에서 화교들이 차지하는 비중은 만만치가 않다. 각국의 정부 및 외국계 자본을 제외한 상장회사의 시가총액에서 화교계 자본이

---

61) (사)한중경제포럼, 『현대중국건설과 화교의 역할』, 재외동포재단 연구보고서 2001-2, 재외동포재단, 2003 pp.40-44.

차지하는 비중은 싱가포르 81%, 인도네시아 73%, 말레이시아 69%, 태국 81% 그리고 필리핀 50% 등이다. 이 중에서도 태국의 경우는 최상위 10대 재벌 중 9개 재벌이, 인도네시아에서는 상위 10개 재벌 모두를 화교계 자본이 차지하고 있다.

<표 4-1> 동아시아지역 화교 분포 및 자본

구 분	싱가포르	인도네시아	말레이시아	태 국	필리핀
인구비율	77.6	2.5	30	10	2
자본비율	81	73	69	81	50
화교수	2,669,978	5,244,353	6,147,391	8,323,115	1,522,071
복건계(%)	40	50	31.7	7	85
광동계(%)	18	1.5	21.7	7	15
조주계(%)	23	7.5	12.1	56	0
객가계(5)	9	16.5	21.8	16	0
해남계(5)	7	0	7	12	0
기 타	3	14.5	3	2	0

자료: Haley, Georgre, T., *New Asian Emperors*, Heinemann, 1998.

화교들이 오늘날과 같은 자본을 형성하게 된 배경으로는 여러 가지 거론된다. ①새로운 환경에 적응하는 능력, ②유교의 영향, ③소수민족이라는 데서 오는 생존해야 된다는 정신자세, ④사업가 기질이 강함, ⑤나서지 않으려고 함, ⑥가계와 기업의 분산, ⑦가족개념과 장기적 사업전력, ⑧틈새시장으로의 사업 확장, ⑨지식에 기포를 둔 구상무역(Cross-Border Connection), ⑩상호협력 단체를 통한 자금조달 능력, ⑪정경유착, ⑫ 현지정부의 역할 등 다양한 요인들이 거론되었다.[62] 그러나 그중 무엇보다 중요한 요인으로 거론된 것은 동향, 같은 방언을 사용하는 화교끼리의 기업 활동에서 얻어지는 유리함과 그로부터 파생된 이유 때문일 것이다.

---

[62] 김재훈, "화교경제네트워크의 구조와 행태." 『사회과학연구』. 제 6집 제 4호, 대구대학교 사회 과학연구소, 1999, p.9

2. 동아시아 중화경제권과 화교네트워크

탈냉전 이후 급속도로 진행되고 있는 국가 간 경계의 약화는 국가 간 지리적 경계를 근간으로 하는 주권(sovereignty)의 개념에 바탕을 둔 국가를 뛰어넘는 범세계적 현상으로 나타나고 있다. 국제사회의 경제활동에 있어서는 일부 다국적 기업이 아닌 중소기업 혹은 개인에 이르기까지 국제 간 거래의 직접적 주체가 변화하고 있으며, 정치 혹은 문화에 이르기까지 이러한 국제적 활동 주체의 범위가 국가 혹은 일부 다국적 기업을 넘어서 다양한 국제적 행위자들로까지 확대되고 있다. 이러한 국제 간 활동의 변화는 특히, 인터넷의 급속한 확산을 가져온 정보통신기술의 급속한 발달 그리고 전 세계를 하루에 연결해주는 교통수단의 발달 등으로 인하여 더욱 촉진되어 왔다고 하겠다.

이러한 국제환경의 변화 속에 필연적으로 나타나는 반작용 현상은 민족의 정체성(identity)에 의거한 민족공동체라는 개념을 바탕으로 예전의 국가들을 재편하려는 움직임들이다. 특히 구소련의 붕괴 이후 CIS 연방 국가들이 민족 단위를 중심으로 독립을 시도하거나 국가를 재편하려는 시도들, 그리고 발칸 반도의 민족 및 종교를 중심으로 한 국경 분쟁 및 마찰 등을 그 예로 들 수 있을 것이다. 즉 脫이데올로기와 함께 앞에서 설명한 세계화의 실질적인 진행은 전통적 국경의 개념을 탈피한 새로운 민족주의 개념의 강화라는 현상을 가져오고 있는 것으로 보인다. 이러한 현상은 헌팅턴이 지적하고 있듯이 탈냉전과 세계화가 동시에 진행되는 상황 속에서 지역 내의 재통합이나 혹은 재편을 위한 국제적 분쟁이 동일한 언어와 전통 등 문화적 유산을 공유하는 동일 민족이나 문화집단들을 매개로 하는 이루어지고 있는 것은 피할 수 없는 중요한 세계사적 조류의 하나로 이해된다.

   동아시아에서 이러한 흐름은 중국의 WTO가입 이후 중화경제권에 대한 논의로 구체화되고 있다. 중국의 WTO가입은 그동안 화상이나 홍콩의 경제학자들을 중심으로 논의가 진행되던 대중화경제권 혹은 중화경제권에 대한 논의를 국제사회에 대두시키는 계기가 되었다. 중화경제권은 중국, 홍콩, 마카오, 홍콩, 대만을 연결하는 중국경제권에다가 중국계 민족이 대다수인 싱가포르 및 중국계 화교들의 경제력이 국가 경제력의 상당부분 이상을 좌우하는 동남아시아 국가의 화교자본을 연결하는 민족적 경제협력관계를 의미한다. 이러한 중화경제권은 경제통합의 형태는 아니며, 서로 다른 경제적 실체가 결합하여 경제권을 지향한다는 개념이다.

   하딩(Harry Harding)이 제시하는 대중화(Greater China)라는 용어는 국제 화교 공동체 간의 경제적 통합, 문화적 교류, 정치적 결합이라는 세 가지의 상이한 주제를 포함하고 있다는 지적[63]에서 볼 수 있듯이 중국경제권(화남경제권)은 물론, 화교들이 막강한 경제력을 장악하고 있는 동남아시아 각국의 화교자본을 포함하는 중화경제권까지 정의를 내릴 수 있을 것이다. 즉 중화경제권은 자유무역지대나 공동시장 등과 같이 초국가적 기관에 의하여 관할되는 제도적 통합이 아니라, 비공식적인 협의 또는 조정이 이루어지는 단계의 경제활동의 내용을 가지고 있는 경제협력체라고 할 수 있다.

   이러한 중화경제권에 관한 논의는 1978년 중국의 대외개방정책에 추진되기 시작했던 1970년대 말부터 표면화된 이후 1980년대 후반의 본격적인 구상단계를 거쳐 1990년대 이르러 더욱 활발히 진전되고 있는 양상을 보였다. 우선 홍콩과 대만 그리고 중국 간의 경제교류가 활성화됨에 따라 중화경제권 구상논의는 관련국 학자들이 중심이 되어 산발적으로

---

63) Harry Harding, "The Concept of Greater China: Themes, Variations and Reservations." The China Quarterly, No.135(September1993). p.663.

제기되어 왔다. 중화경제권과 관련되어 이 용어가 중국어권에서 처음으로 등장한 것은 1970년대 말 홍콩과 중국대륙 사이의 경제협력이 확대되는 상황을 배경으로 하여 1979년 6월 말 대만 잡지에서 중국 대륙을 포함하는 개념의 대만, 홍콩, 마카오, 싱가포르를 연결하는 중국인 공동시장 (Chinese Common Market)의 개념으로부터 출발하였다. 홍콩에서는 1980년 미래사회학자인 황기연(黃技連) 중국인공동체(Chinese Community)와 중국인 제집단(Chinese Economic Grouping), Bal 대학의 Ching Chu-yuan 박사의 대중화 경제공동시장(Greater Chinese economic common market)이라는 표현으로 구체화되기 시작하였다.[64]

이후 중화경제권이라는 용어의 사용은 포괄하는 지역범주와 정치, 경제, 문화 등 강조하는 통합의 주안점에 따라 중국인 경제공동체(The Chinese Economic Community), 화남경제권(The South China Economic Circle), 대중화 자유무역지대(Great China Free Trade Area), 중국경제권(The Chinese Economic Circle), 중국 연합(The Chinese Federation), 중국문화공동체(The Chinese Civilizational Community) 등으로 다양하게 사용되어 왔다. 그에 이어, 1987년 10월 홍콩대학의 아시아센터에 있는 진곤요(陳坤耀) 교수가 중국인 공동체 (Chinese International Community) 또는 중국인 경제집단(The Chinese Economic Community)이 출혈한 것이라고 언급한 바 있으며 중국권(Chinese Sphere)을 제시함으로써 중화경제권에 관한 논의는 경험적인 기초에 기반을 둔 본격적인 구상단계에 접어들게 되었다고 할 수 있다. 그러나 그는 이 구상을 통해 중국, 대만, 홍콩을 포함하는 경제구 형성이라는 원칙론에만 동의할 뿐, 형성 및 발전가능성에 대해서는 역내의 정치적인 불확실성을 이유로 매우 모호한 입장을 취하고 있다.

---

64) 박기철, "화교네트워크와 경제적 연고주의", 『아시아문화』 제15호, p.153.

또한 1988년 6월 대만계 재미학자인 정죽위(鄭竹園) 교수는 중국, 대만, 홍콩, 싱가포르를 포함하는 대중화공동시장(Greater Chinese Economic Common Market)을 제기함으로써 기존의 삼중국(중국, 대만, 홍콩)에 동남아 화교공동체까지를 포함하는 공동시장의 형태를 추구하고자 하였다. 특히 이 제안은 동남아 화교 공동체를 중화경제권의 구성원으로 포함하는 한 민족공동체로서의 성격을 가진다는 점에서 독특한 특징을 가지며, 서구의 유럽연합(EU)을 모델로 한 역내 공동시장의 구성방법을 구체화함으로써 여타 학자들과 기업인들로부터 큰 호응을 얻었으나 1989년 1월 중국정부에 이에 대한 공식적인 반대 입장을 표명함으로써 중국에서 그에 대한 논의는 일단 중단되었다.

이와 같이 중화경제권에 관한 논의는 초기의 중국, 홍콩, 대만 학자들을 중심으로 한 중국경제권의 단순한 경제통합 구상이라는 차원에서 벗어나 그 성격, 구성범위, 규모 및 형성가능성에 관해 더한층 다양화 세분화된 논의과정을 거쳐 현재에 이르고 있다. 특히 중화경제권에 대한 정치, 경제, 사회 문화적인 다양한 접근법과 시각들이 공존하고 있는 실정이다. 즉 중화경제권의 형성을 중국경제권 간의 초국가적인 경제적 연계개념으로서 뿐만 아니라 단일한 민족의식을 토대로 한 사회 문화적 연계, 나아가 정치적 통합의 한 가지 수단이라는 다각적인 차원의 접근 시각들이 제기되고 있다.

그런데 중화경제권에 대한 논의는 이 지역과 시장이 아닌 민족(화교)을 중심으로 이루어지고 있다는 측면에서 기존 이론의 유형에 편입시키기에는 문제가 있다. 대중화경제권의 개념규정의 문제, 화교들의 기업경영의 특수성으로 이한 경제적 운영메커니즘의 차별성, 그리고 모든 업종의 모든 상품의 자체생산과 소비구조를 갖는 상부상조체제의 형성 등의 특징도 대중화경제권의 이론화 작업에 많은 한계를 제공하고 있다. 그러나 대중화경제권에 대한 정의와 이론화가 어려운 것은 사실이지만 이를 국지적 경제협력과 지역주의를 바탕으로 하면서도 화교 기업경영 방식,

그리고 화교라는 인적 네트워크를 중심으로 운영되는 경제협력체로 규정할 수 있을 것이다.

중화경제권은 그 독특한 형성과정과 성격으로 말미암아 동아시아 정치·경제뿐만 아니라 세계경제에도 영향을 미칠 수 있는 중요한 변수이다. 첫째, 중화경제권의 특성은 혈연과 지연에 의한 공동체적 정체성을 근간으로 하여 자연발생적인 시장거래를 바탕으로 형성되었다는 점이다. 즉 공식적이고 정치적인 조직체가 아니라 교역과 투자 등이 중심을 이루는 경제활동체이며 지역적인 경제협력의 성격을 넘어서서 중국인 특유의 민족적인 경제결합체의 성격을 띠고 있다는 점이다. 두 번째로 중화경제권은 중국대륙 밖에 거주하는 화교들의 막대한 자본력을 바탕으로 이루어졌으며 동남아와 홍콩이 화교 비즈니스 연결망의 거점 역할을 수행함으로서 중국을 포함한 중화경제권 형성에 핵심적 역할을 수행하고 있다는 점이다. 중국경제의 성장은 홍콩을 통한 화교자본의 기여도가 크며 중국시장이 개방되어 나가면 이러한 경향은 더욱 가속화할 것이고 여기에 세계 각국 기업들도 가세하게 될 것이다. 마지막으로 중화경제권은 여타 경제권에 비하여 국가 간의 이해조정이 아닌 기업 간의 이해위주이기 때문에 정치적 제약을 덜 받아 지속적인 발전이 전망된다는 점이다.

이와 같이 중화경제권이 대두된 배경에는 중국을 제외한 중화경제권 지역의 화교자본이 중요한 역할을 하였다. 중국은 대만과 홍콩의 생산기지 및 시장중심지로서의 역할을 해 온 것이지만, 이는 결국 대만과 홍콩이 상호 경제협력의 차원에서 많은 경제적 지원을 해 왔다는 것을 의미한다. 대만은 중국에 가장 많은 생산기술을 이전한 국가이며, 홍콩은 중국 경제발전을 위한 자본조달과 금융의 중심지 역할을 해 왔다. 사실 중국의 대외개방은 대만 및 홍콩과 근접한 복건성 및 광동지역에 설치된 경제특구에서 시작하여 연해개방도시, 연해지역, 내륙 및 변경지역으로 확대되고 있다.

3. 중화경제권 발전과 화교자본

중국은 1978년 말 개혁개방정책을 실시한 이래 연 평균 9.6%의 고도성장을 지속하면서 세계경제에서 강국으로 급부상했다.[65] 중국이 개혁개방을 추진한 이래 고도성장을 달성한 원동력 중에 하나는 외국 자본과 기업의 투자였다. 〈표 4-2〉에서 2003년 말 현재 중국에 유입된 외국인 직접투자 누계는 총 46만여 건, 계약액 기준 9,429억 달러, 실행액 기준 5,000억 달러에 달하고 있다.[66]

〈표 4-2〉 중국의 외국인 직접투자 추이

(건, 억 달러)

연 도	건 수	금 액	
		계약액	실행액
1979-1985	6,321	163.25	47.21
1986-1990	22,728	240.36	142.61
1991	12,978	119.77	43.66
1992	48,764	581.24	110.07
1993	83,437	1,114.36	275.15
1994	47,549	826.80	337.67
1995	37,011	912.82	375.21
1996	24,556	732.77	417.25
1997	21,001	510.04	452.57
1998	19,799	521.02	454.63
1999	17,100	412.38	403.98

---

65) 미국의 투자은행인 골드만 삭스(Goldman Sachs)는 BRICs라고 불리는 세계 거대 신흥시장을 신조어를 사용하고 있는데, 여기에 브라질(Brazil), 러시아(Russia), 인도(India), 중국(China)이 포함되어 있다. 그중에서 중국의 경제성장은 단연 선두에 있다.

66) 유진석, 「중국경제의 부상」, 삼성경제연구소, 2004, pp.7-8.

연 도	건 수	금 액	
		계약액	실행액
2000	22,347	623.80	407.15
2001	26,140	691.95	468.78
2002	34,171	827.68	527.43
2003	41,081	1,150.70	535.10
2003년말 누계	464,983	9,428.94	4,998.37

자료: 「中國統計年鑑」, 中國統計出版社, 2003.

개방 이후 중국의 외국인 직접투자는 초기에 광동성, 복건성의 경제특구를 중심으로 홍콩기업 등 화교계 기업들의 투자가 대부분이었다. 1991년부터 1993년까지 중국에 투자한 100대 기업 가운데 화교기업이 45개를 차지하였으며, 1979년부터 1993년 말까지 기업수로는 86.0%, 투자액으로는 88.4%를 보였다. 1995년과 1996년의 경우에는 중국에 투자된 외자 가운데 동아시아 화교들이 투자한 금액이 70%를 차지했고, 현재도 여전히 60%를 차지하고 있다.[67]

화교자본의 중국투자 유형은 크게 6가지 형태로 유형화할 수 있다. 첫째, 중국이전형으로 동남아시아 지역에서 거대한 기업망을 구축한 후 이를 중국으로 이전하는 방법이다. 태국의 CP그룹이 대표적이다. 두 번째는 동남아시아 기반형으로 중국투자를 행하지만 사업거점의 이전이 아닌 자본의 일부만 투자하는 방식이다. 대표적인 것은 싱가포르의 豐降그룹과 인도네시아의 사림그룹이다. 셋째는 투기적 투자형으로 적극적인 투자를 전개하지만 단기적이고 투기적인 성격을 가지는 자본이다. 인도네시아의 시나르마스 그룹이 대표적이다. 넷째는 정부투자형으로 싱가포르의 경우처럼 정부자본을 투자하는 형태이다. 다섯째, 벤처비즈니스 투

---

67) (사) 한중경제포럼, 같은 책, pp.99-140.

자형으로 중소자본의 투자로 아세안 국내시장에서 뚜렷한 시장기반을 갖고 있지 않거나 국내시장은 거대자본이 지배하는 상황에서 사업의 활로를 중국에서 찾는 투자이다. 여섯째는 고향투자형으로 중국투자를 활용하여 실리와 중국인의 정체성을 확인하는 투자이다.[68] 화교자본의 중국투자는 투자자와 피투자자와의 네트워크에 의한 것이지만 투자지역의 선정은 화교의 출신지역에 따라 결정되는 경향이 강하게 나타난다. 이에 따라 광동, 조주, 복건, 해남, 객가, 상해 등 출신지역이 중시된다.

〈표 4-3〉 주요화교기업의 중국사업전략

기업	본사 소재지	대중 투자액 및 투자업종	전략 성공 포인트
쩡따그룹	태국	– 45억 달러 – 요식, 오토바이 제조, 부동산, 제약, 건축재료, 금융, 소매(슈퍼마켓체인) 및 농목업	– 그룹 계열사 간 경영 시너지 효과 – 중국현지의 경제 및 사회발전에 대한 기여로 돈독한 우의 다짐. – 일본 Honda와의 합작을 통한 기술도입으로 성공 – 현지자원 및 노동력 활용을 통한 설비시설 비용절감
꾸어스 형제그룹	말레이 시아	– 50억 달러 – 호텔, 건축, 쇼핑센터, 식품업	– 풍부한 자금 능력 – 정확한 시장예측 – 적합한 경영전략과 판로개척
리바오 그룹	인도네 시아	– 12억 달러 – 전력공장 – 제약, 식품업	– 중국정부와의 밀접한 합작관계를 사업에 응용 – 화교네트워크로 판로개척
진꽝그룹	인도네 시아	– 55억 달러 – 제지, 금융, 식품가공, 부동산업	– 중국정부의 환경보호 활동 동참
포모사 플라스틱그룹	대만	– 170억 달러 – 발전소, 석유화학공업, 철강, 물류, 의료사업	– 현지경제사회에의 기여로 돈독한 우의다짐. – 장기적인 투자지역 선택 – 계열사 간의 협력(물류와 석유화학)으로 경영 시너지 효과 상승

자료: 무역협회 무역연구소, "화교기업의 중국사업전략과 시사점", 2005.10.

---

68) 박기철, "화교네트워크의 정치적 함의 연구"『중국학연구』, 제20집, pp.483-484.

또한 중국정부의 화교투자 우대정책도 투자유치에 긍정적인 역할을 하였다. 화교의 경우 외국인보다 신뢰받는 집단으로 인허가 과정에서 우대조치를 받는다. 그리고 화교들은 대규모 투자에 앞서 고향에 학교, 도로, 병원 등을 기부함으로써 현지당국의 호감을 얻어 인허가 권한을 부여받을 때 큰 효과가 있다.

이와 같이 화교자본의 대중국 투자는 민족적 동질감에 기초한 투자여건의 긍정적인 측면과 경제적 잠재력을 동시에 고려하여 이루어졌다. 언어와 문화의 동질성은 중국 투자에 절대적인 이점으로 작용하였고, 또한 넓은 시장과 저임금의 중국 산업구조는 풍부한 자본력을 바탕으로 하는 화교들에게는 좋은 조건이었다.

〈표 4-4〉 국가별 500대 화상기업 수와 시가총액 비중

(단위: 개, %)

순 위	국 가	기업 수	시가총액 비중
1	대 만	223	40.6
2	홍 콩	133	38.3
3	싱가포르	60	9.4
4	말레이시아	46	5.6
5	필리핀	19	3.4
6	태 국	13	1.9
7	인도네시아	6	0.8

자료: 아주주간 2005년 10월 9일

이러한 화교자본 등의 외국인 직접투자가 중국경제와 산업에 미친 영향은 투자재원 조달, 산업구조 고도화, 세수 및 수출입 확대 등으로 중국경제의 양적, 질적 발전에 크게 기여하였다. 외자기업은 중국경제발전의 견인차 역할을 해 온 것은 물론 기술 및 경영혁신, 산업구조 조정 등 중국이 경제체제를 개혁하는 데 크게 기여하였다. 특히 화교자본을 비롯한 외국인투자자본은 기술도입을 통해 중국의 제조업 발전과 산업구조 고도화에 결정적인 역할을 수행하고 있는데 1990년대 중반 이후 외자기

업에 대한 선진설비 도입과 R & D센터의 설립으로 중국의 전자, 통신, 가전, 자동차 등 일부산업의 생산공정과 기술은 국제수준에 도달하였다.

4. 화교네트워크의 조직적 특성

중국적 인간관계의 기본적 특징은 자아중심의 인간관계이며, 중국사회의 구성원리는 동양적 인간관계로 성립된 관계주의이다. 여기서 인간관계의 연결고리는 그 인물이 속한 가족 및 출신지역에 강하게 규정받는다. 때문에 집단내부의 응집력이 강하고 자원을 공유하지만 그만큼 외부에 대한 배척과 무관심이 지배한다.[69]

화교네트워크도 화교 특유의 3연(血緣, 地緣, 業緣)이라는 문화적 요소와 경제적 유대를 바탕으로 구성되어 있다. 화교네트워크의 특징은 혈연, 지연, 업연사회라고 부르듯이 동성, 동족, 동향, 동업조합에 강한 결속력을 보인다. 그리고 화교네트워크의 조직원리는 인간관계에 바탕을 둔 '관계'(guan xi)이다.[70] 해외에 이주한 화교들은 그들이 거주하는 현지 사회에 적응하여 그 사회의 구성원으로서 사회적 역할을 수행하는 과정에서 여러 가지 성격의 조직체를 설립하게 되었는데 그것이 화교의 독특한 네트워크이며 그 본질은 중국인의 독특한 혈연 및 지연 결합 방식과 연관되어 있다.

첫째, 화교네트워크가 연계망을 갖는 데 가장 중요한 요인은 동향관계(同鄕幫)이다. 이방인으로 현지국에 적응하기 위해서 그들이 조직한

---

69) 박기철, "같은 논문", pp.483-484.
70) 꽌시(關係) 즉 인적네트워크를 중시하는 화교경제를 Connection Capitalism, Network Capitalism, 혹은 꽌시자본주의라 칭하기도 한다.

조직을 보통 幫이라 불렀다. 幫이란 혈연집단으로서 家, 지연적 결합으로서 鄕幫(동향회), 동업조합으로서 業幫으로 구성된 것이다. 가장 중심에 혈연이 있고, 그것을 보완하는 것이 鄕幫, 그리고 그것을 포괄하는 業幫이 있어, 상호보완적이고 중추적인 동심원적인 관계구조를 이루고 있다.

중국인은 해외로 이주하는 경우 동향의 선배 또는 친척에 의지하기 때문에 그들은 같은 직업에 종사하는 경향이 많으며, 이에 따라 원래의 지연관계 이외에 직업적 관계를 갖고, 경우에 따라서는 다시 혈연적 관계를 갖게 되는 것이 일반적이다. 그 동향인들을 중심으로 동업에 종사하는 사람이 모여 동업 조직이 형성된다. 동향인은 최초의 동향 조직을 중심으로 특정지역에 집중되어 동향인 경제권을 형성하고, 동향인이 특정 산업 또는 직업 분야에 전문화하여 동향적·동업적 산업구조 또는 직업구조를 형성한다. 이에 따라 각각의 동향인 집단은 특정 산업·직업에 특화하는 양상을 보인다. 즉 화교 공동체는 혈연적 그리고 연고적 공동체적 정체성을 근간으로 하여 동일한 지역에 거주하는 화교 연결망의 구성원들은 동업종에 종사하게 되고 이를 통하여 이들 간의 상호관계의 밀도를 강화시키면서 다시 다음 세대 간의 결혼 등을 통하여 혈연적 관계를 가짐으로서 연결망의 밀도를 강화시켜 왔다고 하겠다.[71]

화교들은 혈연 및 지연을 중심으로 혈연적 공동체 그리고 연고적 공동체의 성격으로 출발하여 이를 기반으로 같은 업종에 집중적으로 종사함으로서 결사체적 공동체의 성격을 가미하게 되었다. 이처럼 화교공동체는 동종업종을 중심으로 연결망을 확대하면서 동시에 전 세계적으로 널리 퍼져 있는 조직된 경제적 네트워크를 활용하여 여러 나라에 걸쳐 강력한 기업 간 연결망을 구축하고 있다. 따라서 홍콩, 대만은 물론 동

---

71) 이덕훈, 『화교경제의 생성과 발전』, 한남대학교출판부, pp.33-34.

남아 화교사회는 전통적인 동성, 종족조직인 모씨총회, 종사, 모씨모당 등의 종친회, 동향회, 동업조합인 공회와 공회의 중앙조직인 중화총상회가 유지되고 있으며 각각 역할을 담당하고 있다. 실제로, 세계적 규모의 네트워크를 가진 화교들은 그 명칭만으로도 이 같은 사실이 확인된다. 여기에는 世界華商大會, 世界華人大會, 國際潮團聯誼大會, 世界儒商大會, 世界莊嚴宗親懇親大會, 世界舜裔宗親聯誼會, 歐洲華僑華人大會, 世界浙江旅外鄉賢大會, 世界客屬祭祖大典, 世界台山鄉親懇親大會, 世界海南鄉團聯誼大會, 世界張氏懇親大會를 비롯하여 20여 개가 넘는 것으로 알려져 있다.

〈표 5-6〉 화상대회 개최 현황

구 분	일 시	개최지	참가국 / 참가자	대회의 테마
제1차	'91.08.10~12	싱가포르	30 / 800	화인 기업의 발전과 세계 경제에 미치는 영향
제2차	'93.11.22~24	홍 콩	22 / 1000	세계경제의 신조류와 화인기업의 역할
제3차	'95.12.02~05	방 콕	24 / 1,500	화인기업의 교류와 공동발전 촉진
제4차	'97.08.25~28	벤쿠버	30 / 1,400	화인기업의 정보화에 대한 대응
제5차	'99.10.06~09	멜버른	20 / 800	신시대의 화인 네트워크
제6차	'01.09.16~19	난 징	77 / 5,000	신세기 화인기업의 공동 발전과 전망
제7차	'03.07.27~30	콸라룸푸트	21 / 3,300	글로벌 성장과 번영을 위한 협조와 통합
제8차	'05.10.09~12	서 울	30 / 3,100	화상과의 동반성장, 지구촌의 평화번영

출처: 世界華商網絡(http://www.wcbn.com.sg)

둘째, 화교네트워크는 업연, 물연으로 인해 동일 업종에 종사하지만 경쟁보다는 협력을 중시하는 것으로 평가된다. 동일 업종 내에서도 서로의 고유영역은 침범하지 않음으로써 공존을 모색하고 있는 것이다. 1997년 홍콩반환 직전에 홍콩의 중국화를 우려해 캐나다 벤쿠버 등지로 대거 이탈한 홍콩 자본중 상당수가 홍콩으로 되돌아올 수 있었던 것도 화상이 있는 곳이면 어느 지역이나 상호 배타성이 없기 때문이다. 특히, 중국에 진출한 화상기업들은 경영에 영향을 미치는 정책변화가 있을 때마다 현지 상공회 조직이 중심이 돼 단결 잘 하기로 정평이 나 있다. 이러한 전통 때문에 화교기업 간 합작도 자연스럽게 이루어지고 있다. 인도네시아 Lippo 그룹의 경우 주식의 절반은 창업자인 이문정(李文正)이 소유하고 있지만 나머지 절반은 Salim 그룹이 보유하고 있다. Salim그룹은 금융분야에서는 리포그룹과 부동산은 成功集團과, 자동차는 Astra와 협력관계를 맺고 있다. 또 Salim그룹은 말레이시아의 Kuok그룹과 합작으로 인도네시아 호텔 및 골프장 사업, 중국 무한의 시멘트 공장에 투자하였으며 태국의 시 피그룹과 합작사업을 진행하고 있다.

셋째, 최근 정보통신의 발달은 전통적인 인맥에 의존하던 화교네트워크를 새로운 방식으로 바꿔놓고 있다. 구체적으로 네트워크 형성의 토대가 변화하고 있다. 새로운 기반에 근거한 신종네트워크가 등장하거나, 범위가 국내를 벗어나 국제적인 조직으로 확대되는 추세를 보이고 있다. 이들은 규모가 크고, 모임횟수가 잦고, 자금과 정치적인 면이 강력한 배경으로 작용하고 있고, 제도화 되어 가고 있다. 전 세계 화교조직은 약 9500개인데 아시아의 6500개, 미주의 2500개 조직이 화교 간 네트워크를 구성하고 있다. 해외 화교들 또한 '국제화교협회' '세계화상대회' 등 전 세계 중국계 기업 간 기구와 회의체를 구성하고 있으며 이를 연결하는 인터넷 망을 운영하여 화교들 간의 국제적 네트워크를 강화하고 있다. 전 세계 중국인을 연결하는 '세계화상네트워크'(World Chinese

Business Network, http://www.wcbn.com.sg)는 싱가포르 전 총리가 지난 93년 홍콩에서 열린 제2차 세계화상대회에서 제안했으며 본부를 싱가포르중화총상회 안에 두고 있다. WCBN에는 4만 여 개의 사이트에 세계 53개국 중국계 기업이 운영하는 10만 개 기업의 정보를 담고 있다. 세계화상네트워크는 각국별로 네트워크가 형성되어 있으며 이는 중국 본토의 중국국제무역촉진위원회와 대만상공기업연합회를 중심으로 연결되어 싱가포르 화상총본부에서 관리하고 있다. 그리고 최근 국제전자상거래가 폭발적으로 증가하고 있는데 화상들은 이미 형성된 신용관계를 토대로 인터넷을 통해 상거래를 하고 있다.

5. 화교네트워크의 거점 차이나타운

1) 차이나타운의 형성과 역할

차이나타운은 중국이 아닌 곳에서 중국인들이 집단적으로 모여 살면서 중국 전통의 문화, 역사, 풍속 등을 공유하는 일정한 지역 내의 중국인 공동체를 말한다. 차이나타운이라 불릴 수 있는 조건으로 지적될 수 있는 요인은 첫째, 일정 규모의 중국인들이 집단적으로 거주하면서 일상적인 생활을 영위하는 지역이어야 하고, 둘째, 중국의 전통적 생활양식과 풍속, 관행 등이 유지되는 곳이어야 한다. 이러한 지역은 공통적으로 2세를 위한 학교가 위치하고 있다. 대체로 대형 차이나타운은 사방 4개 블록 정도이며, 소형은 하나의 대로를 중심으로 골목길에 중국인 상가가 포진된 형태를 보인다.

이러한 차이나타운은 크게 두가기 형태로 발전되었다. 첫째는 20세기 초까지 자연 발생적인 것으로 노동자 중심의 광동계 화교가 주축이 되어 형성된 것이다. 초기 이민 화교들이 언어, 문화, 생활 습관 등을 이유로 집단거주하면서 자연발생적으로 형성되었으며 대체로 대도시 외곽에 빈민촌으로 형성되었다. 둘째는 20세기 중엽 이후 형성되기 시작한 것으로 대만계, 홍콩계 신이민이 주축이 되어 형성된 것이다. 이는 미국, 캐나다, 호주 등 신이민 지역에서 현지 정부 또는 경제단체의 도움으로 인위적으로 형성된 경우이다.

차이나타운은 각국의 정보 집중 및 관광명소 기능을 하고 있다. 화교들이 밀집하여 거주하고 있기 때문에 다양한 정치, 경제적 정보와 물류가 집중되어 있다. 그리고 볼거리, 먹을거리, 살거리를 제공하면서 중국인 관광객을 비롯하여 외국인들이 많이 몰리는 관광명소로 부상하고 있다.

화교들은 차이나타운을 중심으로 지역적 뿐만 아니라 세계적 화교네트워크를 구축하는 데 중요한 역할을 하고 있다. 차이나타운에는 화교들의 조직과 단체인 협회, 공회 등이 있으며, 이들 단체들은 상호 긴밀하게 연계되어 있으며, 각 국가의 화교단체들과 긴밀한 관계가 형성되어 있다. 전체 화교의 70%가 거주하는 동남아 지역에는 차이나타운이 따로 없고 자카르타나 방콕과 같이 대도시 전체의 간판과 광고가 중국어로 되어 있는 등 도시 전체가 차이나타운이라고 해도 과언이 아닐 정도이다. 동남아 화교들은 주로 소수 대도시에 밀집 거주한 관계로 대도시의 화교 인구 비중이 매우 높은 편이다.

2) 캐나다 밴쿠버 차이나타운

대표적인 차이나타운인 캐나다 밴쿠버 차이나타운은 19세기 말 미국

샌프란시스코 지역 금광개발 과정에서 북쪽으로 이동하다 밴쿠버에 정착한 경우와 캐나다 횡단철도 건설을 위해 화교인력이 투입되면서 그 후 밴쿠버에 정착한 것이 차이나타운 형성의 시발이 되었다.

밴쿠버에 거주하는 화교인구는 약 30만 명으로 광역 밴쿠버 시의 인구가 200만 명인 점을 고려한다면 인구수에서 차지하는 화교의 비중이 높은 편이다. 밴쿠버 차이나타운은 신·구 차이나타운이 공존하고 있다. 신 차이나타운은 홍콩, 대만출신 화교가 집단 이주하면서 새로운 집단거주지를 형성하였다. 특히 1987년 홍콩반환 결정, 천안문 사태로 80년대 후반부터 홍콩계의 이주가 급격히 증가하기 시작하였다.

신 차이나타운은 신개발지로서 서구식 도시 색채를 띠며, 주요 업종의 경우 반도체, 컴퓨터, 식품가공 등 제조업 중심으로 구성되어 있다. 특히 리치몬드가 국제공항 및 항구에 인접해 있어서 물류기지로서의 장점이 뛰어나고, 미개발지역이어서 대규모 공장부지의 확보가 상대적으로 용이하다는 지리적 이점을 적극 활용하고 있다.

구 차이나타운은 광동성 출신이 주류를 형성하여 거주하고 있으며, 언어는 거의 전적으로 광동어가 사용되며 북경어를 사용할 수 있는 화교는 극소수에 불과하다.

밴쿠버 차이나타운은 상업, 금융, 식당업이 집중되어 있으며 밴쿠버 중심지(downtown)의 가로, 세로 각각 4블록을 차지하는 넓은 지역에 걸쳐 형성되어 있다. 이곳에 연간 1,500만 명의 관광객이 차이나타운을 방문하고 있다.

3) 미국 LA 차이나타운

LA 차이나타운은 밴쿠버와 마찬가지로 두 개의 차이나타운이 공존하고 있다. 1870년대부터 자연적으로 형성되어온 Old Chinatown 와 1938년 이후 계획적으로 형성된 New Chinatown이 그것이다. Old Chinatown은 Los Angeles에 정착하기 시작한 중국인들을 중심으로 자연 발생적으로 형성되었으며 1870년까지 인구 3000여 명의 200여 상가로 구성되었다.

New Chinatown 전체인구는 13,500명이 거주하고 있다. 교통 등 입지 요건을 보면, 항구는 Ports of Long Beach 와 Port of Los Angeles 등에 인접해 있다. 공항은 Los Angeles International Airport(LAX)와 Ontario International Airport가 인접해 있다.

자연 발생된 Old Chinatown은 Exclusion Acts 와 당시 추진 중이던 도시계획 및 주변의 새로운 시장 형성 등으로 인해 쇠퇴되기 시작되었다. 1930년대 후반 새로운 Chinatown 설립 필요성이 대두되면서 부지선정과 개발 계획 수립 등이 동시에 진행되었는데, 당시의 Los Angeles시의 경제인협회 회장 등 현지인과 중국인 지도자를 중심으로 New Chinatown 개발 계획을 추진하였다.

차이나타운은 600여 개 업소, 고용인 5,000명, 연간 6천만 달러 이상의 매출액을 기록하고 있다. 주요 종사 업종은 의류 소매, 선물가게, 식당, 빵집 등 서비스업체가 대부분이다. 근처에 위치한 Little Tokyo, 또는 다른 ethic communities(인종집단)과 가까운 경제적 유대관계를 형성하고 있다.

4) 일본 요코하마 차이나타운

일본의 요코하마 차이나타운은 가나가와(神奈)縣 요코하마(横浜)市 야마시타(山下)町에 위치하고 있다. 요코하마 차이나타운은 1858년 "일,

미 우호통상조약"을 계기로 나가사키, 고베항 등 일본의 여러 항구가 개항되면서 1859년 7월 이후 중국인들이 요코하마에 입항하기 시작하면서 차이나타운이 자연 발생적으로 형성되었다. 1860년부터 미국인, 유럽인 등과 함께 창업을 시작하였으며, 1890년에는 요코하마 거주 화교 인구가 3,000명에 달하였다. 야마시타에는 약 5,000명의 외국인이 거주하고 있고, 거주외국인은 약 2,500명(40개국)이다. 그 가운데 중국인(華橋·華人)이 차지하는 비율은 약 80%에 달하고 있다. 140년 전 처음 탄생된 요코하마 차이나타운은 현재 일본 최대의 중화요리점 거리로, 추정 연간매상고가 약 500억円에 이를 정도의 번화가로 성장하였다. 차이나타운의 상징은 중화요리점이라 할 수 있지만, 이것이 차이나타운 전부는 아니다. 중화요리점 이외에도 다양한 종류의 음식점과 상점이 있고, 이러한 모든 것들이 조화되어 차이나타운의 매력을 형성하고 있다.

차이나타운을 방문하는 관광객 수는 년간 약 1,800만 명에 달하고 있다. 이 수치는 요코하마 시내에 있는 랜드마크 쇼핑센타의 관광객 수인 약 3,000만 명 수준에는 미치지 못하지만, 도쿄 디즈니랜드와는 거의 같은 수준이다. 요코하마 차이나타운이 성공적으로 발전한 요인은, 1972년 이후 일·중 국교 회복 후 재일 화교의 신분보장문제가 안정되면서 화교들이 적극적으로 투자하면서부터이다. 그리고 1980년대에 시작된 외식문화와 미식 붐으로 중국 관련 식품업이 발전하는 계기가 되었다.

6. 한민족에 주는 시사점

화교네트워크는 한민족과 비교하여 이주시기와 원인이 다르고, 규모

면에 있어서 차이가 있지만, 다음과 같은 측면에서 아직은 초보상태인 한민족네트워크에 시사하는 바가 많다.

첫째, 해외로 이주한 중국인들은 거주지를 중심으로 전통적인 문화적 유대를 기초로 현지사회에 적응하면서 부를 축적하였으며, 동향별(同鄉別), 동업별(同業別)로 독특한 경제구조를 형성하였다. 화교경제권으로 총칭될 수 있는 이들의 특징은 자연발생적인 시장기능으로 형성된 교역과 투자 중심의 경제활동체이며 민족적 경제결합체로서, 사적(私的) 네트워크를 통해 여러 나라에 걸쳐 강력한 기업 간 연결망을 구축하고 있으며 중국의 개혁·개방 이후 중국 정부의 화교우대정책 하에 홍콩과 대만을 통해 거대한 자금을 중국에 투자를 함으로서 중국경제발전에 중요한 역할을 하고 있다. 한민족네트워크의 경우도 각 업종별, 전문영역별로 정교한 네트워크 구축이 필요하다. 특히 한상 등 경제 분야 네트워크와 첨단과학기술분야 네트워크는 한국의 수출증진과 외자유치, 기술이전 등에 있어서 많은 기여를 할 것으로 예상된다.

둘째, 화교네트워크는 인터넷을 최대한 활용하여 정교하게 연계망을 구축하고 있다는 점이다. 화교들은 자기 민족 중심으로 단결하여 분야별, 직업별, 업종별로 네트워크를 구축하여 왔다. 화상네트워크의 경우 1999년 싱가포르 중화총상회, 연합조보 등 신문업계가 공동출자하여 "세계화상망"을 설립하여 20여 개 국가의 화교기업 정보를 제공하고 있다. 대만의 "세계화상정보망"도 대만정부의 국가정보통신 기본건설계획(NII)과 정부조직인 교무위원회가 연계하여 "전구화상자문망"을 설립하였다. 화교네트워크가 주목받는 것은 오랜 역사를 통하여 형성된 중화민족 특유의 문화적인 결실이기 때문이다. 화교단체들은 자신들의 집단이익을 위해 단결하고 화상기업의 번창을 위하여 업종이 집중되지 않도록 스스로 조절하는 민간정부의 기능을 하고 있다. 세계 인터넷 강국인 한국의 경우 정보통신 인프라를 최대한 활용할 경우 가장 강력한 네트워크를 구축할 수 있다. 이를 위해서는 중국과 러시아 등 정보통신 인프라가 취약한 지역에 대한 지원과, 다양한 영역의 사이트들을 통합적으로 연계해야 하고, 다양하고 풍부한 컨텐츠 구축이 전제된다.

셋째, 모국 정부의 적극적인 정책이 뒷받침되었다는 점이다. 화상네트워크가 급속히 성장할 수 있었던 것은 화교 특유의 강한 유대감에 중국 정부의 강력하고도 지속적인 인적·재정적 지원이 있었기 때문이다. 중앙차원에서 화교문제를 취급하는 국가기관은 국무원 교무판공실, 전국인민대표회의 화교위원회, 전국인민정치협상회의 화교위원회, 중국공산당 통일전선부 등이다. 지방차원에서는 29개 1급 행정구와 2,700개 현(懸)과 향(鄕)에 8,000여 개의 조직을 구성하며, 해외 2,200개 단체와 제휴하며 연락을 담당하고 있다. 중국정부는 이 조직의 운영비를 국가재정에서 담당하고 있다. 한국의 경우도 700만 규모의 재외동포에 대하여 재외동포재단과 같은 재단형태의 소극적인 접근보다는 공식적인 국가기구의 설립을 통해 국가전략과 비전을 가지고 접근할 필요가 있다.

넷째, 화교들은 거주국의 주요도시에 차이나타운을 건설하여 상권을 장악하고 민족내부 응집력을 키운다는 점이다. 차이나타운은 화교들이 밀집해서 거주하는 지역으로 일반적으로 항구가 있고 화교들이 거주하는 곳이면 차이나타운이 형성된다. 대체로 대형은 사방 4개 블록, 소형은 하나의 대로를 중심으로 골목길에 중국인 상가가 포진해 있다. 차이나타운은 화교들이 밀집하여 거주하기 때문에 다양한 정치, 경제적 정보와 물류가 집중하는 곳이다. 때문에 볼거리, 먹을거리, 살거리를 제공하면서 중국인 관광객을 비롯해 외국인들이 많이 몰리는 관광명소로서 재정적 도움을 준다. 차이나타운에는 화교들의 조직과 단체인 협회, 공회, 학교, 문화센터 등이 자리잡고 있으며 각국의 화교단체 간에 긴밀한 관계를 형성하는 기반이 된다. 이러한 차이나타운은 중국의 "경제문화 영토"의 확장이라는 측면에서 중요한 의미를 갖는다. 한민족의 경우도 한인들이 밀집된 지역에는 한인타운이 형성되어 있다. 미국의 LA, NY 등 대도시에 대부분 한인타운이 형성되어 있고, 일본의 동경과 오사카, 중국의 연변, 심양, 청도, 북경, 캐나다 등에도 크고 작은 한인타운이 형성되어 있다. 한인타운은 한민족네트워크의 거점이면서 한민족의 경제문화공간의 확장(새로운 영토개념)이라는 측면에서 정부차원의 접근이 필요하다.

동아시아 중화경제권은 중국의 대외개방이라는 정책변화를 계기로 부상하였으며, 이러한 공동체의 기저에는 주로 동남아에 거주하는 화교집단이 동일한 언어, 역사적 경험의 공유, 그리고 혈연 및 지연 등을 통해 상호 강력하게 결집되어 있는 공동체적 바탕이 깔려 있다. 이러한 화교네트워크에 대한 관심은 그들의 숫자나 경제적 역량뿐만 아니라 자본의 세계화 측면에서 고조되었다. 초국가적 기업이 보편화되어 가는 현실에서 이들은 빠르게 발전하는 중국경제와 연계하면서 국제사회에서 핵심적인 역할을 하고 있다. 그리고 중국의 경제성장이 해외 화상의 투자에 크게 힘입었다면 그 역으로 중국의 발전에 따라 화상네트워크가 경제력과 단결력이 강화되어 현재에 이르고 있다. 이는 개혁개방 이후 중국 경제와 화상네트워크가 시너지 효과를 창출하여 상호 발전해 왔다는 것을 보여준다.

중국을 중심으로 한 동아시아의 경제적 부상과 이 지역에서 화교네트워크는 우리에게 방대한 시장과 사업기회를 제공하는 한편 우리의 강력한 경쟁자로서 위협적인 존재가 될 것이다. 따라서 이 지역의 경제구도에 우리의 위상을 강화하기 위해서는 그들과 상호보완적 입장에서 협력분야를 상호 지속적으로 확대해야 할 것이다. 그리고 국제사회에서 화교와 유대인 네트워크 같은 초국가적 민족네트워크가 영향력 있는 행위자로 활동하고 있는 상황에서 세계 170여 개 국가에 분산되어 거주하는 한민족들을 네트워크화하는 사업은 정부의 적극적인 지원하에 통합적이고 체계적인 접근을 통해 접근할 필요가 있다. 특히 한민족네트워크를 정교하고 역동적으로 구축하기 위해서는 세계한상네트워크의 실태, 자본 규모, 모국투자규모, 네트워크 상호 간 관계 등에 대한 종합적인 기초조사가 시급히 요구된다.

제5장 세계 한민족 디아스포라 분포와 특성

제5장 세계 한민족 디아스포라 분포와 특성

1. 한민족 디아스포라

한민족의 해외이주 역사는 삼국시대까지 거슬러 올라갈 수 있지만, 당시 이주자들은 대부분 한민족으로서의 정체성을 유지하지 못한 채 중국, 러시아, 일본 등 거주국에 동화되었기 때문에 본격적인 해외이주는 구한말에 이르러서야 시작되었다고 볼 수 있다. 한민족의 이주역사는 19세기 중엽부터 시작되었기 때문에 중국인, 유대인, 그리스인, 이태리인, 인도인 등 세계 여러 민족들에 비교하면 짧은 역사를 갖고 있다. 한민족의 해외이주 역사는 크게 다섯 시기로 구분할 수 있다.

첫 번째 시기는 1860년대부터 1910년까지로, 이 시기는 구한말 농민, 노동자들이 중국 만주와 러시아 연해주, 하와이 등으로 이주하였다. 중국 만주와 러시아 연해주로의 이주는 1860년대 초 경제적 유민으로서 불법 월경을 통해 북방 지역으로 진출하였다. 미국 하와이 사탕수수 농장으로의 이주는 1902-1903년부터 시작되었는데, 1905년까지 7,226 명이 이주하였다. 이 시기의 이주는 조국의 정치경제적 불행에 의해 강제적으로 타국으로 내몰리는 상황 속에서 이루어졌다고 할 수 있다.

두 번째 시기는 1910년부터 1945년까지인데 이 시기에는 일제로부터 토지와 생산수단을 빼앗긴 농민과 노동자가 조국의 정치적 독립을 위한 독립운동가들이 이주한 시기이다. 일본은 1931년 만주사변과 1932년 만주국 건설을 계기로 만주지역 개발을 위해 조선인을 대규모로 이주시켰다. 조선총독부는 1931년 '선인이민사회건설계획안'(鮮人移民社會建設計劃案)을 마련하여 만주로의 이주정책을 적극적으로 추진하였다. 이 시기 이민개척단이라는 이름으로 집단으로 강제이주 당했다. 1930년에는 약 60만 명, 1940년에는 114만 명에 이르는 조선인이 이주하였다. 1937년 중일전쟁과 1941년 태평양전쟁으로 대규모의 조선인 노동자들을 일본, 중국, 동남아 지역의 도로와 철도건설, 광산, 전쟁터로 끌려갔다. 해방되기까지 재일한인의 규모는 약 230만 명에 이르렀다. 이 시기 이주자들 중 상당수가 해방 이후에도 귀국하지 못한 채 현지에 잔류하게 되었다.

세 번째 시기는 1945년부터 1962년 시기로 한국전쟁 이후 전쟁고아, 미군과 국제결혼 여성, 입양, 유학 등의 목적으로 주로 미국, 캐나다 등으로 이주한 시기이다. 1950년부터 1964년까지 6천 명가량의 여성이 미군의 배우자로 미국으로 이주하게 되었다. 동일시기 5천 명가량의 아동들이 전쟁고아, 혼혈아, 입양아로 미국으로 건너갔다. 또한 6천 명가량의 유학생들이 건너갔고, 상당수가 미국에 정착하였다. 이들은 1965년 미국의 이민개방으로 가족들을 초청할 수 있는 기틀을 마련하였다.

네 번째 시기는 1962년부터 1997년 IMF시기까지로, 1962년 해외이주법 제정으로 정부의 이민 장려 정책과 1965년 미국의 이민법 개정으로 미주지역으로 해외이민이 폭발적으로 증가한 시기이다. 중국, 일본, 구소련 지역을 제외한 대부분의 한민족과 그 후손들은 이 시기에 이주하여 정착한 사람들이다. 이 시기 미국으로의 이민은 1965년에 새로 제정된 이민법인 "하트-셀러법(Heart-Celler Act)에 의하여 한국은 연간 2만 명의 이민쿼터를 받게 되었다. 재미한인에게 1965년에 실시된 미국 이민법 개정은 2차 한인이민(The Second Wave of Korean Immigration)을 가져왔고, 이 시기의 이민으로 오늘의 미주 한인사회가 형성되었다. 1965년 이민법 개정으로 1991년까지 70만 명 정도의 한인들이 미국에 이민을 갔다.

또한 이 시기 한민족 디아스포라의 특징은 구소련 해체 이후 중앙아시아에 거주하는 고려인들이 러시아 연해주나 볼고그라드주 등으로 재이주하고 있는 현상이 발생하고 있다는 점이다. 또한 중국의 개혁개방과 한국과 수교 이후 중국 조선족의 디아스포라 현상을 주목해야 한다. 중국 조선족은 집거지인 동북3성을 벗어나 대도시나 한국, 일본, 미국 등으로 재이주하는 현상이 진행되고 있다.

다섯 번째 시기는 1997년 말부터 현재까지로 한국의 외환위기를 계기로 급격한 경기침체와 구조조정에 따른 대량 실업의 증가로 젊은 층을 중심으로 미국, 캐나다, 호주 등의 국가로 이주가 증가하는 추세이다. 이 시기의 특징은 가족초청 이주는 줄어드는 반면 자녀의 교육을 위해 미국, 캐나다, 호주, 뉴질랜드 등으로 어머니가 가족과 함께 떠나 '기러기 가족'이라는 새로운 이민 풍속도가 나타나고 있다.

또한 미국으로 들어가기 위해 캐나다나 남미를 경유해서 밀입국하려는 한인들이 있고, 한인들이 밀집된 미국이나 일본의 코리아타운에는 불법체류자 30만 명가량이 불안정한 생활을 하고 있다.[72] 한국에도 중국

---

72) 통계청은 2004년 10월 20일 '국제인구 이동통계 결과'를 통해 지난해 1년간 우리나라의 국경을 넘어 이동한 출입국자수는 연인원 2천88만6천 명이며 이 중 체류기간 90일을 넘긴 장기 이동자는 4.2%인 87만2천 명에 달했다고 밝혔다. 지난해 국내로 들

조선족 동포 10만 명 이상이 가리봉동이나, 안산시 등을 중심으로 불법 체류를 하고 있다.[73] 북한의 경제위기로 중국 동북3성 지역과 한국으로 이주하는 북한동포들의 규모도 증가하고 있는 특징을 보이고 있다.[74]

2. 세계 한민족 디아스포라 규모와 분포

〈표 5-1〉의 외교통상부에서 발표한 자료에 의하면, 세계에 거주하는 재외동포의 규모는 600만 명 규모에 170여 개 국가에 거주하고 있다. 지역별로는 아주지역에 중국과 일본에 300만 규모가 거주하고 있고, 미주지역은 미국과 캐나다에 250만 명 규모가 거주하고 있다. 다음으로 구주지역은 러시아와 중앙아시아 지역에 55만 명 규모가 거주하고 있다. 세계 한민족 디아스포라공동체가 이러한 규모로 성장하기까지는 지난 140년간 한민족 디아스포라의 경험을 이해해야 한다.

어온 장기 입국자는 41만3천808명인 데 비해 장기 출국자는 45만7천769명으로 국제 이동을 통한 인구 감소 규모는 4만3천961명이었다(연합뉴스 2004년 10월 20일).

73) 통계청이 발표한 지난해 외국인 장기 입국자의 국적별로는 중국 5만7천749명 (32.4%), 미국 1만7천51명(9.6%), 러시아 1만787명(6.1%), 필리핀 1만193 명(5.7%), 인도네시아 9천326명(5.2%) 순이었고 체류자격은 산업연수가 4만8 천957명(27.5%)으로 가장 많았다. 이 중 중국 국적의 경우 조선족이 차지하는 비율이 80% 이상으로 추정된다(연합뉴스 2004년 10월 20일).

74) 현재까지 국내이주 탈북자 규모는 5,000명 규모이며, 중국 동북3성 지역에 최고 300,000명까지 거주하고 있는 것으로 추정하고 있다.

<표 5-1> 재외한인 현황

구 분	지 역 별		거 주 자 격 별				
	총 수	백분율 (%)	시민권자	영주권자	체 류 자		총 계
					일 반	유 학 생	
아주지역	2,979,736	49.03	1,992,430	565,119	330,459	91,728	2,979,736
일 본	638,546	10.51	—	531,758 *(260,168)	89,131	17,657	638,546
중 국	2,144,789 *(1,923,800)	35.29	1,967,285 *(1,923,800)	2,253	138,676	36,575	2,144,789
기 타	196,401	3.23	25,145	31,108	102,652	37,496	196,401
미주지역	2,433,262	40.04	755,456	1,265,736	309,734	102,336	2,433,262
미 국	2,157,498 *(1,076,872)	35.50	682,264	1,137,483	260,631	77,120	2,157,498
캐나다	170,121 *(101,715)	2.80	67,232	63,727	14,473	24,689	170,121
중남미	105,643	1.74	5,960	64,526	34,630	527	105,643
구주지역	652,131	10.73	559,694	17,900	35,384	39,153	652,131
CIS	557,732	9.18	549,943	196	5,411	2,182	557,732
유 럽	94,399	1.55	9,751	17,704	29,973	36,971	94,399
중동지역	6,559	0.11	14	454	5,912	179	6,559
아프리카	5,095	0.08	30	537	4,472	56	5,095
총 계	6,076,783	100	3,307,624	1,849,746	685,961	233,452	6,076,783

출처: 외교통상부
http://www.mofat.go.kr/file/news/03-241(1).hwp.2004-06-07
※ 2000년도 중국 전국인구조사상의 조선족(중국국적) 총수
※ 재일동포 귀화자 총수(1952~2002년, 조선적 포함): 일본 법무성 통계
※ 2000년도(미국통계청), 2001년도(캐나다통계청) 인구센서스 한인총수

1) 미국의 한인

(1) 재미한인사회의 형성과 발전

미국으로 한인 이민의 역사는 크게 네 시기로 구분된다. 첫째 시기는 한미수호통상조약이 체결된 1882년부터 노동이민이 집단으로 하와이에 도착한 1902년까지의 시기이다. 1902년 이전 한인의 미국이민은 1882

년 미국과 맺은 한미수호통상조약 때문에 가능했다. 최초로 미국 땅을 밟았다는 민영익을 대표로 구성한 8명의 외교사절은 1883년 9월 샌프란시스코를 거쳐 워싱턴 D.C.를 경유 1884년 5월 귀국했다. 한편, 최초의 외교사절 일원으로 미국을 방문했던 서광범은 귀국 후 갑신정변을 주도했다가 실패하자 망명하여 서재필, 박영효와 함께 1885년 다시 미국으로 와 미국시민이 되었다. 1887년 워싱턴 D.C.에 공관을 설립하고 박정양을 공사로 파견했는데 이때부터 한국의 유학생 노동자 그리고 상인들이 미국에 들어오기 시작하였다. 1888년 윤치호가 유학 왔고, 1895년에는 에스더 박, 하난사, 그리고 1899년에 안창호가 3명의 동료들과 함께 미국으로 유학 왔다. 김규식, 이대위, 백상규도 이때 미국에 유학 온 것으로 파악되고 있다. 1899년부터는 한인 상인들이 미국에 오기 시작했는데, 최동순 등 5명의 의주 인삼 상인들이 중국을 거쳐, 그리고 1900년과 1902년 사이에 약 20명가량의 노동자와 상인들이 하와이에 도착했다.[75]

한인이민 제2기에 해당하는 1902년대부터 미국이주는 가뭄 등 가혹한 경제 환경을 벗어나 보다 나은 삶의 조건을 찾아 나선 노동자들이 하와이 사탕수수 농장의 노동력 요구 때문에 일어난 것이다. 1903년에서 1905년까지 65회에 걸쳐 이민선을 타고 약 7,266명의 재미동포들이 하와이에 정착하였고, 1,033명은 하와이를 거쳐 멕시코로 간 것으로 기록되고 있다. 이들이 사탕수수밭에서 겪어야 했던 것은 극심한 인종차별, 혹독한 노동, 저임금, 언어장벽, 문화의 차이 등 어려움 속에서도 언젠가 다시 고국으로 돌아갈 것을 기대하였으나 1910년 한일합방으로 돌아갈 조국이 없어지는 상황이 되었다. 이들은 미국인과 결혼이 금지되었으므로 많은 조국 여성들이 사진만으로 선을 보고 이들과 결혼하기 위

---

75) 유의영, "미주한인의 인구사회학적 특성". 한미동포재단·미주한인 이민 100주년 남가주기념사업회. 『미주 한인이민 100년사』. pp.131-132.

해 미국 땅을 밟았다. 1924년 동양인의 이민을 금지하기 전까지 1,056명이 들어온 것으로 기록되어 있다. 미국의 인구조사는 1930년에는 재미동포 수를 8,332명으로, 1940년에는 8,568명으로 기록하고 있다.[76]

이들은 주로 캘리포니아에 재이주하여 정착하였는데 인종차별과 열악한 삶의 환경 속에서 조국의 독립을 위해 자신들의 역량을 결집하였다. 이 시기 미국 한인사회의 가장 큰 관심사는 조국의 독립이었다. 1919년 한국에서 3·1 만세운동이 발발하자 한인단체 대표들과 미국의 각계 한인대표들이 모여 자유대회를 개최하여 한국의 독립을 선언하고 상해 임시정부의 정통성을 지지하였다. 초기 미주 한인 사회에는 안창호, 서재필, 박용만, 그리고 이승만 등 유명한 4명의 민족 지도자가 있었다. 재미동포는 중국이나 러시아로 이주한 한인에 비하여 직접 항일 무장투쟁을 하지 않았으나 애국심은 중국과 러시아로 이주한 동포 못지않았고 재정적으로 독립운동을 많이 지원하였다. 특히 미주동포들은 우수한 지도자가 있었고 미국이라는 환경으로 인하여 보다 자유로이 독립운동을 전개할 수 있었다.

세 번째 시기에 해당하는 1945년부터 1964년까지는 주한미군과 결혼한 한국여성, 미국가정에 입양된 전쟁고아, 유학생이 대부분이었다. 이들은 6,423명의 전쟁신부, 5,348명의 전쟁고아 그리고 3,279명의 유학생과 기타 이민으로 구성되었다. 1950년 이후 지금까지 미군과 결혼하여 미국에 온 한국여성 그리고 미국 가정에 입양되어 미국에 온 한국 어린이의 수는 각각 10만을 훨씬 넘는 것으로 파악되고 있다.[77] 다음 시기 이민자들이 갖는 중요성은 미국으로 공식적인 초청이민이 가능하게

---

76) 유의영, 같은 논문, pp.131-132.
77) Lee, Daniel Booduck, "Marital Adjustment Between Koean Women and American Servicemen," in *Koreans in American: Dreams and Realities.* ed. Hyung-chan Kim and Eun Ho Lee(Seoul: Institute of Korean Studies, 1990), p.102

되었다는 점이다. 미군과 결혼한 한국 여성들은 1965년 제정된 새 이민법으로 형제자매를 미국에 초청할 수 있었다. 그리고 미국의 입양 조건이 까다로워 입양아들은 대부분 좋은 집에 입양되어 고등교육을 받을 수 있었다. 이 시기 유학생들은 유학이 끝난 뒤 귀국하지 않고 미국에 남은 사람들이다. 이들은 미국에서 대학교 교수, 연구소 연구원 등 좋은 직장에 취업하여 한국인의 우수성을 외국에 알렸다. 이들이 뒤이어 미국에 올 한인 이민을 초청하는 데도 공헌하였고, 후에 한국의 경제발전과 민주화 과정에 기여하였다.

네 번째 시기는 1965년 개정된 이민법의 발효 이후이다. 1965년에 새로 제정된 이민법인 "하트-셀러법(Heart-Celler Act)에 의하여 한국은 연간 2만 명의 이민쿼터를 받게 되었다. 미 의회는 1965년 그동안 고수하여 오던 인종차별 위주의 이민법을 가족관계와 기술이나 자질에 우선권을 주는 원칙으로 대폭 수정하였다. 이 개정이민법의 혜택으로 처음으로 한인의 미주이민이 가족 중심으로 이루어지게 되었다. 이 이민법은 7개항의 순위를 선정하였는데, 1) 미국 시민권자의 배우자와 미혼자녀들, 2) 영주권자의 배우자와 미혼자녀, 3) 전문직 종사자나 예술과 과학 분야의 특기를 가진 자, 4) 미국 시민권자의 기혼자녀, 5) 시민권자의 형제자매, 6) 미국이 필요로 하는 일반 취업이민, 7) 공산국가로부터의 피난민이 그것이다. 한국인의 경우에는 주로 시민권자와 영주권자의 초청 이민이 많았다. 그밖에도 비할당 이민이라 하여 미국시민의 배우자, 목회자, 그리고 미국정부기관에 오래 근무한 자 등이 있었다.[78]

1965년에 실시된 미국 이민법 개정은 2차 한인이민(The Second Wave of Korean Immigration)을 가져왔고, 이 시기의 이민으로 오늘의 미주 한인 교포사회가 형성되었다. 이민법 개정 후 1991년까지 70만 정도의 한

---

[78] 이광규, "한국에서 보는 미주 한인사회". 한미동포재단·미주한인 이민100주년 남가주기념사업회. 『미주 한인이민 100년사』 2002, p.438.

인들이 미국에 이민을 갔다. 그리하여 새 이민법에 의하여 1960년대 후반 이후 미국으로 이주한 한인은 미국의 시민권자나 영주권자가 초청하는 초청 이민이 다수를 이루고 있다. 그런데 초기에는 취업이민도 많았다. 취업이민의 대표적인 대상이 의사, 약사 그리고 간호사 등 의료계에 근무하는 사람들이었다.

그리고 초청이민과 취업이민 이외에 3각 이민이 있다. 3각 이민이란 한국에서 다른 나라로 이주하였다가 다시 미국으로 이주하는 경우로서, 예컨대 독일 광산 근로자로 갔던 사람이 3년 계약을 끝내고 그곳에서 간호원과 결혼하여 미국으로 이주한 사람들이다. 이들은 미국에 재이주하여 로스앤젤레스나 시카고 등의 코리아타운을 형성하는 데 크게 기여하였다. 3각 이민의 다른 경우로서 남미로 이주하였던 사람들과 월남에 파견되었던 사람들이 미국으로 재이주한 경우 등이 있었다.[79]

<표 5-2> 한국으로부터의 미국 이민: 1948년~2000년

연 도	인구수
1948년-1950년	107
1951년-1960년	6,231
1961년-1970년	34,526
1971년-1980년	267,637
1981년-1990년	337,746
1991년-2000년	164,166
계	806,414

출처: 미법무부 이민국, 2000년 통계연보

1950년 당시 1만 정도였던 한인인구는 1970년에 7만, 1980년에 35만5천, 1990년에 79만 9천, 그리고 2000년에는 107만7천으로 50년 사이에 100배 이상 증가했다. 여기에 복합혈통한인을 합하면 2000년 4

---

79) 이광규, 같은 논문, p.438.

월 1일을 기준으로 한국계 미국인은 모두 1,228,422명에 이르고 있다. 50년 사이에 미주한인인구는 120배 이상 증가하였다. 이상에서 보듯이 가장 최근 이주한 재미동포들은 교육 수준이 높고, 한국에서 중산층 이상으로 대도시 거주자였으며, 화이트칼라 직업을 가졌고, 기독교 교인이 많은 비중을 차지한다고 할 수 있다. 이들은 이런 신분과 재미한인사회의 특수 여건들 때문에 미국에서 다른 소수 민족보다 상대적으로 빨리 경제적으로 안정적인 지위에 도달했다고 볼 수 있다.

(2) 미국의 한인 규모와 분포

재미한인은 초기에 하와이와 로스앤젤레스를 중심으로 살다가 1950년대 이후 미국 본토로의 이주가 진행되면서 미국 전역으로 확산되었다. 1950년까지도 재미한인 1만 명 중 약 70%가 하와이에 살았고, 본토에 있는 30%의 한인 중 대다수가 캘리포니아에 살고 있었다. 미국전체의 한인 인구 중 하와이가 차지하는 비율이 1950년의 70%에서 1970년의 12.5%로 줄었고, 1980년 5.1%, 1990년 3.1%, 그리고 2000년에는 2.2%로 낮아졌다. 반면에 캘리포니아가 차지하는 한인인구 점유율은 1970년에 들어서 22.8%로 하와이의 12.5%를 앞질러 미국에서 한인이 제일 많이 거주하는 주가 되었다. 이후 캘리포니아의 한인인구 점유율은 32%대를 유지하고 있다.

〈표 5-3〉에서 1980년에는 뉴욕주가 차지하는 한인인구 점유율이 9.6%로, 캘리포니아에 이어 한인이 두 번째로 많은 주가 되었다. 뉴욕주의 한인인구 점유율은 1990년에 12.0%로 증가하였다가 2000년에는 11.1%로 약간 낮아졌으나 아직 한인인구가 두 번째로 많은 주의 위치를 유지하고 있다. 캘리포니아와 뉴욕 2개 주에 거주하는 한인인구는 1990년부터 2000년에 이르기까지 미국 전체 한인인구의 43~44%를 차지하고 있다.

〈표 5-3〉 재미한인 다수거주지역 11개 주별 한인인구 증감, 1990년~2000년

주별	1990년		2000년		증감율(%)
	인 구	%	인 구	%	1990-2000
캘리포니아	259,941	32.54	345,882	32.12	33.06
뉴 욕	95,648	11.97	119,846	11.13	25.30
뉴저지	38,540	4.82	65,349	6.07	69.56
일리노이	41,506	5.20	51,453	4.78	23.97
워싱턴	29,697	3.72	46,880	4.35	57.86
텍사스	31,775	3.98	45,571	4.23	43.42
버지니아	30,167	3.78	45,279	4.20	50.12
메릴랜드	30,320	3.80	39,155	3.64	29.14
펜실바니아	26,787	3.35	31,612	2.94	18.01
죠지아	15,275	1.91	28,745	2.67	88.18
하와이	24,451	3.06	23,537	5.19	-3.75
미국전체	798,846	1000.00	1,076,872	100.00	34.80

출처: 미 상무부 센서스국, 「Census 1990」, 「Census 2000」.

미국의 3대도시 중 하나인 시카고를 포함하고 있는 일리노이주는 1980년에 미국전체 한인의 6.8%를 차지하여 3번째로 한인이 많은 주가 되었다. 일리노이주는 1990년 한인인구 점유율의 5.2%로 줄었다가 다시 2000년에는 한인인구 점유율이 4.8%로 낮아지면서 캘리포니아, 뉴욕, 뉴저지에 이어 4번째로 낮아졌다.

재미한인 인구분포의 특징 중 또 다른 하나는 그들이 대부분 대도시권에 집중되어 있다는 것이다. 대도시 집중현상은 초기 이민사회의 특징이라고 하지만 지금까지도 계속되는 현상이다. 2000년 센서스에 미주 한인 중 대도시권(MSA: Metropolitan Statistical Area)에 거주하는 사람이 96%나 되는 것으로 나타났다. 이것은 미국 전체의 인구 중 대도시권 거주율 80%에 비해 훨씬 높은 것이다. 또 한국인 중 상당수가

대도시권의 외곽지역에 자리잡고 있는 것으로 나타나고 있다. 2000년 센서스에서는 한인들의 57%가 대도시권 교외지역에 거주하는 것으로 파악되었는데, 이러한 교외 거주율은 1980년의 46%에 비하여 증가한 것이며 동시에 중국인의 48%, 필리핀인의 53%, 일본인의 50%에 비해서도 높은 것이다.

특히 재미한인들은 〈표 5-4〉에서 보여주는 것처럼 대도시권 중에서도 초대광역권(CMSA: Consolidated Metropolitan Statistical Area)으로 집중되는 경향을 보이고 있다. 특히 로스앤젤레스와 뉴욕의 양대 도시를 중심으로 하는 2개 초대광역권으로의 집중도가 계속 증가하여 1980년에는 재미한인 32%가 거주하게 되었다. 구체적으로 재미한인의 21%가 〈로스앤젤레스-롱비치-애너하임〉 광역권에, 그리고 11%가 〈뉴욕-뉴왁-뉴져지〉 광역권에 거주하고 있다. 2000년에는 로스앤젤레스를 중심으로 하는 〈남가주 5개 카운티〉 광역권에 24%, 그리고 뉴욕을 중심으로 하는 〈뉴욕-롱아일랜드-북뉴저지, 코넥티컷, 펜실베이니아〉 광역권에 16%로 두 지역에 모두 40%의 재미한인이 거주하고 있는 것으로 나타나고 있다. 요컨대 양대 광역권에 한인들이 집중거주하고 있음을 보여주고 있다. 요컨대 2000년 센서스는 재미한인 인구의 72%가 미국에서 제일 큰 규모의 13개 대 도시권에 집중되어 있음을 보여주고 있다. 한인들이 대도시권으로 집중하는 현상은 그들 비즈니스업소 점유율과 관계가 있다. 1997년 미국 경제 센서스에 의하면 재미한인들의 비즈니스 점유율이 다른 아시아계통인 일본, 중국, 필리핀, 월남인들에 비해 높은 것으로 나타나고 있다. 2000년 센서스에서 밝혀진 대로 한인들은 미국 전체인구의 0.38%를 차지하고 있는데, 한인이 소유하고 있는 135,571개의 비즈니스 업소는 미국 전체 비즈니스 업소의 0.65%나 된다. 이것을 업종별로 보면 한인들은 미국 전체의 옷가게의 4.94%, 식료품상의 4.78%, 잡화상의 3.62%, 봉제업소의 3.43%를 소유하고 있다. 즉 한인들의 상당수가 대도시권에 위치한 비즈니스 업소를 기반으로 생활하고 있기 때문에 거대 도시권의 한인 집중률이 높게 나타나고 있는 것이다.[80)

<표 5-4> 대도시권 또는 광역권별 재미한인 인구, 2000년

도시권 구분	한인인구	전체한인 중 차지하는 비율(%)
로스앤젤레스-리버사이드-오렌지-샌버나디노-벤투라(남가주 5개 카운티) 광역권(CNSA)	257.975	23.96
뉴욕-북뉴저지-롱아일랜드-커넥니커트 펜실바니아 광역권(CMSA)	170,509	15.83
워싱턴 DC-발티모어, 메릴랜드, 버지니아, 웨스트 버지니아 광역권(CMSA)	74,454	6.91
샌프란시스코-오클랜드-산호세 광역권(CMSA)	57,386	5.33
시카고-게리-케노샤, 일리노이, 인디아나, 위스컨신 광역권(CMSA)	46,256	4.30
시아틀-타코마-브레몬트 광역권(CMSA)	41,189	3.82
필라델피아-웰밍턴-아틀란틱 시티, 펜실바니아-뉴저지, 델라웨어, 메릴랜드 광역권(CMSA)	29,309	2.72
아틀란나, 죠지아 대도시권(MSA)	22,317	2.07
호놀룰루, 하와이 대도시권(MSA)	21,681	2.01
달라스-포트워스, 텍사스 광역권	18,123	1.68
보스넌-위체스터-로랜드, 마사츄세츠, 뉴햄프샤, 헤인, 커넥티커트 광역권(CMSA)	15,560	1.44
샌디에고, 캘리포니아 대도시권(MSA)	12,004	1.11
퓨스턴-갈베스턴-브라조리아, 넥사스 광역권(CMSA)	10,341	0.96
13개 대도시권 또는 광역권 계	777,104	72.16
한인 총인구(미국)	1,076,872	100.00

출처: 미 상무부 센서스국, 「Census 2000」

---

80) 유의영, 같은 논문, 2002, pp.137-138.

미국의 로스앤젤레스에는 전체 재미한인의 약 24%가 거주하여 있는데, 로스앤젤레스카운티를 중심으로 남쪽으로는 오렌지카운티와 샌디에고카운티, 동쪽으로는 샌버나디노카운티와 리버사이드카운티, 북쪽으로는 벤추라카운티를 포함하는 이 지역에 미국에서 제일 많은 한인들이 살고 있다.

다음으로 뉴욕시 한인의 72%가 퀸즈(Queens Borough)에 집중해 있는데, 퀸즈지역에서도 특히 플러싱(Flushing), 베이사이드(Bayside), 리틀넥(Little Neck), 우드사이드(Woodside) 및 엘름허스트(Elmhurst) 지역에 한인들이 집중적으로 거주하고 있다. 특히 Flushing에는 뉴욕시 한인 인구의 약1／4이 거주하고 있는데, 플러싱 다운타운 약 12블록에 걸쳐 한인들의 주거 및 한인 소유 가게가 집중적으로 들어서 있다. 이 지역이 "플러싱 코리아타운"으로 알려졌는데, 루즈벨트 애비뉴와 유니온 스트리트의 교차로가 그 중심지가 된다. 유니온 스트리트와 147가 사이의 루주벨트 애비뉴선상의 아파트에는 한인들이 집중적으로 거주하고 있다. 그리고 맨해튼에는 뉴욕 한인의 약12% 정도가 살고 있는데, 맨하탄 거주 한인들은 미국에 오래 거주한 이민자들이다. 맨해튼에는 32번가와 브로드웨이(Broadway)를 중심으로 한인상가가 형성되어 있다.

뉴저지주의 버건 카운티는 한국인이 가장 많이 살고 있는 지역으로, 1990년 센서스에 의하면 약 16,000명의 한국인이 버건 카운티에 살고 있어 그 카운티의 가장 큰 아시아 이민 집단이었으며, 2000년 센서스에 의하면 버건 카운티 한국인구는 2배로 늘었다. 포트리(Fort Lee)와 팰리세이즈 파크(Palisades Park) 다운타운지역은 버건 카운티에서 한국인이 집중되어 있는 일종의 교외 코리아타운이다.

워싱턴 지역은 워싱턴 DC와 버지니아주 북부의 페어팩스 카운티, 알렉산드리아시, 프린스 윌리엄 카운티, 라우든 카운티와 메릴랜드주의 몽고메리 카운티, 프린스 조지스 카운티를 포함한다. 워싱턴－볼티모어 메트로폴리탄으로 불리는 이 지역의 한인 인구는 2000년 센서스 결과

74,336명으로 집계됐다. 메트로폴리탄을 기준으로 할 때 워싱턴 지역은 로스앤젤레스권(257,975명)과 뉴욕-뉴저지권(170,509명)에 이어 미국에서 세 번째로 많은 지역이다.

2000년 센서스 기준으로 버지니아주의 한인인구는 45,279명이며 이 중 61.9%인 28,028명이 페어팩스 카운티에 거주하고 있고, 39,155명으로 집계된 메릴랜드주 한인 중 몽고메리 카운티에만 15,130명이 거주하고 있다. 페어팩스 카운티의 경우는 10년 전에 비해 무려 58.8%가 증가하여 재미한인들이 가장 선호하는 거주지가 되고 있다. 한편 초기 이민자들의 자녀들인 1.5세와 2세 한인들이 성장해 가정을 이루면서 타운하우스가 밀집한 버지니아주의 센터빌과 헌던, 레스턴 지역, 그리고 메릴랜드의 게티스버그와 저먼타운 지역의 한인인구도 늘어나고 있다.[81]

2) 중국의 한인

(1) 중국 조선족 사회의 형성과정

중국에 살고 있는 조선족은 200만 명 규모로 55개 소수민족 중의 하나로 13번째의 규모이다. 조선족의 대다수는 길림성(63%)과 흑룡강성(24%), 요녕성(11%) 등 동북3성에 대부분 거주하고 있다.[82] 현재의 조선족은 1880년대부터 1950년 초까지 약 70년에 걸쳐 이 지역으로 이주했던 한민족과 그 후손들이다. 그 이전인 중국의 원-명 시기에도 이 지역에 상당수가 이주하였지만 대부분이 동화되었다.[83] 지금의 조선

---

81) 임채완, 장윤수, 최영관, 이진영, 김재기, 『재외한인 집거지역 경제사회』, 집문당 2005. pp.24-65.

82) 정신철, 『중국조선족사회의 변천과 전망』, (심양: 요녕민족출판사), 1999. pp.176-182.

83) 예로 현재 화북성 청용현 팔도하자향 탑구촌과 대장자향 맹가고포촌을 중심으로 한 400여 명, 요녕성 맹현 진돈향 박가구촌의 300여 명, 요녕성 본계현 산성자향 박

족들이 중국에 이주한 시기를 네 단계로 나누어 볼 수 있다.

첫째, 1880-1910년 이전에 중국으로 전입한 한민족은 대략 26만 명 정도였고 그들 대부분은 자연재해 혹은 국내 통치계급의 횡포 등의 원인에 의하여 청조 말기부터 지속적으로 압록강과 두만강을 건너 중국 경내에 진입하였다. 조선 왕조의 폭정과 부패 그리고 자연재해는 조선인이 중국 동북지역으로 전입하게 된 원인이었다. 또한 19세기 중엽 청 정부의 국내외적 위기도 동북지역의 봉쇄정책에 한계를 보여주었다. 1840년 아편전쟁, 1851년의 태평천국혁명으로 청 정부의 기반이 약화되고, 러시아 영국 등 서구 열강이 동북지역을 침략하려 하자 봉쇄정책을 풀고 변방으로 이민을 추진하였다. 특히 1885년 청 정부는 두만강 북부 광활한 지역을 조선인 전용의 개간구역으로 만들고, 대량의 조선인들이 중국으로 들어오게 하고, 집단거주할 수 있도록 유리한 조건을 제시하였다. 1890년에서 1894년까지 조선인이 개간한 땅을 측량하여 "사(社)를 세우고 호구 편제를 하고, 그에 따라 이름을 올리고 세금을 납부하고, 국(局)을 세워서 사람을 모아 개간한다"는 정책을 실행하였는데 모두 4개의 보(堡), 39개의 사(社), 124개의 갑(甲)과 415개의 패(牌)로 나누었다.[84]

둘째 단계는 1910년 한일합방 이후부터 1931년 9.18 사변 이전까지의 기간이다. 이 시기는 농민뿐만 아니라 항일 독립운동을 목적으로 하는 이주도 많았다. 1910년부터 1918년까지 전개한 '토지조사사업'은 조선농민의 토지 약탈로 이어졌고 이에 따라 토지를 잃은 농민들이 중국으로 이주하였다. 1922년까지 동북3성 지역에 이주한 조선인의 수가 65

보촌 구재곡촌, 히피촌 등의 박씨 성을 가진 조선족은 그 조상이 명말-청초에 중국의 동북으로 이주한 중국 최초의 조선족 중의 일부분이다: 김병호, "중국의 민족이론정책과 법률에 있어서의 연변조선족의 지위,"『평화연구』, 제8호, (고려대 평화연구소, 1999), p.125.

84) 金鐘國主編, 『黨的民族政策與延邊朝鮮族』, (延吉: 延邊大學出版社, 1998), p.9.

만 명을 넘었으며, 이 중 한반도와 접경을 하고 있는 두만강과 압록강변에 거주하는 수가 44만 명에 달했다.[85] 셋째 단계는 1930년대 이후의 이주는 조선총독부에 의해 계획적으로 추진되었다. 1931년 '선인이민사회건설계획안'(鮮人移民社會建設計劃案)을 마련하여 만주로의 이주정책을 적극적으로 추진하였다. 이 시기 이민개척단이라는 이름으로 집단으로 강제이주 당했다. 1930년에는 약 60만 명, 1940년에는 114만 명에 이르는 조선인이 이주하였다. 1940년대에는 제2차 세계대전으로 일본이 조선인을 강제로 동원하였기 때문에 집단적 중국이주는 이루어지지 않았으며, 해방 후 재중 동포의 40% 정도가 한반도로 귀환하였다. 1949년 중화인민공화국이 수립되던 때에는 100만 명 정도로 줄어들었다.

넷째는 조교(朝僑: 朝鮮國籍僑胞)라는 신분으로 한국전쟁 중 동북3성 지역에 정착이 이루어졌는데 문화대혁명 이전까지 5-6만 명에 이르렀다. 지금은 많은 수가 북한으로 돌아가거나 중국 국적을 취득하여 6천-1만 명 규모로 거주하고 있다. 조교는 중국 공안국에서 발행하는 2년 기한의 '중국 외국인 거류증'을 소지하되 선거권·피선거권을 제외하고는 중국 국적자와 동일한 지위를 향유한다.[86] 최근 북한의 김일성 사후 식량난으로 10-30만 명에 이르는 북한 주민들이 동북3성에 이주하여 생활하고 있는데 이들도 한민족이라는 측면에서 신이주민이라고 할 수 있다.

조선시대 말에서 일제시기에 한민족의 중국 동북3성으로의 다이에스포라(Diaspora)의 역사는 국가의 무능력과 정치경제적 불행으로 인해 강제적으로 외부로 몰아내었다고 할 수 있다. 조선시대 말 가뭄과 관리들의 횡포로 일반 백성들은 고향을 떠나 만주로 이주하였고, 일제시대는 독립국가 건설을 위해 식민지지배에 저항하는 형국으로 발전하였다. 항

---

85) 정신철, 『중국조선족사회의 변천과 전망』, (심양: 요녕민족출판사), 1999. p.6.
86) 국가정보원, 『21세기 국가발전전략과 해외한민족의 역할』, (국가정보원, 1999), pp.161-162.

일전쟁시기에 조선족은 만주족, 몽골족, 회족과 같이 소수민족 중에서 항일투쟁에 최다수가 참가하여 최대공헌을 한 민족이었다. 해방전쟁시기에 대부분의 조선족 지역이 이미 해방되었으므로 말미암아 중국 공산당의 근거지를 건립하였으며, 따라서 중국 소수민족 중 인민해방군과 지방 혁명무장대오에 참가한 인원이 가장 많은 민족이었으며, 가장 큰 희생을 치렀고 가장 큰 공헌을 한 민족이었다. 현재 연변자치주 정부에 등록된 국가 인정 열사 수는 1만 6000명인데, 이중 조선족이 97%이고. 연변의 열사 수는 길림성 총수의 42%나 된다고 한다.

이러한 중국 조선족은 일제시대 중국 공산당과 함께 항일투쟁을 전개하면서 밀접한 관계를 형성하였다. 한반도에서 중국으로 이주하기 시작해서 1950년대 초까지의 조선족의 역사는 반제반봉건투쟁과 항일전쟁, 해방전쟁, 조선전쟁에서 중화민족의 해방과 중화인민공화국의 창건, 그리고 국가보위를 위하여 불후의 공을 세웠다.[87] 이러한 이유로 조선족은 공산당에 의한 중화인민공화국 수립과 동시에 중국 공민으로서 정치적 지위를 누리고 있다.

(2) 중국의 민족정책과 조선족의 지위

중화인민공화국 수립 이후인 1953년 제1차 전국인민대표회의에 참석할 각 민족대표를 선거하기 위하여 민족평등원칙에 따라 민족식별사업을 벌였는데, 당시 중국에는 단독적인 민족단위로 제출된 것이 무려 400여 종이나 되었다. 국가에서는 공통의 지역, 공통의 언어와 문자, 공통의 경제생활, 공통의 문화에서 나타나는 공통의 심리소질 네 가지 특징을 기본 표준으로 하고 또, 그들의 역사적 발전 등의 실정도 고려하여 55

---

87) 동북항일연군 제2로군 총지휘였던 주보중은 "조선족 농촌에서는 어른이건 젊은이건 여성이건 어린이건 할 것 없이 모두 항일에 참가하였다"고 조선족의 혁명열정을 평가하였다; 중국조선민족발자취 총서 5, 『승리』, (민족출판사, 1991), p.704.

개 소수민족을 확정하고 국무원에서 정식으로 인정·공포하였다. 현재 중국에는 공식적으로 인정된(state-designated ethnic group) 55개의 소수민족과 한족(漢族)을 포함, 전체 56개 민족집단이 '통일적다민족 중화인민공화국'(統一的多民族的中華民族共和國)을 이루고 있다.

중국 내 인구의 약 92%를 차지하는 한족 이외의 8% 정도가 소수민족인데 이들이 거주하는 지역은 중국 면적의 반을 넘는다. 중국에는 민족구역자치법에 의해 성급(省級)인 5개의 소수민족 자치구가 있고, 30개의 자치주가 있으며 124개의 자치현이 있고, 내몽고지역의 행정단위로서 自治旗(현급)가 특수형태로 3개 있다.

중국 조선족이 중국 국민으로서 지위가 확정된 것은 1952년 연변조선족자치구가 성립된 이후이다. 중국은 1952년 8월 9일 '민족구역자치실시요강'을 선포한 후 연변에서 각 민족인민대표회의 준비위원회가 성립되어 조례를 비준하여 1952년 9월 3일 연변조선족자치구가 성립되었다. 당시 조선족 인구는 관할 구역의 71%를 점하게 되었고, 자치구 지역 조선족의 간부는 78%를 차지하였다. 1954년 '공동강령'을 제정하여 민족구역자치에 관한 규정을 정하여 자치지방의 행정지위를 자치구, 자치주, 자치현의 3급으로 개칭하고, 1955년 12월 연변조선족자치구도 연변조선족자치주로 개칭하였다. 1958년 9월 15일에는 장백조선족자치현이 건립되었다.

1994년 현재 연변조선족자치주의 행정구역은 연길, 돈화, 도문, 용정, 훈춘, 화룡 등 5개시와 안도, 왕청 2개현, 39개 진, 70개 향으로 구성되어 있다. 흑룡강성과, 요녕성, 내몽고자치주 등 조선족이 밀집되어 있는 지역에 50여 개의 민족향을 건립하여 민족자치를 실시하고 있다. 중국 조선족은 1백 년의 짧은 역사에도 불구하고 중국 조선족은 자신들의 정치, 경제, 교육, 문화체계[88]를 형성, 중국 내 55개 소수민족

---

88) 중국 조선족은 한국 문화, 북한문화와 더불어 3족정립(三足鼎立)을 이루어 세계에 거주하는 550만 한민족 중 자기의 언어문자, 풍속습관과 민족의 동질성을 가장 완

가운데 가장 선진적인 모범민족으로 발전하였다.[89]

중국 조선족은 55개 민족과 평등하게 정치적 권리를 부여받았다. 때문에 중국 조선족은 다른 지역 동포보다 정치적 지위가 높다. 이는 다민족 국가인 중국의 민족정책과도 관계되지만, 본질적으로 말한다면 스스로의 피와 땀, 심지어는 고귀한 생명의 희생으로 정치권리를 획득한 것이기도 하다. 조선족이 한반도에서 중국으로 이주하기 시작한 때부터 20세기 50년대 초까지의 역사를 보면 반제반봉건투쟁과 항일전쟁, 해방전쟁, 한국전쟁에서 중화민족의 해방사업과 국가보위 사업을 위한 불후의 공훈을 세웠다. 또한 중국의 조선족은 연변개발과 연변건설, 흑룡강성, 요녕성의 변경개발을 위해 피땀을 흘렸다. 황무지 개간으로 밭을 일구고 벼를 심어 성공하였는데 이는 동북지역 농업발전에 커다란 공헌이었다. 조선족은 동북지역에서 가장 빠른 논벼 시험 재배자이며 가장 큰 논 개척자이다. 그리고 동북지역 광산자원 개발채취, 철로 건설, 공장의 운영 등에 참가하였다. 이러한 중국 사회주의 건설과 동북지역 개척 및 건설과정에 무수한 피와 땀을 흘리고 막대한 희생을 치렀으며, 이것이 중국 조선족의 사회역사적 지위의 견실한 기초와 근거가 되었다.

이러한 중국 조선족의 정치적 지위를 규정하는 것은 헌법과 민족구역자치법이다. 그중 민족구역자치법은 중국의 민족문제를 해결하는 기본 정책이며 정치제도이다. 조선족은 헌법과 민족구역자치법의 자치권리규정에 2개의 민족자치지방을 건립하였고 이러한 법률에 의해 자주적으로 사무를 관리하고 민족평등과 민족자치의 권리를 행사하고 있다.

그리고 1985년 8월 반포된 '연변조선족자치주조례'[90]에는 지방정부

벽하게 지켜온 군체이다; 金鐘國, 前揭書, p.2.

89) 중국 국무원은 연변조선족자치주를 '88년과 '94년 '민족단결진보모범자치주'로 지정하였다.

90) 7장 75조 구성된 연변조선족자치주조례는 중국 내 민족구역자치 지역에서 최초로 반포된 조례로서 중국 민족구역발전사에서 중요한 의의를 갖는다.

자치조례와 단행조례제정, 인사관리권, 재정경제관리자주권, 문화·교육 발전자주권, 지방 공안부대조직의 권리 등에 대하여 규정하고 있다. 이 조례에 민족자치간부의 임용에 대하여 다음과 같이 규정하고 있다. "자치주 주장은 조선족 공민이 담당한다, 부주장과 비서, 국장, 위원회 주임 등 정부 구성원 중에서 조선족 구성원이 반수를 초과할 수 있다." "자치주 인민대표대회 상무위원회 조직구성원 중에서 조선족이 반수를 초과할 수 있다." "자치주 인민대표대회 상무위원회 주임은 조선족 공민이 담당한다."[91] 또 자치주 조례에는 조선언어문자의 사용에 관해서도 명확하게 규정하였다. "자치기관이 직무를 집행할 때, 조선어와 한어 두 가지를 통용하며, 조선어 문자를 위주로 한다." "자치주 내의 국가기관과 기업, 사업단위의 문건발행과 포고 시에는 조선어와 한어 두 가지의 문자를 사용해야 하며, 공인과 간판은 일률적으로 조선어와 한어 두 가지 문자를 사용한다." "법원과 검찰원의 심리안건과 법률 제정문건은 조선어와 한어 두 가지 문자를 사용해야 한다."

조선족 교육에 관해서도 "조선족의 특징에 근거하여 조선족의 중·소학교의 학제와 교육계획과 유관학과 교육요감을 확정하며, 조선어로 된 각 과 교재와 참고자료, 아동들의 읽을거리를 편역 출판하다. 조선족 중학교는 조선족 역사를 역사교과목 교육 내용 중의 하나로 한다." 조선족 문화에 대해서는 "도서관과 박물관 건설로 민족서적의 수집, 정리, 번역, 출판을 중시한다. 조선어로 된 뉴스, 출판, 방송, 텔레비전 사업 발전을 중시한다."고 규정하고 있다.

조선족은 중국 공산당의 민족평등정책으로 중국 내 소수민족들이 향유하는 모든 권리를 평등하게 향유하고 있다. 조선족은 다른 민족과 평등하게 국가사무에 참여하며, 지방정권기관 사무의 관리에 참여하고 있다. 제1차

---

91) 胡中安, 『民族自治地方自治條例選編』, (北京: 中央民族大學出版社, 1995), pp.1-13.

부터 제9차에 이르는 전국인민대표대회와 전국정치협상회의 위원에 조선족 대표가 참가하고 있다. 2,978명의 전 인대 대표 중 조선족이 17명으로 대표 총수의 0.57%를 점해 조선족 총인구(0.169%)의 3배 이상이 참여하고 있다. 중앙정부의 부부장급 이상 간부가 10여 명 있다. 국가기관과 당 기관의 영도직무를 담당하고 있는 조선족은 총인구의 3%로 한족의 1.5배에 달한다. 조선족 민족자치지역의 지방정부와 지방인민대표대회에도 조선족 간부가 있다. 길림성에 부성장 1명, 수며의 청국장, 위원회 주임, 자치주 주장, 자치현 현장, 일반 현과 시의 행정책임자도 조선족이다. 연변조선족자치주의 조선족 간부는 자치주 총간부의 45%를 점하며, 전체 자치주 조선족 인구 39.5%의 인구비율보다 높다.[92] 중국 조선족은 100여 년간 피나는 노력으로 자기들의 사회를 구성하였으며 중국 정부의 평등한 민족정책으로 중국 사회에서 높은 위치를 차지하고 있다. 이런 차원에서 동북3성에 거주하는 조선족은 단순한 이주민이라기보다는 개척민으로서 그리고 연변지역을 이끌어 가는 주체로서 위치 지을 수 있다.

(3) 중국 조선족의 규모와 분포

중국 조선족은 일제시기 황무지인 만주에 수전(水田)을 개발하면서 집거구를 형성하기 시작하였는데 수전 농업의 특성상 집단노동의 필요에 의해 자연히 촌락 중심의 공동체를 형성하게 되었다. 조선족 최대 집거구인 '연변조선족자치주'는 신중국이 성립된 이후 1952년 8월 9일 '민족구역자치실시요강'을 선포한 후 연변에서 각 민족인민대표회의 준비위원회가 성립되어 조례를 비준하여 1952년 9월 3일 연변조선족자치구로 성립되었다. 당시 조선족 인구는 관할 구역의 71%를 점하게 되었고, 자치구 지역 조선족의 간부는 78%를 차지하였다. 자치구가 창립될 때

---

92) 金鐘國, 前揭書, pp.143-147.

연길시, 용정현, 화룡현, 왕청현, 훈춘현, 안도현이 포함되었고 인구는 85만 4,000명이었다.[93] 1954년에는 '공동강령'을 제정하여 민족구역자치에 관한 규정을 정하여 자치지방의 행정지위를 자치구, 자치구, 자치현의 3급으로 개칭하고, 1955년 12월 연변조선족자치구도 연변조선족자치주로 개칭하였다.

그리고 조선족 자치현급으로 유일하게 장백조선족자치현은 1958년 9월 15일에는 현급인 장백조선족자치현이 건립되었다. 선거된 15명의 현정부 위원 중 조선족 위원이 53.3%를 차지하였다. 1991년 3월 23일 장백조선족자치현 제12기 인민대표대회 제2차 회의에서 '장백조선족자치현 자치조례'를 채택하였다.

자치향(진)의 건립은 흑룡강성, 요녕성, 길림성, 내몽고자치구 등에서 건립되었다. 흑룡강성의 경우 헌법이 공포되기 전인 1952년, 1953년 사이에 '중화인민공화국 민족구역자치 실시요강'과 동북인민정부 '민족구역자치에 관한 실시방안'에 의거하여 조선족이 집거하는 지역에서 민족구역자치를 실시하면서 민족향들이 16개 건립되었고, 비슷한 시기에 길림성에 11개, 요녕성에 17개가 설립되었다. 이러한 민족향들은 대부분 농촌지역 집거구로서 동북3성 지역에 2,000여 개의 조선족 촌이 있다. 연변자치주에 1,000여 개, 흑룡강성에 500여 개, 길림성에 연변을 제외한 산거지구에 300여 개, 요녕성에 260여 개, 내몽고자치구에 30여 개의 조선족 촌이 있다.[94] 〈표 5-5〉은 조선족이 다수 거주하는 동북3성을 비롯한 산동성, 북경지역의 인구 현황이다.

200만 명 규모 조선족은 동북3성 지역에 '대분산 소집거'의 집거형태

---

93) 최상철, "건국후 29년", 『21세기로 매진하는 중국조선족발전방략연구』, (심양: 요녕민족출판사, 1997), pp.240-241.

94) 정신철, 『중국 조선족 사회의 변천과 전망』, (심양: 료녕민족출판사, 1999), pp.254-191; 김병호, 『중국 민족문제와 조선족』, (서울: 도서출판 학고방, 1997), pp.247-285.; 金炳鎬, 『中國朝鮮族人口簡論』(北京: 中央民族學院出版社, 1993), pp.103-213.

로 거주하고 있으며, 주로 동북3성의 주요 철도교통의 요충지에 집거하고 있는 특성을 보이고 있다. 즉 길림성 연변을 중심으로 거주지가 서로 연결되어 있으면서 층차로 나뉘어진 닭볏형태(鷄冠形態) 혹은 부채형태를 이루고 있다. 이를테면 흑룡강성 조선족 인구 중 64.9%를 점하고 있는 목단강시, 송화강 지구에 하얼빈시는 각각 길림성의 연변자치주, 길림시, 장춘시와 연결되어 동북부의 제1연결층을 이루면서 이것을 토대로 흑룡강성의 제2연결층인 계서시, 칠태하시, 가목사시, 수화지구, 안달시와 연결된다. 그 외의 일부는 바깥 테두리 연결층 차라고 할 수 있는데 인구비율이 매우 낮다. 요녕성 조선족 인구 중 46.27%를 점하는 철령, 무순, 본계, 단동 등 지역은 각각 길림성의 통화, 사평지구와 서로 연결되어 서남부의 제1연결 층을 이루고 있다. 이것을 토대로 요녕성의 제2연결층은 부신, 심양, 요양, 안산, 영구, 대련 등으로 연결되어 있다. 조선족이 동북3성 지역 철도 노선과 강과 하천유역, 평원지대에 주로 거주하는데 이는 이주와 개척의 역사 그리고 벼농사와 밀접한 관련이 있다. 두만강과 압록강, 목단강과 송화강, 눈강, 목릉하, 해란하, 마연하, 수분하 등의 강과 하천유역에 분포되어 있다.

중국한인의 대부분을 차지하는 조선족은 200만 명 규모로 주로 동북3성 지역에 집거지역을 형성하여 거주하고 있었다. 중국 조선족은 최대 집거구인 '연변조선족자치주'를 비롯하여 장백현조선족자치현과 동북3성과 내몽고자치구 지역의 50여 개 민족향(진)에 집중되어 거주하고 있다. 그리고 이러한 민족향들은 대부분 농촌지역 집거구로서 동북3성 지역에 2,000여 개의 조선족 촌이 있다. 연변자치주에 1,000여 개, 흑룡강성에 500여 개, 길림성에 연변을 제외한 산거지구에 300여 개, 요녕성에 260여 개, 내몽고자치구에 30여 개의 조선족 촌 대부분이 조선족만으로 구성되어 있다.

〈표 5-5〉 조선족이 다수 거주하는 성·시와 인구현황

성 별 (省 別)	도시명		인구(명)	성 별 (省 別)	도시명	인구(명)
길림성	연 변	연길시	200,000	요녕성	**심양시**	83,000
		용정시	190,000		안산시	10,000
		화룡시	152,000		무순시	49,000
		도문시	82,000		본계시	14,000
		훈춘시	80,000		단동시	15,000
		돈화시	22,000		반금시	12,000
		안도현	52,000		철령시	23,000
		왕청현	85,000		대련시	10,000
	장춘시		48,000	**산동성**	**청도시**	28,000
	길림시		166,000	**북경**	**북경시**	20,000
	통화시		99,000	기타지역	기타지역일체	137,500
	백산시		25,000	총 계		1,923,000
흑룡강성	**하얼빈시**		49,000			
	치치할시		19,000			
	목단강시		134,000			
	가목사시		47,000			
	계서시		34,900			
	학강시		11,000			
	밀산시		25,600			

출처: 「중국 2000년 인구조사자료」, 2002

　〈표 5-5〉은 조선족이 다수 거주하는 동북3성을 비롯한 산동성, 북경 지역의 인구 현황이다. 연변에 80만 명 규모로 거주하며 전주의 39%를 차지하고 있다. 연변을 제외한 길림성에 40만 명 규모가 거주하고 있으며, 다음으로 흑룡강성에 30만 명 규모가 거주하고 있다. 최근에는 산 동성 청도와 북경, 천진, 대련지역에 이주규모가 증가하고 있다.

3) 일본의 한인

(1) 재일 한인 사회의 형성과 발전

재일 한인사회는 한인들의 자발적인 이주로 형성된 것보다는 일제 식민지배의 산물로서 강압에 의해 형성되었다. 재일한인들의 이주시기를 일본 정부에 의해 강제합병이 이루어진 1910년과 조선인들에 대한 대대적인 강제 동원이 시작된 1939년, 해방이 된 1945년, 그리고 한국 정부의 해외여행 자유화 조치가 이루어진 1989년 등을 기준으로 구분할 수 있다.

1876년 8월 24일에 체결된 '병자수호조규부록' 제5관의 내용에 따라 조선인들은 처음으로 외국인 자격으로 일본 거주의 법적인 근거를 얻었다[95]. 개항 이전에 일본에 거주하는 조선인들은 조선인이라는 신분을 숨기고 음성적으로 일본인으로서 생활해야 했으나, 개항으로 인해 비로소 일본 내에 거주하는 외국인으로 살아가는 것이 가능하게 되었다. 개항 이후 조선인들의 도일은 일본 정부의 도일정책과 정기항로의 개설이라는 두 가지 배경 속에서 이루어졌다. 1876년에 부산과 일본 나가사키 간에 개설된 정기항로를 비롯하여, 1880년에 원산과 나가사키, 1883년에 인천과 나가사키, 1890년 부산과 오사카(大阪), 1893년 인천~모지(門司)~오사카, 1902년 원산~모지~오사카의 정기항로가 개설되었고, 1905년에는 부산과 시모노세키(下關) 간의 정기항로인 '관부연락선(關釜連絡船)'이 취항하였다. 이러한 배경으로 인해 조선인들의 일본 진출이 활성화되었다.

1910년은 일본 정부의 한일합방 이후 식민지배의 시작과 함께 농민층의 몰락으로 조선인들이 도일하여 1938년까지 재일 한인사회를 형성하

---

95) 조선국 인민, 그 정부의 허가를 얻는다면 일본국에 오는 것도 방해받지 않는다. 정혜경, 『일제시대 재일조선인 민족운동 연구』, 국학자료원, 2001, p.43.

였다. 1909년에 790명에 불과하던 재일조선인들이 1911년에는 2,527명으로 급증하게 된다. 이는 재일조선인들의 취업의 증가가 커다란 영향을 미친 것으로 추정된다. 그 후 점진적인 증가를 보여 오던 재일조선인들의 수는 1917년부터 제1차 세계대전의 영향으로 호황기를 맞은 일본 회사들의 본격적인 조선인 노동자들의 모집으로 다시 대폭적인 증가를 보이는데, 이러한 증가추세는 국내의 경제사정과 일본의 경제상황, 그리고 일본 정부의 조선인 정책과 관련하여 1944년까지 계속되었다.

이 시기 이후 재일조선인들은 일본 전역에 거주하게 되었는데, 이들의 거주 상황은 일본의 산업구조나 노동조건과도 밀접한 관련을 가졌다. 일본 지역 가운데에서 홋카이도(北海島)와 큐슈(九州)가 탄광지대로 유명하다면, 상공업의 중심지는 오사카를 중심으로 한 간사이(關西) 지방이었다. 특히 1920년대 재일조선인들의 도일은 식민지 조선에 대한 일본 정부의 식민지 경제정책이 주요한 배경을 이룬다. 1920년대 식민지 조선은 심각한 정치적·경제적 예속 상태에 처하여 있었다. 일본 정부는 조선을 강제로 합병한 이후 식민지 경제체제를 확립하기 위해 식민지 농업의 개편에 착수하였다. 일본 정부의 식민지 농업정책은 결과적으로 지주제를 강화시킨 반면 자작농과 소작농을 궁핍화시켜 자작농을 소작농이나 이농민으로 만들어 나갔다.

1937년의 중일 전쟁과 1941년의 태평양 전쟁의 발발은 재일 조선인 사회에 커다란 전기를 가져왔는데, 1938년 4월 '국가총동원령'과 1939년 7월 '노동력 동원계획'을 공포하고 수십만 명의 조선인 노동자들을 강제로 동원하여 심한 육체적 노동과 재해가 빈발하는 탄광이나 광산 등에 배치하였다. 이 시기에 강제로 동원된 경우를 보면 국외로의 징용 약 200만 명(국내동원 600만 명), 징병 20만 명, 준병력(군속) 동원 약 36만 명, 여성동원(종군위안부) 약 20만 명에 이른다.[96] 한 연구자에 의하면 1939년부터 1945년까지 6년에 걸쳐 강제 연행된 한국인 노동자는 약 72만 명으로 추산한다. 또 다른 연구자에 의하면 약 150만 명의 인원에 대한 일본으로의 강제동원이 있었으며(국내동원 약 450만 명) 군인과 군속으로 약 37만 명이 동원되었다고 보고 있다.[97] 이러한 결과로 재일조선인들의 수가 한일합방 직후인 1911년에는 2,527명에 지나지 않았으나, 1945년 일본의 패전 시에는 236만 명(일본인 전체 7,200만 명의 3.28%에 해당)에 달하게 되었다.

당시 재일조선인들은 절대 다수가 한반도 남부 지역 출신들이었다. 한 통계에 따르면 재일조선인들의 수가 급속히 증가함에도 불구하고 경상남도와 제주도를 포함한 전라남도, 경상북도 등의 한반도 남부 지역 출신자들의 비율이 1923년 79.8%에서 1938년에는 81.2%로 확대되고 있었다. 거주 지역별로 볼 때 도쿄(東京) 인근 지역에는 서울과 경상남북도 출신들이 가장 많이 거주하고 있고, 오사카(大阪) 인근 지역에는 제주도를 포함한 전라남도 출신들이 많이 거주하고 있다. 그리고 후쿠오카(福岡) 인근 지역에는 경상남도와 전라남도 출신의 거주율이 높다. 이러한 구성 비율은 오늘날까지도 거의 변하지 않고 있다.

1945년 해방 이후 조국으로 귀국하려고 했으나 여러 가지 사정으로 귀국하지 못하고 일본에 잔류하게 된 재일한인들과, 또 귀국하였으나 조국의 여의치 않은 사정으로 다시 일본으로 재이주해 간 재일한인들이 1988년까지 재일 한인사회를 형성하였다.

1945년 해방 후 귀국을 희망하는 재일한인들이 마음대로 귀국을 할 수 있었던 것은 아니었다. 귀국선의 부족으로 그들을 수송하는 데 한계가 있었을 뿐만 아니라, 일본 정부는 부족한 물품의 유출을 방지한다는 이유에서 일본을 떠나는 재일한인들에게 휴대할 수 있는 물품을 1인당 250파운드로 제한하였고, 또한 귀국자가 소지할 수 있는 돈을 당시 담

---

96) 강덕상·정진성 외. 『근·현대 한일관계와 제일동포』. 서울대학교출판부. pp.129-55.
97) 전기호, 『일제시대 재일한국인 노동자계급의 상태와 전망』. 지식산업사. 2003, p.62.

배 20갑을 살 수 있는 1천 엔으로 엄격히 제한하였다. 따라서 막상 귀국 이후 생계 대책이 막연한 데다, 1945년 8월 21일 귀국선 '부도환(浮島丸)'의 폭파 사고로 귀환 도중에 4천여 명의 조선인들이 죽자 일본 거주 재일한인들은 본국으로의 귀국을 망설이게 되었다. 또한 설상가상으로 해방 이후 한반도에서 정국이 어수선해지며, 사회가 혼란해지고, 전염병이 번지자 귀국 행렬은 더욱 주춤거리게 되었다.

〈표 5-6〉 재일한인의 북송 현황

연 도	횟 수	인원수	세대수	연 도	횟 수	인원수	세대수
1959	3	2,942	781	1974	3	479	245
1960	48	49,036	12,460	1975	3	379	199
1961	34	22,801	6,696	1976	2	256	148
1962	16	3,497	1,402	1977	2	180	103
1963	12	2,567	1,157	1978	1	150	52
1964	8	1,822	815	1979	2	126	
1965	11	2,255	1,046	1980	1	40	
1966	12	1,860	855	1981	1	38	
1967	11	1,831	873	1982	1	26	
1971	7	1,318	485	1984	1	30	
1972	4	1,002	589				
1973	3	704	328	합 계	186	93,339	

출처: 민단자료, 2003.

1950년 한국 전쟁이 일어나기까지 귀국한 재일한인들은 약 100만 명 정도이며, 일본에 잔류하게 된 재일한인들의 수는 약 54만 명 정도로 추산된다. 한국 전쟁으로 인한 민족 간의 골육상쟁과 고향의 파괴 소식을 전해들은 재일한인들은 그대로 일본 현지에 정착하게 되었다.

한편, 1959년 12월부터 북한으로의 귀환이 시작되었다. 전후 일본 정부의 극심한 배타적 차별정책하에서 실업난과 경제난으로 어려움을 겪고 있던 재일한인들에게 1958년부터 한인 자녀들을 위한 교육비를 제공하던 북한 정부는 북한을 살기 좋은 곳으로 선전하면서 '북송 사업'을 시작하였다. 그 결과 초기에 많은 재일한인들이 북송 길에 올랐다. 그러나 북송된 재일한인들의 생활상이 알려지고, 또한 1975년 남한 정부에서 주선한 '총련계 동포성묘단'의 모국방문 사업의 성과 등으로 인해 북송 희망자들이 격감하면서 1984년 30명을 끝으로 북송은 중단되었다.

1959년 12월부터 1984년까지의 기간 동안 북송 사업에 의해 북한으로 귀환한 재일한인들의 수는 93,339명에 달하였다. 북송된 재일한인들 중에는 대부분 남한 출신으로 노동자나 농민 출신들보다는 상공인이나 기술자들이 월등히 많았다.

해방 전후에 도일한 재일한인은 '올드커머(Old Comer)'로 불리고, 1989년 한국 정부의 해외여행 자유화 조치 이후에 도일한 재일한인은 '뉴커머(New Comer)'로 불린다. 1980년대 말 한국 정부의 해외여행 자유화 조치로 '뉴커머'들의 도일이 급증하였다. 뉴커머들 중에는 재일한인 여성들이 많이 포함되어 있었다. 이들은 일본에서 주로 서비스 업종에 종사하면서 생활하다가 일본인 남성들과 혼인하는 경우가 많았다.

또한 교포 1, 2세에서 3, 4세로 세대교체가 급속히 진행되면서 일본인들과 혼인하는 국제결혼이 늘어남에 따라 자연스럽게 나타나게 되는 또 하나의 현상은 일본인으로의 귀화이다. 1952년에는 재일한인들 가운데 귀화한 사람은 232명에 불과하였다. 그러나 1960년대에는 귀화한 사람이 연평균 3,360명이었다. 그리고 1970년대에는 연평균 4,622명으로 증가하였고, 1980년대에 들어서는 연평균 5,370명으로 증가하였다. 1995년 이후부터는 귀화하는 사람들의 수가 1만 명에 육박하고 있다.

<표 5-7> 재일코리안의 일본국적 취득자(귀화자) 수 추이

연 도	인 수	연 도	인 수	연 도	인 수	연 도	인수
1952	232	1966	3,816	1980	5,987	1994	8,244
1953	1,326	1967	3,391	1981	6,829	1995	10,327
1954	2,435	1968	3,194	1982	6,521	1996	9,898
1955	2,434	1969	1,889	1983	5,532	1997	9,678
1956	2,290	1970	4,646	1984	4,608	1998	9,561
1957	2,737	1971	2,874	1985	5,040	1999	10,059
1958	2,246	1972	4,983	1986	5,110	2000	9,842
1959	2,737	1973	5,769	1987	4,882	2001	10,295
1960	3,763	1974	3,973	1988	4,595	2002	9,188
1961	2,710	1975	6,323	1989	4,759	2003	11,778
1962	3,222	1976	3,951	1990	5,216	2004	11,031
1963	3,558	1977	4,261	1991	5,665	2005	9,689
1964	4,632	1978	5,362	1992	7,244	합 계	296,168
1965	3,438	1979	4,701	1993	7,697		

출처: 일본 법무성 입국관리국(http//www.moj.go.jp)

1980년대 말부터 재일 한인사회는 뉴커머들과 일본에서 태어나서 자란 교포 2, 3세들이 주류를 형성하게 되면서 다양하게 변모하고 있다. 즉, 재일한인들 가운데 조국의 개념이 바뀌고 있으며, 개인의 정체성을 규정하는 데 있어서 국력이 차지하는 비중이 점차 감소하고 있다. 또한 국제결혼을 통해 태어난 자녀들이 증가하고 있고, 생활면에서 일본 문화에 동화되어 가는 정도가 심화되고 있다. 이러한 상황에서 '한인과 일본인' 또는 '국적과 민족'의 이분법적 구분은 의미를 잃어가고 있으며, 새로운 형태의 정체성을 찾고자 하는 노력이 다양하게 시도되고 있다.

(2) 재일 한인의 규모와 분포

재일한인들의 인구는 일제 식민통치 초기인 1911년에 2,527명이었지만, 매년 증가하여 1945년에는 2,363,262명으로 크게 급증하였다. 이는 조국의 해방 기간 동안에 일본 정부로부터 강제 연행과 징집 및 징용 등으로 한반도에서 일본으로 도항한 재일한인들의 수가 늘었기 때문이다. 1951년 이후부터 1991년까지 재일한인들의 수가 꾸준히 증가하였는데, 해방을 일본에서 맞이한 재일한인들이 대부분 본국으로 귀국하려고 했으나, 경제적 여건이나 한국 전쟁 등의 여러 가지 조국의 사정으로 귀국하지 못하고 잔류하게 되었고, 또한 1989년 한국 정부의 해외여행 자유화 조치 이후 '뉴커머(new comer)'들이 일본으로 많이 이주하였기 때문이다.

1992년부터는 재일한인들의 수가 계속해서 감소하고 있는 추세를 보이고 있다. 1993년 재일한인들의 수는 외국인 총수 가운데 51.66%를 차지하였으나, 매년 감소하여 2002년에는 33.77%로 낮아졌다. 재일한인들의 인구수는 공식적으로 2002년 현재 625,422명으로 밝혀지고 있다. 일본의 지리상 주요 거점지역인 간토(關東), 간사이(關西), 큐슈(九州) 3개 지역을 중심으로 거주하고 있다. 도쿄(東京)를 비롯한 간토 지역에는 200,976명(32.13%)의 재일한인들이 거주하고 있고, 오사카(大阪)를 비롯한 간사이 지역에는 270,847명(43.31%)의 재일한인들이 거주하고 있다. 그리고 후쿠오카(福岡)를 비롯한 큐슈 지역에는 29,877명(4.78%)의 재일한인들이 거주하고 있다. 이들 3개 지역의 재일한인들의 수를 합하면 501,700명으로 전체 재일한인 수의 80.22%를 차지하고 있다.

<표 5-8> 재일한인의 지역별 분포(2004년)

地協	지 방	재일동포	%	地協	지 방	재일동포	%
關 東	東京	101,620	16.73%	近 畿	大阪	146,678	24.15%
	神奈川	34,024	5.60%		兵庫	60,289	9.93%
	千葉	18,076	2.98%		京都	36,853	6.07%
	山梨	2,529	0.42%		奈良	5,367	0.88%
	토치기	3,212	0.53%		滋賀	6,716	1.11%
	茨城	5,877	0.97%		和歌山	3,430	0.55%
	埼玉	18,292	3.01%		소 계	259,333	42.69%
	群馬	3,064	0.50%	中 國	廣島	12,088	1.99%
	靜岡	6,872	1.13%		岡山	7,464	1.23%
	長野	4,741	0.78%		鳥取	1,494	0.25%
	新潟	2,394	0.39%		島根	1,025	0.17%
	소 계	200,701	33.04%		山口	9,392	1.54%
東 北	宮城	4,617	0.76%		소 계	31,463	5.18%
	北海道	5,647	0.93%	九 州	福岡	20,625	3.40%
	青森	1,278	0.21%		長崎	1,395	0.23%
	山形	2,081	0.34%		佐賀	1,016	0.17%
	岩手	1,144	0.19%		大分	2,755	0.45%
	秋田	827	0.14%		宮崎	733	0.12%
	福島	2,084	0.34%		熊本	1,177	0.19%
	소 계	17,678	2.91%		鹿兒島	556	0.09%
中 北	愛知	44,135	7.27%		沖繩	616	0.10%
	岐阜	6,606	1.09%		소 계	28,873	4.75%
	三重	6,744	1.11%	四 國	香川	1,131	0.19%
	石川	2,381	0.39%		愛媛	1,678	0.28%
	福井	3,948	0.65%		高知	806	0.13%
	富山	1,514	0.25%		德島	428	0.07%
	소 계	65,328	10.76%		소 계	4,043	0.67%

출처: 2004년 민단자료(www.mindan.org)

4) 구소련 지역 고려인

(1) 한인의 러시아 연해주 이주

러시아 극동지역으로 한인이 눈에 띄게 이주해 가기 시작한 것은 아무르연안지역과 연해주 지역의 러시아에의 귀속이 확정되면서부터이다. 한인들의 연해주로의 이주[98] 시작에 대해서는 1862년, 1863년, 1864년 등 여러 학설이 존재하는데, 이는 당시 제정러시아와 조선 간에 공식적 외교관계가 없었기 때문에 많은 수의 한인들이 부정기적으로 혹은 불법으로 국경을 넘나들어도 그 수를 파악할 수 없었기 때문인 것으로 보여진다. 1863년 주장의 경우 한인 농민 13가구가 1863년 겨울에 두만강을 건너 우수리강 유역인 노보고르드(Novogord)에 정착한 것이 이민의 시초라고 주장한다. 또한 1864년을 원년으로 주장하는 경우 동년 9월 21일 국경에 위치한 노브고로드의 소초장이 한인이주자가 출현한 것을 처음 발견하고 연해주 지사에게 보고한 날을 기준으로 한 것이다. 여러 논의에도 불구하고 러시아령으로 한인들이 이주하기 시작한 것은 1860년대 초반임에는 틀림이 없는 사실이다.

극동지역 한인들은 이주 경위에 따라 주로 1860년 초부터 가난과 일제의 탄압을 주로 피해 북한지역에서 연해주로 넘어갔다가 1922년 연해주지역의 소비에트화로 국경이 폐쇄되자 1937년 스탈린에 의해 중앙아시아로 강제이주된 부류가 대부분이며, 1939년-1945년간 사할린에 강제 징용되었다가 억류된 남한 출신으로 구분된다.

1800년대 후반기에 조선 내의 경제상황은 농민에 대한 봉건적 수탈이

---

98) 초기 이주동기는 조선에서의 경제적으로 가난한 생활, 지주들의 박해 및 러-일전쟁 승리 후 일본의 박해를 피하기 위해 이주한 것으로 보고 있다(동아일보, 1993.2.2). 20세기에 이주동기는 일자리 및 새로운 땅을 찾아 국경을 넘는 사람들 외에도 당시 항일지사 및 범법자들이 일제 관헌의 눈을 피해 연해주로 도피하여 정착하여 스탈린에 의해 강제이주가 있기 전인 1936년에는 25만 명 이상으로 증가하였다.

더욱 가중되고 게다가 홍수가 겹쳐 더욱 어려워진 상황이었다. 1863년 이후 한인들의 이주자는 해마다 증가하여 1864년에 60호가 이주하고, 1868년에는 165호가 그리고 1869년에는 776호가 이주하였다. 1869년 갑자기 이주자가 증가한 것은 당시 한반도에 큰 흉년이 들었고, 특히 농토가 적은 동북부에 심한 타격이 있어 많은 굶주린 사람들이 월경하였다. 이 시기에는 경제적인 원인에 의한 이주동기가 대부분을 차지하였다.

제정러시아는 시베리아와 극동의 광대한 새 영토에 러시아 식민을 위해 1850년대 말부터 러시아인의 동방이주정책을 추진해 왔으나 그 성과가 부진하였다. 이러한 시기에 한인농부의 근면성을 알게 되고 한인들이 개간농업을 일으켜 곡식과 채소를 공급하게 되고, 값싼 노동력을 공급할 수 있다는 점에서 이주를 환영하였다. 당시 시베리아 및 극동지역의 석탄산업 노동자 중 74%, 채금산업 노동자 중 37%가 한인이었다.

이들은 1884년 『朝露수호통상조약』에 이은 『한인이주조약』에 의해 3종의 그룹으로 분류되어 처우를 받았다. 1종은 1884년 6월 25일 이전의 이주한인으로 러시아 국적을 부여받고 러시아 국민과 동일한 권리와 토지를 부여받았고, 그 이후 이주자는 제2종이라 하여 여권을 소지할 의무를 부과받았고, 단순히 노동을 목적으로 입국한 한인은 제3종이라 하여 매년 5루불의 여권세를 납부케 하였다.

그러나 러시아의 호의적인 눈길과 더불어 한인들의 거주지역이 주로 국경지대에 밀집해 있어 이 지역 상당부분이 한인문화권으로 흡수될 가능성에 대해서도 우려를 갖고 있었다. 이러한 이유로 국경으로부터 멀리 떨어진 사마라강유역이나 아므르강 유역에 토지와 면세혜택을 주면서 이주시켰다.

일본이 1905년 러일전쟁에서 승리를 하고 조선에 대한 우월적 독점권을 행사하여 강압적으로 을사조약을 맺어 국가의 외교권을 박탈해가게 되자 많은 애국지사들이 서북간도나 연해주로 건너가 의병을 결성하게 되고, 여기에 한일합방과 그에 따른 토지조사 사업이 농민들을 대거 이주시키는 결과를 초래하였다. 또한 1919년 3·1운동에 대한 일본경찰의 가혹한 탄압은 한인 대량유출의 한 요인으로 작용하게 되었다. 이와 같이 20세기 이후에는 정치적 동기에 의한 망명 성격이 더욱 강했다.

1930년대 초 러시아 국경이 폐쇄되기까지의 이주는 대부분 일제의 혹독한 식민지 정책을 피해 민족적 혁명적 의식을 가진 지식인들이나 활동가들이 독립운동을 위해 극동으로 이주하였다.

한인의 극동으로의 이주는 대한제국시기의 정치경제적 위기와 사회적 혼란, 1905년 을사조약, 1910년 한일합방, 1920년대의 식민지 문화통치 등의 정치경제적 요인에 의해 수많은 한인들이 간도나 연해주로 이주해 간 것이다.

(2) 구소련 극동 한인의 강제이주

극동지역에 이주한 한인의 일부는 1920년대 중반부터 산발적으로 중앙아시아로 이주하기 시작했는데, 이러한 운동은 그 후에도 계속되었다.[99] 이와 같은 한인들의 이주는 1924년 타슈켄트에 최초의 콜호즈가 성립되었고 또 1928년 이래 크질-오르다주에도 미곡 경작 단체가 있었다고 한다. 그러나 오늘날 중앙아시아의 한인들의 대부분은 1937년에 있었던 강제이주의 결과였다.

극동지역 한인들은 민족적 비극이 초래된 1937년까지 160개 이상의 농촌 및 지역 소비에트를 형성하고 있었으며, 한인의 90% 이상이 거주했던 포씨예쯔크에서는 한국어로 행정업무가 처리되었으며, 한인행정지구로 불리었다. 블라디보스톡에서는 한인극장, 한인사범학교, 직업기술교육학교가, 포씨예트에는 한인직업기술교육학교가 있었다. 국경지역에는 380

---

99) 이러한 입장은 벼농사와 관련하여 소련의 정책적 차원에서 자발적으로 이주한 경우이다. 이들은 강제이주와는 다른 자발적 이주였다는 점에서 차이가 있다.

개의 한인보통학교와 한인 꼴호즈와 공장노동자를 위한 대학예비학교가 운영되고 있었으며 한국어판 신문 7가지와 잡지 8가지가 발행되고 있었다. 당시는 극동지방에 거주하던 소연방 한인들의 정치, 경제 그리고 문화가 가장 부흥했던 시기였다. 그러나 갑작스럽게도 1937년 9월 정부 최고 기관인 전소연방인민회의와 전소연방볼세비키 중앙당/b/의 결정에 의해 중앙아시아 지역으로 강제이주 당했다. 스탈린에 의한 중앙아시아로의 강제이주는 1937년 9월에 시작하여 12월 중순에 완료되었다.[100]

이때 소련에서 60개의 민족이 강제이주 당했다. 강제이주를 포함한 탄압정책으로 인하여 여러 민족들의 무수한 사람들의 삶과 운명이 강압되었다. 여러 민족들이 오랫동안 축적한 물질적, 정신적 자산들은 과거 세력들과의 타협 없는 투쟁이라는 기치 아래 소멸되고 허물어져 갔다.

최초의 희생대상자들 중에는 소비에트 연방 서쪽 지역의 폴란드인, 극동의 한인, 아제르바이잔의 이란인 쿠르드인, 터키인, 그 다음에 독일인과 여타민족들이 있다. 그중 소연방 한인들과 그들의 운명에 대한 문제가 특히 관심을 끈다. 한인들이 예로부터 극동에서 거주한 민족이 아니었음에도 불구하고 그들 중 많은 사람들은 극동지역에서 황무지를 개척하고 정착하게 되어, 이 지역이 그들의 고향이 되었다. 이들은 전제정치를 체험했고, 세금도 납부했으며, 한인이라는 이유만으로 제정러시아 당국의 억압을 직접 체험하기도 했다. 이후에도 소비에트 사회의 개혁과정에 적극적으로 참여하였으며, 사회주의 국가 부흥이라는 과제에 지대한 공헌을 하였을 뿐만 아니라, 강제이주를 포함하여 수행된 민족정책의 부정적인 면도 직접 경험했다.

1930년대 중반 '계급의 적'으로 분류된 첫 번째 한인 그룹들은 강제적

---

100) 거의 18만에 가까운 교포들이 아주 짧은 기간에 강제이주 되었음에도 불구하고 이주지역인 중앙아시아지역에서는 물론 외국에도 거의 보도되지 않았다. 최근에 한-소수교로 공식문서가 공개되면서 이주과정을 자세히 알 수 있게 해주고 있다.

으로 연방 내의 다른 구역들로 이주되었다. 그들 중 많은 사람들은 러시아연방의 전 영역에 흩어져 있는 탄광과 벌목작업장에도 배치되었다. 이러한 이주의 배경에는 사회주의 사회건설이 진척됨에 따라 계급투쟁이 첨예화된다는 스탈린의 이론에 근거한다. 1935년의 탄압은 일종의 시험기였고, 한인 이주민들을 모조리 강제이주시켰던 1937년에 대한 서곡이었다. 1937년 9월부터 12월까지 극동 러시아 흑룡강 지방에 살고 있던 약 18만 명이 재소 한인들은 강제로 중앙아시아 불모지 10여 개 지역에 분산배치 되었다.

이러한 경제적 요인과 더불어 한인에 대한 불신이 강했던 소비에트정권의 상층부에서는 국가의 이익을 위하여 인민의 이해가 희생될 수도 있다는 정치적 제 요인에 의해 한인에 대한 강제이주정책을 실시하였고 그 결과 171,781명의 한인이 이주되었다.

이러한 강제이주로 인하여 민족문화의 독창성 및 민족적 자의식을 상실하기 시작했으며, 조국으로부터 먼 거리에 떨어져 전통적 민족문화의 교류와 공급의 기회를 잃고 타민족 속에서 소수의 민족으로 살아가는 가운데 1954년까지는 이주된 지역에서 벗어날 수조차 없었다. 당시 스탈린 정권은 강제이주를 '위대한 국가적 대사업'으로 찬양하면서 비밀리에 이를 추진하면서 "우리에게 민족문제는 없다"는 미명하에 이 문제를 논의조차 못하도록 강요하였다.

이러한 가운데서도 상당수의 한인들은 중앙아시아 농촌지역에 정착해 집단을 이루어 살아오면서, 민족문화의 많은 요소를 간직한 채 '고려사람'임을 자랑스럽게 여기며 러시아 사회에서 민족적 정체성을 유지해 왔다. 특히 한인 고유의 근면성으로 초기 강제이주의 어려움을 극복하고, 현지인들과 상호보완적인 상호협조체제를 유지하면서 경제적으로 중류 이상의 안정된 생활을 영위하고 있으며, 교육열도 높아 각 공화국의 정계, 관계, 문화계, 경제계에 진출하였으며, 최근에 와서는 거주제한이 풀리면서 젊은 세대의 도시진출이 두드러지고 있다.

<표 5-9> 강제이주 발생의 원인별 분류

	원　인	사　례
Ⅰ	점령지에 대한 통제력 강화	19C 초 러시아 제국이 다시 점령한 베싸라비아(츠루트-드네스트르강 연안)에서 무슬만계 주민을 추방하고 슬라브계주민을 정주시킴 1999년 코소보지역을 둘러싼 세르비아계와 NATO간의 타민족 추방
Ⅱ	전쟁 혹은 전쟁으로부터 위협	1930-40년대 자행된 소련 제 민족에 대한 강제이주(폴란드, 꾸르드, 한인, 독일인, 메스헤찐, 헴신, 체첸 잉구쉬, 깔믜끼, 카라카치, 발까르, 크림타타르)
Ⅲ	종족집단강의 긴장, 갈등해소	1928년 극동 연해주에서 무토지 주민 한인 1만 명을 48.5도 북방으로 강제이주시킴
Ⅳ	종교적 믿음의 차이로서 갈등	유대인과 팔레스타인, 이슬람계와 기독교계 간의 갈등과 전쟁

자료: 심헌용, "강제이주의 발생 메카니즘과 민족관계의 특성 연구", 「국제정치논총」 제 39 집 3호, (서울: 한국국제정치학회), p.203

　　다민족 사회의 민족관계에서 발생되는 사회적 모순은 지배권력이 모순된 대립관계를 해결키 위한 목적으로 특정 주민집단이나 민족공동체의 강압적인 이주조치에 의존할 경우, 종족말살이라는 극단적인 상황으로까지 발전할 수도 있다. 이때 발생하는 강제이주[101] 조치는 민족관계 분

---

101) 강제이주란 용어는 '추방' 내지 '유형'을 의미하는 말로 "개인이나 집단 혹은 어느 하나의 민족 전체를 직, 간접적인 탄압에 따라 어느 한 장소에서 다른 곳으로 강압적으로 이주시키는 것"을 말한다. 이러한 조치들은 어느 한 사회 지배 집단의 권력이 그 사회에 동화(assimilation) 내지 통합(integration)되지 못한 피지배 집단에 대해서 취하는 억압조치이다. 강제이주라는 억압조치는 그 조치가 취해진 국가의 주민구성이나 정책결정의 성격 등에 따라 매우 다양하게 나타날 수 있다. 그러나 공통적인 것은 빠른 시일 내에 높은 정책적 결과를 얻고자 한다는 점에서 그 동기가 일치한다(심헌용, 같은 논문, p.199).

야에서 첨예화된 종족중심적 정치(ethnocentral politics)요인에 의해 발생된 불안정한 정세를 안정시키려는 정책적 수단의 역할을 하는 특성을 지닌다. 이러한 강제이주 조치는 국가권력이 억압적인 방식으로 문제점을 해결하려는 동기나 수단, 그리고 이를 수행하는 국가 관리 방식 등은 항상 정치적이며, 진행과정은 억압적이고 폭력적인 속성을 지닌다.

소련의 경우, 1930-40년대만 살펴보더라도 60여 민족 혹은 주민집단이 강제이주 조치를 당했으며 그중 15개 민족은 민족 전체가 그 같은 고통을 당했다. 그리하여 강압적인 이주조치를 당한 인원은 약 300만을 헤아린다. 이 숫자만 보더라도 억압정치의 대상이었던 민족집단들이 직접 경험했던 사회정치적 소외 현상은 그 규모가 매우 심했으리라 예측할 수 있다.

소련 내에서 자행된 강제이주 정책은 여러 민족의 '내용적' 특질을 없애고 하나의 소비에트 국민으로 내용적 통합을 기하려 했다는 의미를 부여할 수도 있다. 강제이주의 대상이 민족적 차이를 징표로 하여 고통을 받은 민족 가운데 그 구성원 전체가 포함된 경우만도 15개 민족에 이른 것은 한 민족의 생존에 심각한 위협을 준 것이라는 점이다. 이러한 관점은 탄압을 받은 민족일 경우 피해 당사자 입장에서 더욱더 민족중심적 관념이 내재되어 표출되기도 한다.

그런데 정치적 동기에 따라 실시된 강제이주 조치는 추진과정에서 많은 부작용을 낳았고 엄청난 인명피해를 초래하였다. 소련의 지배집단은 사회체제의 안정 및 문제 해결을 위한 수단으로 자주 억압조치에 호소해왔다. 이때 국가관리체계의 비민주성이 지도부의 정책수단으로 여전히 활용되었다. 이러한 억압정책에 대해 피지배 집단이 저항할 수단은 거의 없는 상황에서 속수무책으로 인권탄압을 당했다.

1930년대 극동의 한인의 경우 특정한 민족의 말살을 위해 강제이주가 실시되었다기보다는 실행 지역의 국가안보와 정권유지가 원인이 되어 단행된 국제정치적인 요소가 강하였다. 일본과 소련 간에 치열한 각축전 속에 그 중간에 끼어있는 식민지 한인들은 이중적인 성격을 갖고 있었다.

정치적으로는 1930년대 중반 대대적으로 시행된 당내 대량숙청의 희생자 속에 한인 구빨치산 단원들이나 사회민족단체 회원들이 포함되었다. 강제이주 결정이 내려지기 전 중앙과 지방의 언론에서는 대대적으로 극동지역의 일본 간첩활동에 따른 위험성과 뜨로츠키주의자들의 해당, 반당 활동에 대한 경계를 계속 강조하였다.

러시아 한인들의 민족적 비극이 초래된 1937년까지 극동지역에서 160개 이상의 농촌 및 지역 소비에트를 형성하고 있었다. 이 중 한인의 90% 이상이 거주했던 포시에트에서는 한국어로 행정업무가 처리되는 등 한인민족지구라 불리는 행정지구가 지정되어 있었다. 블라디보스톡에서는 한인극장, 한인사범학교, 직업기술교육학교가, 포시에트에는 한인직업기술교육학교가 있었다. 국경지역에는 380개의 한인보통학교와 한인 꼴호즈와 공장노동자를 위한 대학예비학교가 운영되고 있었으며 한국어판 신문 7가지와 잡지 8가지가 발행되고 있었다. 당시는 극동지방에 거주하던 소연방 한인들의 정치, 경제 그리고 문화가 가장 부흥했던 시기였다. 그러나 갑작스럽게도 1937년 9월 정부 최고 기관인 전소연방인민회의와 전소연방볼세비키중앙당의 결정에 의해 중앙아시아 지역으로 강제이주 당했다. 중앙아시아로의 강제이주는 1937년 9월에 시작하여 12월 중순에 완료되었다.

이때 소련에서 60개의 민족이 강제이주 당했다. 강제이주를 포함한 탄압정책으로 인하여 여러 민족들의 무수한 사람들의 삶과 운명이 강압되었다. 여러 민족들이 오랫동안 축적한 물질적, 정신적 자산들은 과거 세력들과의 타협 없는 투쟁이라는 기치 아래 소멸되고 허물어져 갔다.

이와 같이 소련의 역사에서 1934-1941년 시기는 정치, 문화, 경제생활 분야에서 전체주의가 완전히 승리한 시기이다. 전 소련 영토 내에서

당, 국가, 군사간부, 문화, 예술, 작가들의 대표가 탄압받았다. 사회, 경제생활에서 진행된 공업화, 집단화는 이주자유의 권리를 전적으로 제한했고, 인간행동 전반에 걸친 통제를 강력히 진행했다. 집단화는 중농을 숙청하는 동시에 그들의 재산을 몰수했고, 사람이 살 수 있는 조건을 갖추지 못한 산악지역으로 강제적으로 이주시켰다. 극동에 있던 한인들도 다른 민족과 같이 스탈린의 집단화로 엄청난 타격을 받았다.

1930년대 중반 '계급의 적'으로 분류된 첫 번째 한인 그룹들은 강제적으로 연방 내의 다른 구역들로 이주되었다. 그들 중 많은 사람들이 러시아연방의 전 영역에 흩어져 있는 탄광과 벌목작업장에도 배치되었다. 이러한 이주의 배경에는 사회주의 사회건설이 진척됨에 따라 계급투쟁이 첨예화된다는 스탈린의 이론에 근거한다.

1935년의 탄압은 일종의 시험기였고, 한인 이주민들을 모조리 강제이주시켰던 1937년에 대한 서곡이었다. 1937년 9월부터 12월까지 극동 러시아 흑룡강 지방에 살고 있던 약 18만 명의 재소 한인들은 강제로 중앙아시아 불모지 10여 개 지역에 분산배치되었다. 그렇다면 소련이 한인들을 연해주로부터 중앙아시아 각지로 강제로 분산이주시킨 보다 구체적인 동기는 무엇일까. 이러한 강제이주의 배경은 다음과 같이 설명되어질 수 있다.

첫째, 극동 러시아령의 한인은 일본이 첩보원으로 활용될 소지가 있으므로 극동 지역의 안보를 위해서는 해로운 존재가 될 수 있다는 인식이 스탈린을 비롯한 소련 지도층의 사고를 지배하고 있었다. 특히 1931년 만주사변 이후 극동정세는 러·일간의 첩보전 양상이 매우 긴박하게 전개되고 있었다. 이는 일본이 스탈린 정권으로 하여금 한인을 크게 불신하도록 조장한 결과를 낳았다. 일본은 대한제국의 법통을 자신들이 승계한다면서 재소한인들을 황국신민 즉 일본인으로 보았다. 따라서 소련 정부가 한인들을 부당하게 대우한다고 주장하면서도 한편으로는 그들이 반일행동을 한다고 주장하여 이들에 대한 소련 정부의 비호를 중단할 것을 요구하는 등 소련 내정에 간섭하기도 하였다.

둘째, 연해주를 중심으로 한『고려공화국』자치지역 건설운동 선례도 있는 것처럼 만약 이 지역에 자치령이 생기거나 나아가 독립국으로 발전하게 된다면 소련이 태평양으로 진출하는 출구를 봉쇄당하게 되어 큰 불이익이 된다는 해석에서 비롯되었다.

셋째, 경제적 요인으로, 재소 한인들의 성공적인 연해주지역에 농장을 건설한 경험을 살려 중앙아시아 황무지 개발에 노동력으로 활용하려는 정책적 고려가 있었을 것으로 보인다. 실제로 중앙아시아로 강제이주된 한인들은 초원과 습윤지에서 쌀농사를, 사막과 황무지에서는 밭농사를 성공시켜 집단농장개척과 농업기술개발에 절대적인 기여를 하였다.

위에 언급한 세 번째의 경제적 요인은 직접적인 원인이라기보다는 오히려 강제이주에 따른 부수적 효과로 볼 수 있으나 호조건으로 작용한 것은 사실이다. 보다 중심적인 원인은 한인에 대한 불신이 강했던 소비에트정권의 상층부가 국가 이익을 위하여 인민의 이해를 희생 내지 제한할 수도 있다는 정치적 판단에 따라 강제이주 조치를 취했다고 볼 수 있다.

(3) 강제이주의 결과: 민족정체성
상실과 분산거주 그리고 소비에트화

구소련지역에 거주하는 한인의 경우 1937년 연해주로부터 중앙아시아로 강제이주라는 인권탄압을 받았다. 일본 간첩이라는 허위 누명을 쓰고 약 18만 명의 러시아 극동 연해주 지역 한인은 19세기 중순부터 살아온 삶의 터전에서 강제이주당했다. 1937년 강제이주 이전에도 한인에 대한 탄압이 시작되었는데 정치·사회·경제·군사 분야에서 저명한 한인 지도자 1,000여 명이 총살을 당하거나 감옥에서 죽거나 노동수용소에서 강제노역을 해야 했다. 많은 한인들이 개인 및 시민으로서의 자유와 권리를 박탈당하고 정치적 희생양이 되었다. 이는 소련 스탈린의 프롤레타리아 국제주의 및 이상적 사회주의사회 건설론에 입각하여 일종의 '다민족 동질화정책'이라고 할 수 있는 '소비에트 국민' 창조정책을 지속적으로 추진하였기 때문이다. 그 결과 구소련 지역에 살고 있는 많은 소수민족들이 고유의 문화 및 언어를 상실하게 되었다.

러시아 한인들은 강제이주를 당하면서 그동안 극동지역에서 쌓아온 민족문화의 독창성 및 민족적 자의식을 상실하기 시작했다. 이들은 조국으로부터 먼 거리에 위치해 있으면서 이슬람이라는 이질적 문명 속에 둘러싸여 전통적 민족문화의 교류와 공급의 기회를 잃고 타민족 속에서 소수의 민족으로 살아가야 했다. 더욱이 1954년까지는 이주된 지역이 위수지역으로 설정되어 주거 이전의 자유에 따라 벗어날 수조차 없었다. 당시 스탈린 정권은 강제이주를 '위대한 국가적 대사업'으로 찬양하면서도 비밀리에 추진하면서 "우리에게 민족문제는 없다"는 미명하에 강제이주 문제를 논의조차 못하도록 제약하였다.

강제이주는 한민족의 운명을 자유의사에 반하여 분산시킨 집단적 인권탄압 행위이다. 자신의 주거지를 박탈당하고 1953년까지 주거지 선택의 자유와 거주 이전의 자유를 침해받았다. 강제이주 후 400여 개의 한인학교 폐교, 민족간부 양성하는 대학의 폐교, 도서관 및 문화단체 폐지, 신문 및 잡지 폐지 등 한민족의 언어, 문화, 전통이 강제적으로 탄압받았다. 이러한 강제이주라는 인권탄압은 구소련 내 한인들의 2, 3, 4세들이 한글을 거의 사용할 수 없고, 한국 전통문화 및 한민족에 대한 인식도 약화시키는 결과를 초래하였다.

그렇다면 이처럼 강제성과 불법성을 띤 강제이주라는 정책적 조치를 추진할 수밖에 없었던 억압행위가 지닌 특징은 무엇인가? 기본적으로 그것은 사회의 여러 긴장요인, 즉 종교적, 사회정치적, 경제적 긴장요인들을 안정시키려는 데 있어서 채택하게 된 정책적 조치의 동기나 방법 등이 갖는 비민주성과 폭력성이다. 국가권력은 국민과 국가권력의 상관관계가 매우 비민주적인 성격을 지닐 경우 민족, 종교, 혹은 기타 사회경제적 동기로 인해 발생할 수도 있는 범죄적 갈등들을 쉽게 해결하기 위한 방법으로 강압조치들을 채택하게 된다. 비민주적인 관리 메커니즘의 조건 속에서 권력이 더욱 더 강압적인 방식으로 강제이주를 당하는 민족, 주민집단의 이익을 침해하게 된다. 이 같은 정책이 국민과 정부 사이의 관계에 그다지 긍정적인 반응을 줄 수 없음에도 국민적 합의가 선행되지 않았다면 그 영향력은 더욱 부정적일 수밖에 없다. 이는 주민 간 그리고 민족집단 간 갈등을 해결하지 못하고 궁극적으로는 정책대상이 된 집단의 피해의식과 불만을 축적할 뿐이다. 따라서 이 같은 정치적 수단의 성격으로 취해진 강제이주 조치들은 오늘날 정의롭지 못한 정책으로 평가되고 있다. 그러한 정책을 취할 수밖에 없는 동기나 집행과정에서 보여준 지배정권의 비민주성이 지적되어 비판받고 있다.

(4) 구소련 고려인 규모와 분포

소련의 해체는 서구의 소련 전문가들의 예측과는 달리 상당히 조기에 진행됨으로써 소련해체의 의미를 종합적이면서, 동시에 분석적으로 제시하기가 어렵게 만들었다. 이는 서구학계의 마르크스주의 진영은 물론 자유주의 진영 모두 소련 사회 내에 내재해 있던 민족주의의 정치적 활력을 과소평가해 왔다는 데에 있다. 소련의 붕괴는 페레스트로이카의 출현에 그동안 누적되어 온 민족들 간의 갈등폭발이 연결되면서 가속화되었다. 민족들이 지닌 불만의 전국화가 바로 소련의 연방구조의 해체와 자연스럽게 연결되었다. 소련에서는 페레스트로이카 이전까지만 해도 민족분쟁이 공개적으로 표출된 사건이 거의 발생하지 않았기 때문에 민족문제가 해결된 것으로 인식되었다. 그러나 페레스트로이카 이후에 발생한

민족분쟁은 소련 사회주의체제 민족정책의 실패를 나타내주는 증거가 되었다.

그런데 중앙아시아 국가들의 독립은 발칸반도에서와 같은 민족주의 운동의 결과는 아니었다. 우즈베키스탄과 카자흐스탄 등의 경계는 결코 그 민족의 집단적 거주지와 일치하지 않는다. 국경선 자체가 소련체제하에서 다민족 구성을 강화하려는 목적에서 그어졌기 때문이다. 이러한 이유로 현재 다민족적 정치단위로 구성되어 있고, 이로 인해 특정한 민족주의를 전면에 내세우면 심각한 인종갈등을 피할 수 없는 상황이며, 이로 인한 정치적 불안정의 파급효과는 엄청날 것이라는 것은 명약관화한 것이다. 이 지역이 소련이 해체되기 전에는 민족문제나 언어는 이념에 가려 부각되지 못했었다. 소연방체제하에서는 국가사회주의 이념에 가려 민족이라는 변수는 큰 역할을 못했지만, 이제 민족이라는 가장 원초적인 이념을 바탕으로 신생국가를 건설하는 중앙아시아 5개 공화국의 소수민족들에게는 새로운 도전이 아닐 수 없다.

중앙아시아의 여러 공화국에서 전개된 독립 이후의 민족정책은 식민지였던 나라가 주권을 회복하는 과정으로서 민족정책이었다. 중앙아시아에서의 민족운동은 잃었던 민족의 언어와 종교를 되찾는 역사공동체의 회복운동이며 자기들만의 전유공간을 가지려는 자연공동체의 형성운동으로 고전적인 민족운동이라 하겠다.

중앙아시아 5개 민족이 이룩한 우즈베크, 카자흐, 타지크, 키르기스, 투르크멘 민족공화국들은 이슬람교를 신봉하는 공통점을 갖고 있다. 문제는 과거 러시아의 지배에 대하여 저항의식으로 기능을 했던 이슬람 민족주의가 이제는 국가의 지도이념이 되었다는 점일 것이다. 중앙아시아에는 두 가지의 이슬람세력이 있는데, 하나는 온건파이고 하나는 과격파이다. 중앙아시아 국가들은 대체로 온건한 노선을 취하고 있으나 과격파의 세력도 만만치 않다. 특히 우즈벡과 타지크에는 급진적 과격파가 우세하다. 이러한 민족주의 운동의 가시적인 것의 하나가 러시아인의 명칭을 사용한 거리, 광장, 도시이름, 콜호스의 이름까지 자기들의 민족영웅의 이름으로 바꾸고 있는 조치이다. 한인이 회장으로 있던 포리토젤 콜호스의 경우 우즈벡인으로 회장이 교체되는 일도 있다. 폴리토젤 콜호스의 회장 금 웨체슬라브가 해직되고 우즈벡인이 회장이 되고 주변의 7개 콜호스에서 한인 회장이 우즈벡인으로 대치되었다. 칼리닌 라이온에서는 그간 카자흐인 4명, 러시아인 3명, 한인 1명으로 구성되던 부장을 전원 카자흐인으로 대치하였다.

또한 이 지역에서 민족주의가 언어문제에 결부시킴으로서 권력적인 자원으로 전화할 가능성이 커지고 있다. 우즈벡공화국의 경우 1991년 '국어의 공용화에 관한 법률'을 통과시켰는데, 이 법안은 모든 공직자는 우즈벡어를 사용해야 한다는 것이다. 소련체제하에서 언어정책은 러시아인이 지배적인 힘을 행사하는 가장 확실한 문화정책의 하나였는데 지금은 우즈벡어가 그러한 기능을 수행하고 있어 언어를 매개로 갈등이 일어날 소지를 안고 있다.

카자흐스탄공화국의 경우 89년 9월 '카자흐공화국에서의 언어들에 대하여'라는 법령을 통해 카자흐어를 공화국 내 공식언어를 채택함에 따라 한인들에게는 단순한 언어의 차원을 넘어서 정치, 경제, 사회, 문화, 과학 모든 면에서 차별을 받게 되어 사회경제적 불평등을 야기하고 있다. 특히 한인들의 대부분이 공무원, 교사, 연구원, 집단농장장 등 사무직이나 관리직에 종사하고 있어 심각한 문제로 대두되고 있다.

중앙아시아 공화국들은 자민족 중심주의에 입각하여 자국 내의 타민족을 배척하고 있다. 물론 중앙아시아 공화국들은 표면상 다민족국가임을 표방하고 차별을 두지 않는다고 말하고 있지만 일상생활에서는 타 소수민족을 노골적으로 배척하고 있는 실정이다. 이 때문에 소련의 해체로 예상하지 않았던 민족문제가 구소련 전역에서 발생하고 있다. 가장 큰 원인은 다민족들이 자연스럽게 혼합된 것이 아니라 강제이주와 같은 강압적인 방식에 의해 혼합된 결과로 형성되었기 때문이었다. 이런 시각에서 바라볼 때 1991년 이후의 중앙아시아 국가 독립과 민족주의의 부흥은 이곳에 거주하는 40만 명 규모의 한인들의 미래에 커다란 영향을 미치지 않을 수 없다. 지난 거의 1세기 동안 러시아화되고 소비에트화된 한인이 새로이 독립된 토착민족의 영향력하에서 또다시 토착민족에 동화되어 한민족적 특수성을 상실할 것인지, 한국과 한국인들과 보다 긴밀한 교류를 통해 한국인으로서의 정체성을 새롭게 세워나갈 것인지, 아니면 자신의 민족문화를 재생하여 한국인과 해외 동포들과 구별되는 독자적 정체성을 지닌 특수집단으로 변모할 것인가 하는 기로에 놓여 있게 되었다. 또한 1991년 이후의 중앙아시아 국가의 정치사회적 변화로 한인들이 종전의 중간계층 지위로부터 하위계층으로 신분하락을 경험할 것인지, 새로운 변화에 적응하여 토착민족과의 연대를 꾀해 종전의 지위를 유지할 것인지, 그것도 아니면 현지사회를 이탈하여 러시아, 연해주 등지로의 이주를 선택할 것인지가 딜레마에 빠져 있는 상황이다.

민족갈등이나 내전 중인 우즈베키스탄, 타지키스탄공화국은 집권 민족이 소수민족보다 훨씬 많고 비좁은 땅에 살면서 소수민족에 대한 배타적인 성향이 강하다. 구소련체제와 정치적 사회적 역학관계가 달라진 지금 중앙아시아에 거주하는 민족들 가운데 그 어느 민족들보다 더 철저하게 소수민족으로 전락해 있는 민족이 한인들이다. 한인들이나 중앙아시아인들이 '큰형님'으로 의식하는 대상이 러시아인들이었으나 지금은 상황이 반전되어 러시아인들뿐만 아니라 한인들조차도 중앙아시아 원주 민족을 의식해야 하는 입지로 반전되었다. 이러한 상황이 한인들이 가장 많이 거주하는 우즈베키스탄의 경우 더욱 심각하게 나타나고 있다는 것이다. 구소련체제는 다민족 국가로서 적어도 표면적으로는 다민족 평등 공존의 논리가 강조되는 사회주의체제였다. 그러나 독립국가인 우즈베키스탄은 적어도 인구구성 면에서 지배적 다수민족과 나머지 소수 민족으로 구별되는 환경에 돌입해 있다. 이러한 상황에서 소수민족 중의 소수민족인 한인들의 지위는 불안한 것이 사실이라 할 수 있다.

특히 중앙아시아의 한인들은 구소련의 민족계층체계에서 상층을 차지하였던 러시아인들과 하층을 이루었던 현지인들 사이에서 중간 소수민족(middleman minority)의 역할을 수행하였지만, 정치적 위기 시에는 피압박 하층계급의 분노와 좌절을 대신 뒤집어쓰는 상층계급의 완충물(buffer) 또는 희생양(scapegoat)이 되기 쉽다. 1991년 독립 이후 중앙아시아 국가들이 민족주의적 성향을 띠어 한인들에 대한 차별 역시 점차 노골화되어가고 있으며 앞으로 중앙아시아에서 도시화가 더욱 진행될수록 도시에서의 직업을 놓고 한인과 현지인과의 경쟁과 갈등은 더욱 심화될 것으로 예측된다. 이러한 암울한 장래를 피하기 위해서 최근 몇 년 동안 연해주로 약 4만 명의 한인들이 이주한 것으로 알려지고 있으며 이러한 추세는 계속 증가할 것으로 예측하고 있다.

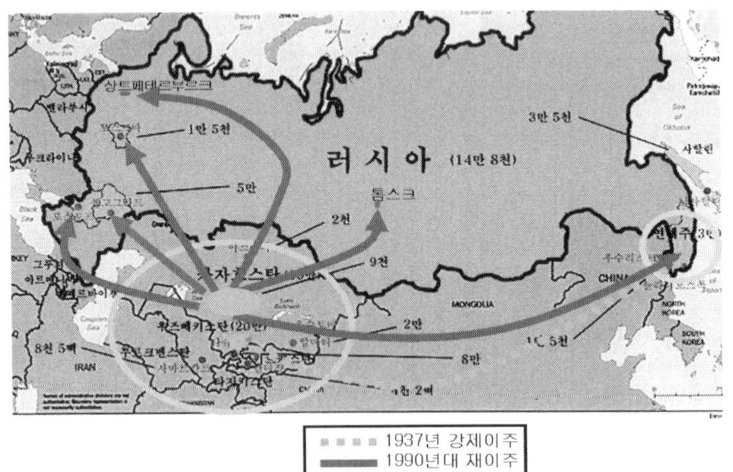

〈그림5-1〉구소련지역 고려인 분포와 재이주 현황

소연방의 인구센서스 조사에 의하면 1959년 러시아지역에 거주하는 고려인은 91,400명이고 1989년은 107,100명으로 30년간 15,700명이 증가한 것에 그친다. 그러나 2002년 10월 러시아연방이 소련붕괴 후 최초로 행한 인구센서스에 의하면 러시아연방지역에 거주하는 고려인은 148,000으로 집계되었는데, 이는 지난 10년간 러시아지역 고려인이 40,100명이 증가했다는 것으로 소연방해체 후 구 소련지역에서 러시아연방으로의 고려인의 이주가 활발하다는 것을 반증하는 것이다.

이들은 대부분이 카자흐스탄이나 우즈베키스탄을 비롯한 중앙아시아에서 이주한 사람들로 주로 연해주, 러시아 남부의 볼고그라드주, 로스토프주 등 북카프카스 지역 및 모스크바 등으로 이주하고 있다. 〈5-10〉과 같이 러시아 남부 볼고그라드주로 이주하는 고려인 규모가 증가하고 있는데 주로 우즈베키스탄에서 이주하는 고려인들이다.

중앙아시아 카자흐스탄에 거주하는 고려인은 1999년 현재 99,662명으로 1989년의 103,100명에 비해 3,438명이 감소했고, 우즈베키스탄의 경우 1999년 현재 209,500명으로 1989년의 183,100명에 비해 26,400명이 증가했다. 카자흐스탄 고려인들의 지역별 거주분포를 살펴보면 고려인들은 주로 알마타시, 알마찐스까야, 까라간진스까야 및 잠브일스까야에 대부분이 거주하고 있는 것으로 나타났다. 우즈베키스탄의 경우는 러시아연방과 마찬가지로 고려인이 증가하였는데, 이는 1992-1993년의 타지키스탄의 내전으로 인해 1만여 명이 넘는 수가 우즈베키스탄으로 이주한 것에도 기인한다. 우즈베키스탄의 고려인은 전체인구의 약 70%가 타슈켄트시와 타슈켄트주에 집중해 있다. 타지키스탄에는 러시아군대가 주둔하고 있어 상대적으로 안전한 두샨베市를 위주로 수천 명 정도가 남아있고, 투르크메니스탄에는 약 3,000명에 못 미치는 수가 거주하고 있다. 러시아를 제외한 다른 지역의 경우 1999년의 통계이기에 현재는 그 수가 카자흐스탄과 중앙아시아 지역에서는 이미 어느 정도 줄어들었을 것으로 예상된다.

〈표 5-10〉 러시아 남부 볼고그라드 지역 고려인 규모

도시 및 라이온 명		주요지역	가 구	거주인구
볼고그라드시		쩨르젠스키라이온 카라스노아르메이스키라이온	약 1,600가구	8,000여 명
볼고그라드주	슬레니악투빈스키라이온(군)	쁘그롬니, 라신까, 볼좐까, 슬레니 악투바, 클라스노사드, 이부쉬까	약 600가구	3,000여 명
	브이꼬프스키라이온	노브니꼴스키, 쁘리몰스키, 뉴고바야쁘랄레이까, 브이꼬프스키, 빠비에다	약 600가구	3,000여 명
	니꼴라예브스키라이온	솔로두쉬노, 니꼴라에브스키, 랴시야, 오치꾸로프까, 이스크라	약 500여가구	3,000여 명
	고로디쉔스키라이온	에르죠프까, 빼스꼬바트까, 고르나야뽈야나, 노브야나제르다, 오베흐오로쉐에모예, 후취호스, 짜빠드노프까	약 500여가구	3,000여 명
	칼라쵸프스키라이온	칼라치나도누, 마라노프까, 브루도보이, 베라슬라프까, 까르뽈프까	약 400가구	2,000여 명
	레닌스키라이온	레닌스크, 짜쁠라브노예, 꼴로보프까, 쨔료프	약 400가구	2,000여 명
	스비에트로야로스키라이온	스비에트리야르, 라이고르, 말리에치뽀르니끼, 발쇼이치뾜르니끼, 두보브이오브락	약 600가구	3,000여 명
	기타 라이온	까뮈신라이온 빨라쇼프까라이온 두보브스키라이온 일로브린스키라이온 슈로비카스키라이온 프로롭스키라이온 노르곱스키라이온	약 1,000가구	5,000여 명

출처: 이봄철, "러시아 볼고그라드 고려인 현황과 특성", 한반도평화와 고려인 국제학술회의 2005년 12월 17일, 모스크바와 고르바초프재단)

3. 세계 한민족 디아스포라의 특성

이와 같이 140년 역사를 갖는 세계 한민족 디아스포라 규모 및 분포를 몇 가지 특징으로 제시하면 다음과 같다. 첫째, 세계 한민족 디아스포라는 조국의 정치경제적인 요인과 밀접한 관계 속에서 자발적인 이주보다는 타의에 의해 이루어졌음을 알 수 있다. 이는 한민족이 약소민족으로서 국권상실, 전쟁, 강제이주 등 정치적 불행과 자연재해로 인한 식량문제, 경제위기 등 경제적인 요인이 복합적으로 작용하면서 오늘날 한민족 디아스포라 공동체가 형성되었다는 것을 말해준다.

둘째, 지역적으로 한반도를 둘러싼 강대국에 90% 이상이 거주하고 있다는 점이다. 미국과 중국에 각각 200만 규모이며, 일본, 러시아 에 각각 50만 명 이상 분포되어 있다. 이들 남북한과 정치, 경제, 외교, 군사적으로 밀접한 관계가 있는 강대국가에 집중적으로 거주하고 있다는 것은 한민족의 세계화 전략에 많은 것을 시사해준다.

셋째, 세계에 거주하는 한민족은 대도시지역으로 집중적으로 분포되어 있는 특성이 있다. 미국의 경우 뉴욕과 로스앤젤레스 등 대표적인 대도시에 거주하고 있으며, 중국의 경우도 최근에는 동북3성 농촌지역을 벗어나 대도시로의 인구유동이 급격히 증가하고 있다. 연변의 경우 연길시, 동북3성의 심양시, 장춘시, 하얼빈시, 대련시, 단동시 등이 대표적이다. 산해관이남은 북경, 천진, 청도, 위해, 연대, 상해 등의 지역에서 새로운 민족집단으로 등장하고 있다. 일본의 경우 전국적으로 분포되어 있지만 주로 동경과 오사카에 집중되어 거주하고 있다. 러시아와 중앙아시아의 경우 산재되어 거주하고 있지만 많은 수가 모스크바, 블라디보스톡, 알마티, 타슈켄트, 사마르칸트 등의 대도시에 거주하고 있다.

넷째, 세계에 거주하는 한민족은 크고 작은 집거지역을 형성하고 거주하고 있는 특성으로 보이고 있다. 이 집거지역에서는 경제활동을 할 수 있는 상권이 형성되어 있고, 교육과 문화, 종교활동까지 향유할 수 있는 시설이 설치되어 이다. 미국은 LA의 코리아타운이 대표적이며, 뉴욕, 워싱턴DC에도 코리아타운이 형성되어 있다. 일본의 경우도 동경시 내에 신주꾸나, 아따지, 와라가와 등에 코리아타운이 형성되어 있고, 오사카의 경우 이꾸노구 등에 코리아타운을 형성하여 거주하고 있다. 중국의 경우 민족구역자치법에 보장된 소수민족권리를 보장받아 연변조선족자치주를 비롯하여, 장백조선족자치현, 50여 개의 민족향(진)이 공식적인 행정조직으로 편성되어 있고, 이 자치지역의 당·정 책임자의 대부분을 조선족이 담당하고 있다.

다섯째, 원적지에서 다른 지역으로 재이주 현상이 일어나고 있다. 중국 조선족이나 구소련지역 그리고 미주한인사회도 이러한 현상이 발생하고 있다. 특히 주목할 것은 고려인과 조선족의 재이주현상이다. 주로 경제적인 이유로 재이주하고 있는데 이러한 조선족의 재이주를 동양의 유대인에 비유하기도 한다. 중국 조선족은 대도시뿐만 아니라 한국을 비롯하여 미국 뉴욕, 일본 동경, 러시아 모스크바와 연해주, 볼고그라드 등 세계로 이주하는 특성을 보이고 있다. 한국의 가리봉동과 미국 뉴욕 그리고 러시아 연해주 지역에는 조선족들이 형성한 새로운 집거지역이 나타나고 있다. 중앙아시아와 러시아에 거주하는 고려인들도 극동 연해주를 비롯하여, 남부러시아 볼고그라드, 로스토프 등 새로운 지역으로 재이주하고 있다.

여섯째, 각 지역 내 한민족 디아스포라 공동체 내에는 다양한 단체들이 활동하고 있다. 한인회, 경제단체, 종교단체, 연고단체 들이 활동하고 있다. 그러나 글로벌 수준에서 네트워킹이 이루어지지 못하고 있는 실정이다. 국가별로는 한인회, 경제단체, 문화단체 등이 네트워킹을 구축하여 활발한 활동을 하고 있지만 국가 간 교류협력을 활발하지 못하다.

제6장 세계 한민족네트워크 현황과 특성

제6장 세계 한민족네트워크
현황과 특성

1. '코리안 넷'과 '한상 넷'

현재 세계한민족네트워크의 실체는 매우 희미한 '상상의 공동체' 수준에 있는 것이 현실이다. 거주국가 내 한민족 간에 연결망의 밀도가 약하고, 지역 간 연결망도 느슨한 실정이다. 통일부와 외교통상부 재외동포재단 등에서 추진하는 있는 한민족공동체 내지 한민족네트워크 사업은 아직 정확한 개념 설정과 주체, 추진방향 등에 대한 구체적인 방법 모색이 미흡한 실정이다. 그리고 지역별 국가별로 존재하는 네트워크 역시 통합적 네트워크를 구축하지 못하고 분열되어 있는 것이 현실이다. 그럼에도 불구하고 국가별로 가장 활발하게 네트워킹하고 있는 분야가 한상네트워크와 과학기술인네트워크이다.

'한상네트워크'란 모든 재외동포 경제인과 경제단체를 통합하여 네트워크하고, 한민족 상권을 형성하며, 모국과 재외동포 경제인을 연계하여 세계적인 한민족 경제공영권을 실현시키는 것이다. 이는 온라인(On-line)과 오프라인(Off-line) 상에서 동시에 국경을 초월하여 연계를 맺고 무역과 금융거래를 하는 한민족 간의 경제네트워크를 의미한다. 여기서 '한상(韓商)'이란 세계 각지에서 제조업, 상업 및 무역, IT 및 벤처, 금융, 과학기술, 법조 및 언론 등의 분야에서 활약하고 있는 한민족 경제인을 총칭하는 말이다.102) 한상네트워크는 이러한 한상들을 경제적인 네트워크로 연결시키는 것을 의미한다.

첫째, 온라인상의 한민족네트워크는 외교통상부 재외동포재단이 주관하는 '코리안 넷'이 대표적이다. 코리안 넷은 전세계 150여 개국 700만 동포들, 그리고 모국이 서로 만나는 관문으로서 재외동포재단이 운영하는 인터넷 사이트이다. 재외동포재단은 재외동포들이 민족적 유대감을 유지하면서 각자의 거주국에서 모범적인 시민으로 살아갈 수 있도록 재외동포사회를 위한 각종 교류활동, 교육지원, 문화활동, 경제교류 및 홍보를 지원하는 기관으로서 1997년 10월 외교통상부 산하기관으로 발족한 재외동포 전담기관이다.

코리안 넷은 700만 한민족을 대표하는 통합네트워크로서 '뉴스', '한상', '디렉터리', '생활', '문화예술', '어학당', '정보지식'으로 구성되어 있다. 뉴스는 국내외 뉴스, 자랑스런 한민족, KNN 방송, 칼럼, 뉴스레터, 해외 특집 컨텐츠 등으로 구성되어 있다. '자랑스런 한민족'의 경우 최근에 국제사회에서 활동하고 있는 300여 명을 소개하고 있다. 특히 국외 뉴스는 동포들이 거주하는 지역별로 정보를 제공하고 있다. 한상은 '국내외 경제뉴스' '한상디렉터리', '한상비즈니스'로 구성되어 있으나 풍부한 정보를 제공해주지는 못하고 있다. 디렉터리에는 지역별 주제별로 기업, 언론, 한인회사이트, 한인회리스트, 한글학교, 주제별 사이트로 구성되어 있다. 이러한 디렉터리의 문제점은 전화, 주소 등 기본적인 정보만

---

102) 한상헌장(2003년 10월 10일 세계 한상대회 창립대회).

담겨있거나, 업데이트가 안되어 있다는 점이다. 문화예술은 한민족의 역사, 민족혼, 민족문화, 문화체험, 문화예술마당, 문화예술 유산 등의 자료들이 있다. 어학당은 친구사귀기, 역사탐험, 코믹랜드, 동화랜드, 우리놀이 등이 구축되어 있다. 정보지식은 10여 개 분야별 지식정보를 제공해주고 있으나 재외동포들의 활용도는 낮은 실정이다.

〈표 6-1〉은 최근 국회 통외통위, 언론 등에서 코리안 넷에 대한 비판이 거세게 일어나자 재외동포재단에서 지난 10년간 구축한 자료 현황을 제시한 것이다. 지난 10년간 100여 원의 예산을 투입하여 구축한 재외동포 관련 자료규모나 네트워크 수준이 빈약한 것이 현실이다. 이러한 원인은 재외동포재단 내 재외동포문제에 전문성을 가지고 지속적으로 자료를 수집발굴하여 db구축할 전문인력들이 부족한 것에서 기인한다고 본다. 행사위주의 사업을 하다 보니 전문연구인력을 통한 재외동포 정책대안 제시나 귀중한 자료들을 발굴하는 데 한계가 있는 것이다.

〈표 6-1〉 korean.net DB 구축현황

내 용	건 수	비 고
재외동포단체조직	3,441	
재외한글학교	2,292	
동포기업정보(한상)	5,548	3차 한상대회 및 동포기업
인물 자료	10,574	역대 재단사업 관련 인물
동포언론인	467	—
공관, 문화 등 디렉터리	1,500	2005 공관주소록 및 각종 디렉터리
동포 차세대 관련 자료	287	지도자, 과학자, 경제리더 등
이미지 자료	10,387	재단 사업결과물 및 관련 사진
동영상 자료	176	재단 사업결과물 및 관련 사진
총 계	34,672 건	

출처: 외교통상부, 『참여정부 재외동포정책』, 2006

둘째, 재외동포재단이 운영하고 있는 '한상 넷'이다. '한상네트워크'란 모든 재외동포 경제인과 경제단체를 통합하여 네트워크하고, 한민족 상권을 형성하며, 모국과 재외동포 경제인을 연계하여 세계적인 한민족 경제공영권을 실현시키는 것이다. 이는 온라인(On-line)과 오프라인(Off-line)상에서 동시에 국경을 초월하여 연계를 맺고 무역과 금융거래를 하는 한민족 간의 경제네트워크를 의미한다. 여기서 '한상(韓商)'이란 세계 각지에서 제조업, 상업 및 무역, IT 및 벤처, 금융, 과학기술, 법조 및 언론 등의 분야에서 활약하고 있는 한민족 경제인을 총칭하는 말이다.[103] 한상네트워크는 이러한 한상들을 경제적인 네트워크로 연결시키는 것을 의미한다.

재외동포재단은 1, 2, 3, 4차 세계 한상대회에 참가한 한상 디렉터리를 중심으로 온라인상에서 한상네트워크를 구축하기 위해 사업을 추진 중에 있다. 그런데 100억 원 규모의 국가예산을 사용하여 출범한 재외동포재단의 '한상넷'이나 '코리안넷'의 경우 많은 동포들이 접속할 정도로 많은 콘텐츠가 구축되어 있지 않은 실정이다.[104]

셋째, '세계한상대회'이다. 세계 한상들이 공식적으로 한자리에 모여 행사를 치르는 세계한상대회는 2002년 제1차 대회 때 재외동포인 경제 관련 행사로는 최대규모인 28개국에 968명이 참가하였다. 주요 행사는 지방자치단체가 참여하는 모천행사, 국제학술회의, 범세계 한인변호사네트워크 등 행사가 있었다. 코엑스 수출상담에서 1억불이상의 수출상담 실적이 있었다. 미국 나스닥 상장기업인 (주)리퀴드메탈 테크노리지스 (대표: 제임스 강)이 경기도 평택에 3,000만 달러를 투자하여 공장건설을 추진키로 하여 첫 한상기업이 탄생하였다.[105]

---

103) 한상헌장(2003년 10월 10일 세계 한상대회 창립대회)

104) 2004년 4월 실시된 코리안넷(Korean.net)사이트에 대한 기술진단보고(한국정보통신기술사협회)에 따르면, 코리안넷은 구조적인 결함으로 인해 정부 및 산하 기관에 적용·권고하는 홈페이지 구축·운영지침을 기준으로 100점 만점에 48.2점의 평가를 받았고, 재외동포재단의 정보화수준은 일반 중소기업수준(30점)에도 못 미치는 23점이라는 평가를 받았다; 통일외교통상위 한명숙의원 국정감사자료 (2004.10.19)

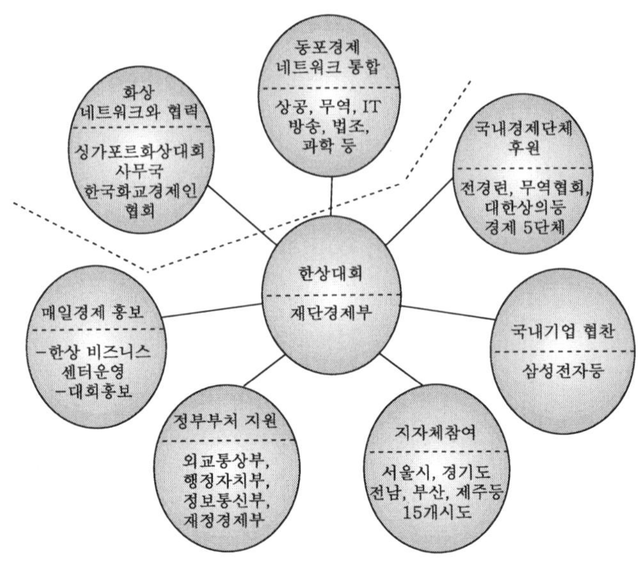

〈그림 6-1〉 세계한상대회 추진 체계도

〈표 6-2〉 세계한상대회 개최 개요

	제1차 세계한상대회	제2차 세계한상대회	제3차 세계한상대회	제4차 세계한상대회	제5차 세계한상대회
일 시	2002.10.8-10	2003.10.6-8	2004.10.26-28	2005.9.12-15	2006.10월
장 소	서울 롯데호텔	COEX	제주컨벤션센터	경기도 KINTEX	부산광역시 BEXCO
참가 국가	28개국가	40개국	37개국	36개국	50개국(예상)
참가 인원	968명	1,263명	1,606명	1,517명	2,000명(예상)
주 최	재외동포 경제딘체	재외동포 경제단체	재외동포 경제단체	재외동포 경제단체	재외동포 경제단체
주 관	재외동포재단 매일경제신문	재외동포재단 매일경제신문	재외동포재단 제주도 매일경제신문	재외동포재단 경기도 매일경제	재외동포재단 부산광역시 매일경제

---

105) 재외동포재단, 『제1차 세계한상대회 결과보고서』, 2003. pp.222-223.

2003년 10월에 개최된 제2차 한상대회는 국내외 세계 40개국 1,263명이 참여하였다. Leading CEO포럼, 차세대 경제리더 포럼, 5개 분야 분임토의, 1:1비즈니스 미팅, 지자체 투자환경 설명회, 모천행사 등으로 진행되었다. 1:1비즈니스 미팅의 경우 한상 상호 간에 그리고 한상과 국내기업가 간에 사업을 협의할 수 있는 기회를 제공하였다.

한상대회에 참여한 업체를 대상으로 한 조사에서 수출계약 금액은 총 20,282,500달러, 수입계약은 20,342,000달러로 집계되었다. 한상대회를 매개로 발생한 직간접 경제규모는 40,624,500달러로 추정되었다. 이는 2003년 평균수출단가(9,551달러)로 계산해 자동차 4253.4대를 교역한 것과 동일한 효과이다. 한상대회를 통해 재외동포가 한국에 투자한 규모는 22,220,000달러로 조사되었다. 한상대회를 계기로 성사되었거나 진행 중인 상담건수는 총 782건에 달하며, 이 중 수출 500,000달러, 수입 10,465,000달러를 계약 체결하였다.106)

2004년에는 제주에서 제3차 한상대회를 개최하였으며 51개국 1,550명이 참여하였다. 행사내용은 2차 대회와 큰 차이가 없었지만 많은 성과를 거두었다. 1:1비즈니스미팅을 통한 수출입 상담건 수가 작년의 2.6배인 450건, 상담금액이 작년의 2배인 2억 1,000만 달러를 기록하였다. 국내 참가기업 중 102개사 지방기업으로 특히 대회를 유치한 제주도는 31개 업체가 참여하여, 대략 6,500만 달러의 상담과 투자를 유치하였다. 상담금액은 1:1비즈니스미팅에서 4,000만 달러, 제주 수출유망 중소기업협회에서 6,500만 달러, 기업전시관에서 1억 500만 달러로 총 2억 1,000만 달러의 상담이 이뤄졌다.107) 특히 제주발전연구원의 분석자료에 따르면 행사 개최지인 제주지역에 경제파급 효과가 190억 원이 넘는 것으로 분석됐다.108)

---

106) 재외동포재단, 『한상네트워크를 통한 교역증진효과 조사』, 2004.5. p.16.
107) 재외동포재단 한상대회사무국 보도자료(문서번호 0712-07), 2004.10.28.
108) 참가자 지출경비 1115명에 43억 900만 원, 내국인 435명 12억 6900만 원 등

<표 6-3> 제4차 세계한상대회 재외동포 경제단체별 참가 현황

단 체 명	3차대회	4차대회	백분율(%)
광동조선족기업협회	–	10	2
길림성조선족기업가협회	–	4	0.7
동남아한상연합회	4	4	0.7
미주미용재료상업인총연합회	7	14	2.7
미주한미식품상총연합회	10	7	1.3
미주한인상공인총연합회	83	83	16
세계해외한인무역협회(OKTA)	177	105	20
연태조선족기업가연합회	–	7	1.3
유럽한인경제인단체총연합회	13	21	4
재독한인세계상공인총연합회	8	9	1.7
재외한인상공인 및 경제인총연합회	39	2	0.4
재일한국상공회의소	100	104	19.8
재중국한국인회	–	8	1.5
재호한인상공인연합회	16	24	4.6
중국기업문화촉진회 조선족기업협회	–	7	1.3
중국조선족상공회의소	12	7	1.3
중국한국상회	16	7	1.3
중남미한상연합회	18	9	1.7
천진한국상회	3	2	0.4
청도조선족기업협회	24	53	10
카자흐스탄 고려인협회	–	2	0.4
캐나다한인실업인협회	12	10	1.9
한_아 경제인연합회	2	9	1.7
LA한인의류협회	–	4	0.8
국제경제통상위원회(KAEDC)	28	11	2.1
Korea IT Network(KIN)	9	2	0.4
총 계	581(명)	525(명)	100.00(%)

* 해외 참가자 697〔동반자44＋현장등록18포함〕명 중 소속단체가 있는 525명을 제외한
172명이 소속단체가 없거나 참가자가 한 명뿐인 단체
* 백분율은 소속단체가 있는 525명에 대한 백분율 환산
* 출처: 재외동포재단, 제4차 세계한상대회 결과보고서, p.33.

55억 7800만 원으로, 이로 인한 지역경제 파급효과액은 138억 6500만 원으로
집계됐다. 또 주관기관들이 대회 개최와 관련하여 20억 원을 투자하여 53억 1100
만 원의 파급효과를 유발한 것으로 집계됐다; 매일경제, 2004.11.15

2005년 8월 재외동포재단이 제3차 세계한상대회에 대한 평가조사 결과에 자료에 의하면, 지난해 열렸던 제3차 세계한상대회를 계기로 1년간 재외동포기업 간에 이뤄진 투자규모가 총 5억 달러를 돌파한 것으로 나타났다. 재외동포기업 간에 이뤄진 투자내용을 보면 한국 내 기업에 대한 투자규모가 총 109건으로 금액으로는 4억 9969만 달러에 달했다. 이는 전 대회에 비해 55.5%가 증가한 것. 또 재외동포기업이 제3국의 동포기업에 투자한 실적은 총 38건에 1 571만 달러로 집계됐다. 재외동포기업들 간에 이뤄진 수출입 등 교역규모는 총 5817만 달러로 지난해에 대비해 30% 증가했다. 이외에도 비즈니스 상담 건수는 전년도의 782건보다 210건이 늘어난 992건으로 나타났다.[109]

〈표 6-4〉 제2차 대회 이후 교역증진 효과

구 분	금	액
총 수출계약금액 〔31건〕	$20,282,500	236억원
총수입계약금액 〔32건〕	$20,342,000	237억원
총 교역규모 〔63건〕	$40,624,500	473억원
재외동포의 국내투자 〔35건〕	$22,220,000	259억원
국내기업의 대외투자 〔4건〕	$1,500,000	17억원
총투자규모 〔39건〕	$23,720,000	276억원
총비즈니스규모 〔102건〕	$66,344,500	749억원

* 출처: 한국공공자치연구원 2004.05

세계한상대회가 5년의 일천한 역사를 갖고 있지만 많은 성과를 내고 있는 것이 사실이다. 중앙과 지역을 순차적으로 오가면서 개최되는 한상대회는 중소기업의 상품들을 세계에 소개해주는 해외마케팅을 해주고 있다. 제주도나 경기도같이 지자체별로 국가전략사업을 추진하고 있는 지

---

109) 매일경제, 2005년 8월 25일.

역은 한상대회를 통하여 한상자본 유치에 성과가 나타나고 있다. 최근에
는 국내 유능한 학생들의 취업에 관심을 갖고 있다. 세계한상네트워크를
활용하여 국내 학생들의 해외진출을 하는 데 기여를 하고 있다.

〈표 6-5〉 제3차 대회 이후 교역증진 효과

구 분	금 액	전년도 금액	증감분	건수	전년도 건수	증감분
총수출계약금	$11,650,400	$20,282,500	-$8,632,100	25	31	-6
총수입계약금	$46,523,600	$20,342,000	$26,181,600	30	32	-2
총 교역규모 〔63건〕	$58,174,000	$40,624,500	$17,549,500	55	63	-8
재외동포의 국내투자	$499,694,400	$22,220,000	$477,474,400	109	35	74
국내기업의 대외투자	$2,148,900	$1,500,000	$648,900	6	4	2
재외동포기업 내국투자규모	$15,715,500	—	$15,715,500	31	—	31
총투자규모	$517,558,800	$23,720,000	$493,838,800	146	39	113

* 출처: 제4차 세계한상대회 결과보고서, 재외동포재단

2. 세계해외한인무역인네트워크(WORLD-OKTA)

세계해외한인무역협회(WORLD-OKTA)는 조국의 무역 증진과 국위
선양을 위하여 1981년 4월 3일 미국 및 일본을 중심으로 한 세계 각국
한인 무역상 조직으로 결성되었으며, 모국과의 긴밀한 유대강화를 기하고
산업정보 및 기타 회원 상호 간에 이익증진과 협조를 강화하기 위하여
'통상부'(산업자원부)와 KOTRA 지원으로 조직된 후, 1994년 사단법인

으로 설립된 국제적 해외한인 경제·무역단체이다. 세계해외한인무역협회는 해외한인무역상의 단체로는 유일하게 한국 상품 수출에 이바지하며 바이어 상담회 등을 통하여 지속적으로 모국과 연계한 무역 관련 활동을 하고 있다. 현재 33개국 56개 도시별로 네트워크가 구축되어 있는데, 미국, 일본, 중국 등은 대도시별로 지역 조직화(한인다수 거주국), 동남아, 중남미, 유럽, 아프리카 등은 국가단위 조직화를 추진하고 있다. 현재 6000명 규모의 회원이 등록되어 있고 3800명이 적극적으로 활동하고 있다.[110] 주로 코트라 및 한국무역협회의 재정지원받아 한민족경제공동체(Korea Economic Network) 구축을 위해 무역인들을 네트워크화하는 단체이다.

'해외한민족 경제공동체대회'는 한민족경제공동체를 표방하는 대표적인 행사이다.[111] 매년 개최되는 '해외한민족경제공동체대회'와 '한민족경제공동체세계대표자회의'를 통해 회원 간의 유대를 강화하고 모국과 긴밀한 관계를 유지하고 있다. 이 단체는 네트워크 사업으로 국내 거래선을 발굴하고, 해외시장의 마케팅 정보를 제공하고, 수출입 알선 및 합작투자사업, 코리안네트워크 구축을 위한 동포단체·기관·업소 DB구축사업을 하고 있다. 이 단체의 특징은 해외한인 무역인들을 국제적인 거점 망을 구축하는 것을 표방하며 운영하고 있다.

해외한인무역협회는 모국이 수출총력에 매진함에 따라 KOTRA해외무역관 및 OKTA지회를 연계하여 모국상품 애용(수출증진)운동을 꾸준히 전개해 왔다. 현재 해외한인무역인들은 현지의 중추적 기업인으로 안정적 발판을 마련하였으며, 거주국 각처에 KOREAN BUSINESS POWER를 형성하여 KOTRA 무역관을 통한 협력사업 및 지자체 및

---

110) 조롱제, 김재기, "세계한민족 무역인네트워크 현황과 발전방향", 『평화번영정책, 통일교육, 그리고 한민족네트워크 학술회의』(2004.10.19일 전남대학교), pp.203-207.
111) 해외한인무역협회, 해외한민족경제공동체대회 종합보고서(2002-1996),

모국 내 경제단체와 무역증진에 이바지하고 있다. 이영현 전 회장이 운영하는 영리무역회사는 연간 3천 800만 달러의 한국 상품을 팔고 있고, 미국에서 가발무역업체를 운영하는 정진철 회장은 연매출액 5천만 달러를 기록하고 있다. 10대회장을 역임한 이근무 회장은 대표적인 한국 농산물 유통업자이며, 뉴욕경제인연합회장을 역임한 조병태 회장은 모자 하나로 3천만 불 매출을 올렸다. OKTA 10대 랭킹의 매출 규모만 합해도 10억 달러 이상의 교역규모로 추정되고 있다.

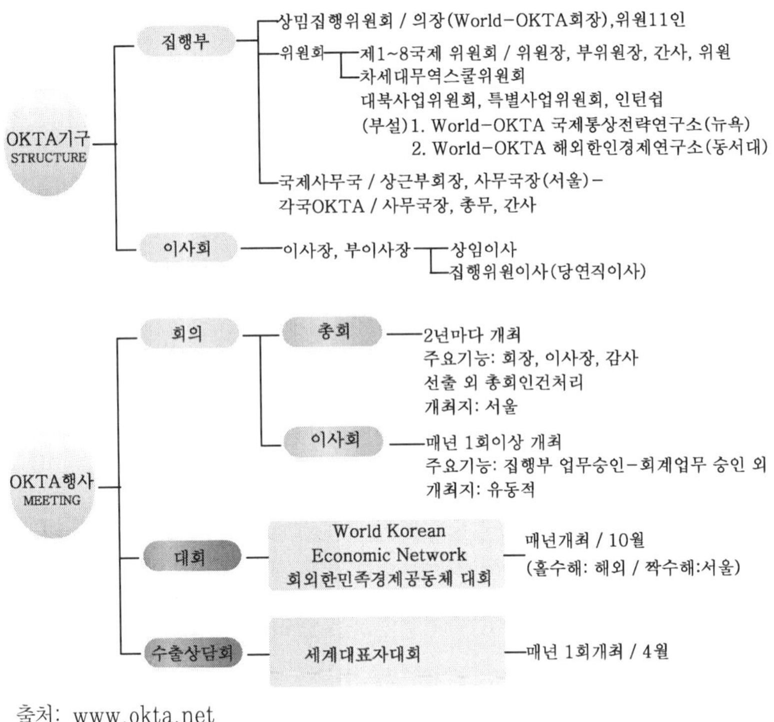

출처: www.okta.net

〈그림 6-2〉 WORLD-OKTA 조직

이 단체는 1996년부터 2005년까지 대한무역투자진흥공사(KOTRA)

와 세계해외한인무역협회가 10차례에 걸쳐 '세계한민족경제공동체대회' 를 개최하고 있다. 그리고 특별위원회에 대북사업위원회를 설치하여 대북협력 사업을 추진하고 있다. 민족의 화합과 통일을 위하여 우선 북한경제를 개방시키는 데 동참하는 목적으로 2004년 10월 21일부터 25일까지 OKTA회원 163명이 북한을 방문하여 평양에서 북한기업 83개 회사와 약 2400건의 무역 및 투자 상담회를 실시했으며, 북한 정부는 이에 맞춰 획기적인 경제개혁조치를 단행하였다.112) 2005년에는 제10차 해외한민족경제공동체대회(2005.9.7-11 / 멕시코시티)에 북한의 조선국제무역촉진위원회 부국장, 무역성 경제참사, 무역성 담당참사, 경제문제연구소 연구사, 조선 56무역회사 부사장, 조선56무역회사 부원이 참석하여 대북 투자와 무역에 대해 논의하였다. 이는 현재 중국이 북한시장을 선점하기 위하여 다방면에 걸쳐 투자를 하고 있는 시점에서 OKTA회원들이 무역과 투자부문에 사업기반을 조성함으로서 한국 내 중소기업의 향후 북한진출에 교두보 역할을 할 수 있을 것으로 기대된다.

그리고 옥타가 역점적으로 추진하는 사업 중에 하나가 차세대무역스쿨위원회를 통해 재외동포 청년 1만 명을 글로벌 경제사관생도로 육성사업이다. 세계 20여 개 지역에서 차세대무역스쿨을 운영하고 있는데, 재외동포 1.5-4세대를 대상으로 매년 1000명의 청년 무역인을 10년간 육성한다는 프로그램이다. 차세대 청년 무역상은 현지 사회 문화에서 자라난 세대로서 각국 주류사회 시장을 개척할 수 있는 통상개척자이기 때문에 이를 지원하고 육성함으로서 한국상품의 세계시장 확대에 일조케 한다는 취지로 추진하고 있다.113) 또한 한국의 '중소기업협동조합중앙회'를 비롯하여 중소기업 수출촉진 유관기관과 협력하여 OKTA회원사를

---

112) WORLD-OKTA 평양무역상담회 준비위원회, 『OKTA 평양무역상담회』, (2004.10. 21-25, 평양인민문화궁전)
113) (사)세계해외한인무역협회, 『OKTA 2005 재외동포 차세대 무역스쿨 보고서』, 2005

국내 중소기업의 지사, 대리점화하는 사업을 추진하고 있다.

〈표 6-6〉 WORLD-OKTA 국제조직

제1국제위원회	■ 섬유, 의류, 피혁외 ■ World-OKTA 국제통상연구소(뉴욕) ■ World-OKTA 해외한인경제연구소(동서대)
제2국제위원회	■ 은행, 재정, 금융, 보험, 증권, 관세, 법무, 교육, 문화, 오락, 언론, 이벤트, 운송, 레저, 관광, 출판 외
제3국제위원회	■ 컴퓨터, 인터넷, 통신, 전자, 전기 외
제4국제위원회	■ 회학, 환경, 의료, 건강, 농, 축수산물, 식품 외
제5국제위원회	■ 기계, 장비, 자동차, 운송장비, 광물, 건설, 건축 외
제6국제위원회	■ 스포츠, 레저용품, 문구, 선물, 완구, 잡화, 목재, 가구, 미용, 생활용품, 액세서리 외
제7국제위원회	■ 스포츠, 레저용품, 문구, 선물, 완구, 잡화, 목재, 가구, 미용, 생활용품, 액세서리 외
제8국제위원회	■ 스포츠, 레저용품, 문구, 선물, 완구, 잡화, 목재, 가구, 미용, 생활용품, 액세서리 외
특별위원회	■ 대북사업위원회, 차세대무역스쿨위원회, 특별사업위원회, 25주년기념위원회, 인턴십사업위원회

〈표 6-7〉 World-OKTA 주요 활동

년 도	월 일	활 동 내 용	국 가
1981	4월 3일	해외교포경제무역인 단체로 설립	미국 LA
1982	9월 22일	일본 동경으로 본부 이전	일본 동경
1994	1월 13일	상공지원부 장관(현 산업자원부) 사단법인 허가 (허가 번호 제 94-1호), 한국 KOTRA로 본부 이전	한국 서울
1996	11월 12-16일	제1차 KOREAN NETWORK출범대회 개최	한국 서울
1997	10월 9-11일	제2차 KOREAN NETWORK 대회 개최	미국 뉴욕
1998	10월 27-31일	98 해외한민족경제공동체대회 개최	한국 서울
1999	4월 14-16일 10월 8-12일	제1회 한민족경제공동체 해외지도자 연수회 99 해외한민족경제공동체대회 개최	한국 서울 미국 시카고
2000	4월 26-29일 10월 29일-11월 2일	제2회 한민족경제동동체 해외지도자 연수회 제 5차 해외한민족경제공동체대회 개최	한국 경주 한국 서울

년 도	월 일	활 동 내 용	국 가
2001	4월 27-30일 11월 9-11일	World-OKTA 제3회 세계대표자회의 및 워크숍 제6차 해외한민족경제공동체대회 개최	한국 용평 미국 LA
2002	5월 17-21일 10월 7-10일	World-OKTA 제4회 세계대표자 회의 및 워크숍 제7차 해외한민족거제공동체대회 개최	한국 이천 한국 서울
2003	5월 26-28일 7월 21-26일 9월 5-7일 9월 22-24일	World-OKTA 제5회 세계대표자 회의 및 워크숍 2003 재외동포모국방문 차세대무역스쿨 제8차 해외한민족경제공동체대회 개최 뉴욕 재외동포차세대무역스쿨	한국 수원 한국 서울 캐나다 토론토 미국 뉴욕
2004	4월 19-22일 7-8월 7월 19-24일 10월 21-25일 10월 26-31일	World-OKTA 제6회 세계대표자회의 및 워크숍 2004 대외동포차세대무역스쿨 2004 재외동포모국방문 차세대무역스쿨 평양무역상담회(북한 / 평양인민문화궁전, OKTA회원 163명, 북한 82개 회사) 제9차 해외한민족경제공동체대회	한국 여수 미국 LA, 시카고, 북한 평양 한국 제주
2005	4월 26-29일 7월 18-23일 7월-10월 9월 7-11일	World-OKTA 제7회 세계대표자호의 및 워크숍 2005 재외동포차세대 모국방문무역스쿨 개최 재외동포무역스쿨 개최 제10차 해외한민족경제공동체대회 개최(북한에서 6명 참석)	한국 대전 한국 서울 세계20개 도시 멕시코시티

출처: www.okta.net에서 정리

3. 세계한인상공인총연합(hansangkorea)

세계한인상공인총연합회는 1993년 2월 19일 외교통상부의 사단법인 허가를 받아 탄생했는데 전 세계에 흩어져 있는 한민족 상공인들 간의 친교와 유기적인 단합을 통하여 한민족공동체를 형성하고자 24개국 28개 단체 580여 명이 참석하여 결성되었다. 여기에 참여한 단체는 미주한인상공인총련, 중국조선족공상인협회, 재일한국상공회의소, 재동남아, 재남미, 재구라파 등 각 지역 상공인 대표들이 참여하여 세계한상총연합회를 결성하였다. 본부조직은 이사진 20명, 운영위원 100명, 사무국 30

명으로 구성되어 있고, 지역별 상공회의소와 업종별 경제단체로 구성되어 있다.

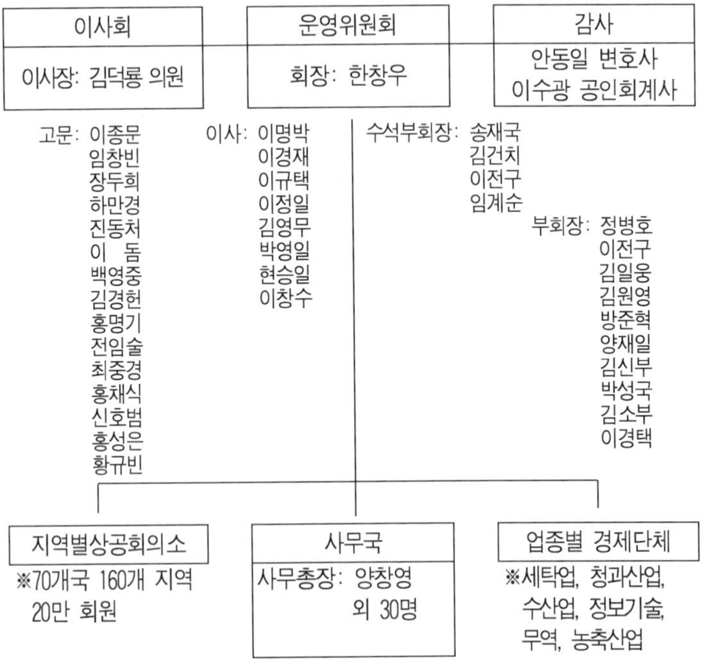

이사회	운영위원회	감사
이사장: 김덕룡 의원	회장: 한창우	안동일 변호사 이수광 공인회계사

고문: 이종문
　　　임창빈
　　　장두희
　　　하만경
　　　진동처
　　　이　돔
　　　백영중
　　　김경헌
　　　홍명기
　　　전임술
　　　최중경
　　　홍채식
　　　신호범
　　　홍성은
　　　황규빈

이사: 이명박
　　　이경재
　　　이규택
　　　이정일
　　　김영무
　　　박영일
　　　현승일
　　　이창수

수석부회장: 송재국
　　　　　　김건치
　　　　　　이전구
　　　　　　임계순

부회장: 정병호
　　　　이전구
　　　　김일웅
　　　　김원영
　　　　방준혁
　　　　양재일
　　　　김신부
　　　　박성국
　　　　김소부
　　　　이경택

지역별상공회의소	사무국	업종별 경제단체
※70개국 160개 지역 　20만 회원	사무총장: 양창영 　　　　외 30명	※세탁업, 청과산업, 　수산업, 정보기술, 　무역, 농축산업

출처: www.hansangkorea.com

〈그림 6-3〉 세계한인상공인총연합 조직구조

주요 활동은 세계한인상공인대회, 해외한민족경제공동체대회, 특별강연, 학술회의, 문화예술활동, 세계한상대회 주최 등을 통해 한상네트워크를 구축하고 있다. 조직구성은 70개 국가에 160개 지부로 구성되어 있으며 10,000명 규모가 활동하고 있다.[114]

1993년 세계한상대회를 처음으로 개최하여 2005년까지 13회차 개최

---

[114] 양창영, "세계한인상공인총연합회 10년사", (세계한인상공인총연합회, 2003), pp.12-19.

하였다. 매 행사마다 600여 명의 회원이 참여하여 교역상담, 정보교환, 모국투자, 포럼 등의 개최를 통해 동포 상공인의 자긍심을 북돋우며, 협력 체제를 공고히 하고 있다. 2006년 제14차 한상대회는 8월 29일부터 재외동포 집거지 중 최대규모인 중국 연변조선족자치주에서 개최할 예정이다. 연변개최를 통해 연변조선족자치주의 경제 활성화를 도모하여 조선족 사회의 발전을 도모하고 상공인 간의 교류협력을 정례화한다는 취지이다. 특히 차세대 지도자들을 발굴하여 다양한 행사를 통해 한민족네트워크를 활성화한다는 취지이다. 그런데 세계한인상공인총연합회가 주최하는 한상대회와 재외동포재단과 재외동포경제단체들이 주최하는 한상대회가 명칭이 겹치고 있다는 데 문제가 있다. 양 행사를 추진하는 기관 간에 명칭 문제를 놓고 갈등이 있다.

그리고 한상 온라인 마켓인 Hanmart를 운영하고 있지만 등록된 상품들이 2004년도 말에 탑재한 것들이 대부분이며 2005년 이후 현재까지 실질적인 거래가 이루어지지 않고 있는 실정이다.[115]

<표 6-8> 세계한인상공인총연합회 주요 활동

년 도	일 시	내 용
1993	2월19일	사단법인 세계한인상공인총연합회 법인 허가
	9월18일	93 세계한인상공인대회 개최"KOREAN NETWORK을 구축하자" 24개국 28개 단체 580여 명 참가
1994	9월15일	94 세계한상대회 개최"하나로 세계로" 27개국 32개 단체 700여 명 참석
1995	8월 31일	95 세계한상대회 개최 "민족과 함께 세계와 함께" 27개국 32개 단체 약 2000명 참가
	9월 1일	제1회 한민족 음악회 개최
1996	8월 22일	제1차 세계한상총연 대표자 회의 개최

---

115) http://www.hanmart.net

년 도	일 시	내 용
1997	1월 20일	미국지역 상공인회의 개최(뉴욕, 워싱턴, LA)
	9월 11일	97 세계한상대회 개최 "열린 세계 한민족 한마음" 30개국 35개 단체 2000여 명 참석
	9월 12일	제2회 한민족음악회개최
1998	2월 26일	98년도 이사회 개최, 해외동포 모국상품 구매상담회 개최
	6월 2일	세계한상총연 대표자회의 개최
	8월 23일	중국 동북3성과 CIS지역 동포상공인과의 간담회 개최
	9월 30일	남북미지역 상공인과의 간담회개최
	10월27일	해외한민족경제공동체대회 개최 강연: 한창우 회장
1999	8월 5일	미주지역 한인상공인 간담회 개최
	10월 3일	동남아 지역 동포상공인 간담회 개최
2000	10월 29일	2000해외한민족경제공동체대회 개최 "한민족시대를 열자"
2001	1월 16일	북미지역 한상총연 회장단과 간담회개최
	5월 20일	휴스턴, 오스틴, 달라스, LA지역 상공인 간담회 개최
	7월 21일	유럽 한인상공인 간담회
	12월 29일	독일 및 동유럽지역 한인상공인 간담회 개최 독일, 체코, 페루, 코스타리카, 과테말라, 멕시코
2002	10월 10일	2002년 세계한상대회 개최 "한민족경제NETWORK을 구축하자"
2003	5월 31일	미주총연 총회 및 미주 이민100주년 기념 세계한상대표자대회 개최
	10월 8일	2003년 세계한상대표자대회 개최(코엑스 인터콘티넨탈)
2004	7월 9일	중국지역 한인상공인 투자유치 간담회
	9월 16일	필리핀지역 한인상공인 간담회 개최
	10월 22일	세계한상지도자대회 개최
2005	4월 8일	미주 한인분회 상공인 대표모임 주최
	5월 5일	미국 샌프란시스코 박람회 공동개최 각 지역 한상지도자 간담회
	7월22일~8월 11일	한러유라시아 대장정 "유라시아의 빛"공동개최 KOREAN NETWORK 구축을 위한 대토론회 개최
	11월8~11일	재일 한상총연 일본지부 발족 및 토찌기현 한인상공회의소 40주년 기념식 참석

출처: www.hansangkorea.com에서 정리

4. 소상공인네트워크(두레21)

두레21에서 운영하는 세계한인사업자 인맥 만들기 네트워크는 순수 개인사업자가 운영하는 네트워크이다. 이 네트워크는 대기업이 아닌 중소기업인 입장에서 전 세계에 흩어져 있는 600여 만 명에 달하는 한인들을 네트워크화해서 중소기업의 상품 수출을 지원하는 첨병으로 활용하려는 시도에서 추진되고 있다.

〈표 6-9〉 두레21 소상공업자 국가별 분포

아시아	유 럽	북 미	중남미	태평양·오세아니아	아프리카
대한민국	네델란드	미 국	과테말라	뉴질랜드	나이지리아
일 본	덴마크	캐나다	도미니카	바누아투	남아공
중 국	독 일	멕시코	바베이도스	오스트레일리아	라이베리아
대 만	러시아		브라질	파푸아뉴기니	레소토
베트남	루마니아		아르헨티나	괌	마다가스카르
라오스	리투아니아		에콰도르	사이판	
레바논	벨로루시		칠레		모리타니
마카오	불가리아		코스타리카		모잠비크
말레이시아	스웨덴		콜롬비아		수 단
몽 골	스위스		파라과이		우간다
미얀마	아일랜드		페루		잠비아
방글라데시	에스파니아		파나마		케 냐
베트남	영 국				코트디
스리랑카	오스트리아				부와르
싱가포르	우크라이나				
아랍 에미리트	이탈리아				
우즈베키스탄	체코				
이 란	폴란드				
이스라엘	프랑스				

아시아	유 럽	북 미	중남미	태평양.오세아니아	아프리카
인 도 인도네시아 카자흐스탄 카타르 캄보디아 쿠웨이트 키르기스스탄 태 국 터 키 파키스탄 필리핀 홍 콩 사우디	헝가리				
31개국	20개국	3개국	12개국	6개국	12개국

1999년에 시작된 이 네트워크는 84개 국가에 11,245여 명의 회원이 가입하여 활동하고 있다. 〈표 6-9〉에서 보는 바와 같이 아시아 지역에 31개 국가로 가장 많고, 유럽이 20개국, 중남미와 아프리카가 12개국 참여하고 있다. 〈표 6-10〉은 국내 회원보다 해외 회원의 연령대가 높은 것은 해외 회원의 경우 실질적인 네트워크를 필요로 하는 해외 교민들의 숫자가 그만큼 많다는 것을 설명해준다.

이 네트워크는 직접적인 상품중개보다는 회원들 간의 교류의 공간으로서 역할을 하고 있다. 관련 업종이나 관심 분야별, 지역별로 형성된 커뮤니티를 통해서 소규모로 회원 간 교류 모임이 개최되고 있다. 이 네트워크의 특징이 on-line과 정례화된 off-line 모임을 통해서 회원 상호 간의 비즈니스의 창구 역할을 한다는 점이다. 그리고 신규 진출을 시도하는 중소기업이나 해외 취업자들에게 현지 문화에 대한 이해와 정보를 교환하는 역할을 하고 있다. 또한 국제적 네트워크를 통해 국제무역사기나 취업사기를 사전에 예방하는 기능도 하고 있다.[116]

회원들의 비즈니스는 회원 간 직접 이루어지므로 전체 거래 규모가 정확히 파악되진 않았으나 지난해에 자체적으로 파악한 것은 6백만 불 정도가 되는데 실재 거래액은 훨씬 상회한 금액으로 추정하고 있다.[117]

〈표 6-10〉 회원 연령분포

구분 연령	20대	30대	40대	50대이상
국내 회원	25%	50%	30%	5%
해외 회원	10%	35%	50%	5%

〈표 6-11〉 회원 직업 분포

무역업	제조업	여행·유학업	정보통신	소점포관련	전문직	기 타
35%	25%	5%	10%	10%	5%	10%

5. 세계한민족과학기술자네트워크(KOSEN)

한민족 과학기술자 네트워크(The Global Network of Korean Scientists & Engineers)는 한민족 연구자 간에 연구정보교류, 지식정보 생성, 첨단정보, 연구동향 수집 및 제공하게 되며, 이를 통해 국내외 한인 과학기술자 간의 공고한 유대관계를 구축하고, 궁극적으로 해외과학기술자의 한국에 대한 관심의 증대 및 참여역할을 부여하기 위해서다. KOSEN은 과학기술부 재원의 정부 사업으로, 현재 한국과학기술정보연구원(KISTI)

---

116) http://www.dure21.com

117) 박균우, "세계한민족 소상공인네트워크 현황과 발전방향: 두레21의 사례", 『평화번영정책, 통일교육, 그리고 한민족네트워크 학술회의』(2004.10.19일 전남대학교), pp.228.

에서 운영을 담당하고 있다.

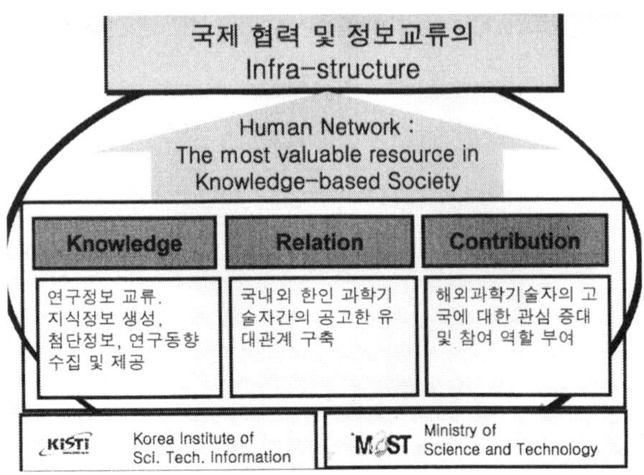

〈그림 6-3〉 한민족과학기술자네트워크 구축배경

현재 회원은 22,659명으로 국내가 18,881명(83%)를 차지하고 국외가 3,848명(17%)를 차지한다. 국가별로 미국이 1,482명, 독일이 462명, 일본이 320명, 중국이 70명, 독립국가연합 177명, 영국 156명 순이다. 그리고 높은 교육수준을 보이고 있는데 석사이상이 69.3%, 해외박사가 58.5%를 차지하고 있다. 그리고 KOSEN에는 IT 분야 85명, BT 분야 336명, NT 분야 225명, ET 분야 32명 등 778명으로 분야별 전문 커뮤니티를 구성하고 연구자료와 아이디어 등을 공유하며 전문지식과 관련된 질의응답이 상호 간에 활발히 전개되고 있다.[118]

이 네트워크의 성공요인은 자기 전문분야를 최대한 활용하여 참여할 수 있는 여건이 조성되어 있기 때문이다. 전문적인 논문, 회의자료, 보고서, 첨단기술보고서 등 중요 자료를 선별, 분석 및 요약하여 지식정보

---

118) 한선화, "세계한민족 과학기술자네트워크 현황과 발전방향", 『평화번영정책, 통일교육, 그리고 한민족네트워크 학술회의』(2004.10.19일 전남대학교), pp.261.

를 생성하는 데 참여할 수 있는데, 분석료는 쪽당 50,000원, 학술대회 보고서는 400,000원을 지급하고 있다. 그리고 8개국 과학참사관 및 15개 해외 기관 주재원이 수집하는 과학기술 문헌 및 기관 주요 소식을 접할 수 있고, 미국의 700여 석학들이 생성하는 미의회보고서에 대한 정보를 제공하고, 100여 명의 국내외 전문가가 8개 국어권의 최신 과학기술 소식을 한국어로 번영하여 제공하고 있기 때문이다. 또한 모든 자료의 디지털화를 통해 온라인으로 제공하고, 국내외 취업정보, 학술대회, 과학기술뉴스들을 제공해주고 있기 때문이다.

2006년 7월에 세계한민족과학기술자대회가 서울에서 개최되었는데 해외에서 400여 명 참석하였다. 과학기술부의 후원을 받아 개최된 이 행사는 국내 과학기술인과 해외 한민족과학기술인이 관련 분야에 대한 공동연구와 협력을 통해 네트워킹을 구축하고, 차세대 청년 과학기술인들의 포럼도 개최하였다.[119] 이 행사는 과학기술분야 한상대회라 할 수 있다. 재외동포재단이 과학기술분야도 넓은 의미의 한상에 포함시키고 있지만 실제로 이 분야 교수들이나 전문가들이 한상대회에 참가하는 비율은 매우 낮은 실정이다. 한상대회가 무역, 경제활동 등 상행위를 중심으로 하는 비즈니스 분야 교류협력의 장이라면, 과학기술인대회는 과학기술인들의 연구와 교육에 중심을 둔 교류와 협력의 장이라고 할 수 있다. 앞으로 세계한민족네트워크의 방향이 이 두 대회를 중심으로 진행될 것으로 보인다. 정부차원에서는 이 두 행사를 잘 네트워킹하는 것도 중요한 과제일 것이다.

---

119) http://korea.kofst.or.kr

〈표 6-12〉 세계 한민족 과학기술자(추정치)

	국 가	동포수	추정연구원수[*]	과협 회원 수[**]	KOSEN회원수
1	미 국	2,123,167	7,844	10,600(5,574)	1,482
2	중 국	1,887,558	781	1,938	70
3	일 본	640,234	3,136	2,273	320
4	독립국가연합	521,694	1,560	1,270	177
5	캐나다	140,896	378	800	134
6	브라질	48,097			
7	오스트레일리아	47,227	155	487	121
8	독 일	30,492	84	932(700)	462
9	아르헨티나	25,070			
10	필리핀	24,618			
11	멕시코	19,500			
12	인도네시아	18,879			
13	뉴질랜드	18,338			
14	영 국	15,000	38	800(600)	156
15	프랑스	10,485	26	402	89

* 국가별 인구 1만 명 당 연구인력을 기준으로 산술적으로 계산한 추치 임. 실제로 외국계에 대한 연구직 진출이 어려운 점을 감안할 경우 실제 연구인력은 이보다 훨씬 적을 것으로 추정됨

** 괄호 안의 수치는 2002년 과협보고서에 언급된 수치 임

〈표 6-13〉 회원 연령분포

구 분	회원수	비 율
20대	5,075	27.4%
30대	9,696	52.3%
40대	3,122	18.8%
50대	545	3.5%

〈표 6-14〉 회원 직업 분포

구 분	회원수	비 율
Researcher(연구원)	7,334	35.2%
Student(학생)	6,401	30.7%
Professor(교수)	1,638	7.9%
Office worker(행정사무원)	3,047	14.6%
Post Doc(박사 후 과정생)	409	2.0%
Others(기타)	2,015	9.7%

6. 세계 한민족 IT 네트워크(KIN)

한민족 IT 네트워크(KIN)는 국내외 IT 전문가들, 기업들 그리고 투자자들의 국제적인 네트워크 발전을 목표로 구축되었다. 한국인들과 재미한인 IT 산업의 세계적인 확산에서 중요한 역할을 하고 있다. 한국의 정보통신부(5억 원)와 소프트웨어진흥원의 후원을 받고 있다.

〈표 6-15〉 KIN 해외지부 현황

국 가	지부명	지부장 소속	회원수
태 국	방 콕	Ineeworld Thiland	10
중 국	베이징	ITOP SOFT Software	16
	홍 콩	ISSN	10
	연 길	연변과기대 교수	11
독 일	프랑크푸르트	HDTE CEO	13
인도네시아	자카르타	PT.Surya Centra Komunika	15
말레이시아	쿠알라룸푸르	PDS Global	10

국 가	지부명	지부장 소속	회원수
미 국	LA	Signet LCD	
	뉴 욕	Prodigy Venture CEO	17
	워싱턴	SMI Holdings	13
영 국	런 던	LDC-NET CEO	10
인 도	뉴델리	SOFT TECHNOLOGIES	14
일 본	도 쿄	i-future	19
캐나다	토론토	Storage ASP	15
오스트레일리아	서부 오스트레일리아	SMI Technology	16

KIN의 회원 단체로는 실리콘밸리 시스템 엔지니어들의 정보교환과 친목 도모를 목적으로 하는 KANE(Korean American Network Engineers), 샌프란시스코 Bay Area의 한국계 미국인들의 직업적 사회적 발전을 위해 봉사하는 KAPS(Korean American Professional Society), 실리콘 밸리의 한국계 미국인 직장인 여성들의 연합인 KAPWASV(Korean American Professional Women's Association of Silicon Valley), 재미 한인 반도체 협회인 KASA(Korean American Semiconductor Association), 재미한인 기업가 모임 KASE(Korean American Society of Entrepreneurs), 실리콘밸리의 한국인 엔지니어 네트워크KORCEA (Korean Christian Engineers Association), 재미한인 과학기술자협회 KSEA (Korean-American Scientists and Engineers Association) 등으로 구성되어 있다.

국가별 구성을 보면 먼저 IT 분야 전문가들은 미국이 765명, 중국인 592명, 일본이 194명이 활동하고 있다. IT기업은 미국이 149개, 중국이 266개, 일본이 97개 업체가 활동하고 있다. 이 네트워크는 미국 실리콘밸리와 일본을 중심으로 운영되고 있으며, 중국은 정치적 여건상 활발한 활동을 하지 못하고 있다. 주요 활동은 자체 세미나, 포럼 등을 정기적으로 개최하며, IT 분야 취업정보 제공, 자체 아카데미 운영 등을 하고 있다. 이 네트워크는 한민족 간의 네트워크뿐만 아니라 유대인, 인도인, 이란 등 타민족 IT 기업가들과 연계망을 구축하여 교류활동을 하고 있다.

7. 한민족글로벌벤처네트워크(INKE)

한민족벤처네트워크(INKE)는 1999년 11월 KOVA(벤처기업협회)와 실리콘밸리에 있는 KASE(재미기업가협회)에 의해 한인 기업가들 사이의 협력 모델 제공과 비즈니스 제휴, 인적 자원 교류 등을 위해 설립된 순수 민간단체이다. 이 네트워크는 on-line과 off-line에서 세계 한민족 벤처기업인들 간의 상호교류와 협력을 통해 한국 벤처기업의 세계화와 국가 경쟁력 강화에 도움을 주고자 하는 조직이다.

현재 국내 벤처기업 CEO 330명이 등록하여 활동하고 있으며, 해외 26개 지역에 지부를 두고 300여 명의 회원들이 활동하고 있다. 앞으로 현재 500명 규모의 회원을 2000명 규모로 늘리고, 해외지부도 3년 안에 50개로 확충할 계획을 갖고 있다.[120] 이 네트워크의 특징은 한국에 있는 벤처기업협회가 중심이 되어 운영되고, 해외네트워크는 지부 형식으로 그 영역을 넓혀가고 있다. '벤처코리아 2004'에 2000여 명의 국내외 벤처기업인들이 참여하여 개최되었는데, INKE Global Forum, Global Partnership Program, 1 : 1비즈니스 상담, 해외수출상담회 등의 행사를 진행하였다. 이러한 교류를 통

---

120) 한국경제신문, 2004년 5월 15일

해 첨단기술 이전, 기술제휴, M & A 등이 이루어지고 있다.

〈표 6-16〉 INKE 해외네트워크

지부명	지부장	지부장 소속	회원수
방 콕	이만재	MExcellent	10
북 경	최갑식	Sesame Mobile	13
프랑크푸르트	전요섭	HMBC DUCC Europe GmbH	13
홍 콩	박봉철	Korchina	10
자카르타	성백무	PT.Surya Centra Komunika	15
쿠알라룸프르	홍병철	PDS Global	10
LA	브라인언 정	Prime View Display	11
런 던	김동규	LDC-NET	10
뉴델리	김원철	Waysin Telecom(P) Ltd.	4
뉴 욕	Raymond Kang	Prodigy Capital Partners LLC	26
도 쿄	이강현	INKE JAPAN	19
토론토	웨인김	Storage ASP	15
워싱턴 D.C.	김만기	SMI Hyundai	13
Perth	Kimberly Kim	K Tech Austrailia	16
심 양	오병운	Shenyang G & B Trade	11
모스크바	김태철	HMM	10
연 길	주태호	Yanji Economic Development Zone	16
젯 다	서호경	United Yousef M.Naghi	
파 리	이 근	KNL Trarding & Consulting force	11
취리히	이구미	Arnold SKE Management	7
후쿠오카	김선민	C & S Defense	11
시드니	맹응주	Hojunet Australia	12
부에노스아이레스	오동희	Bizdragon	14
벤쿠버	김태형	APAC Investment	22
오클랜드	김현기	Yoon Lee Law Office	13
맥시코시티	박선근	Wiz Solution S.A DE C.V	11

8. 세계한민족여성네트워크

세계한민족여성네트워크는 재외한인여성네트워크를 구축 및 활성화를 통해 국내외 한인여성들의 정보교류와 연대강화, 국제협력활동의 효율성을 제고하여 국가경쟁력을 확보하기 위한 목적으로, 세계한민족여성네트워크의 조직체계의 구성과 여성인적자원 발굴 및 글로벌 네트워크 구현, 실질적인 상호이익 창출의 발판을 마련하고 전 세계 한인여성의 연대강화를 통하여 여성의 권익 향상이라는 취지 아래 설립되었다.

세계한민족여성네트워크는 2001년에 처음 열려 2006년까지 총 여섯 차례 개최되었다. 2001년 7월에 개최된 제1차 세계한민족여성네트워크는 당년 여성부 출범을 계기로 국내외 여성과 세계 170여 곳에서 활약하는 동포 여성과의 교류와 연대를 구축하고 한민족 여성의 인적자원을 개발하여 국가 경쟁력 강화를 위해 시작되었다.

〈표 6-17〉 세계한민족여성네트워크 개최 개요

연도별	2001년	2002년	2003년	2004년	2005년	2006년
일 시	7.2~4	7.1~4	10.5~8	7.6~9	7.5~8	7.11~14
장 소	교육 문화회관	팔fp스호텔	르네상스 서울호텔	리츠칼튼 서울호텔	리츠칼튼 서울호텔	쉐라톤 워커힐텔
주최자	여성부	여성부	여성부	여성부	여성가족부	여성가족부
공동주최자	매일경제	매일경제	매일경제	매일경제	매일경제	매일경제
협조기관	외교통상부, 재외동포재단	외교통상부, 재외동포재단	외교통상부, 재외동포재단	외교통상부, 재외동포재단	외교통상부, 재외동포재단	외교통상부, 재외동포재단
주 제	-한민족여성 공동체 활성 활성화를 통한 국가경쟁력 강화 -국내외 여성 교류협력 방안	-한민족여성 어떻게 키울 것인가? -여성CEO 어떻게 키울 것인가 -한반도평화를 위한 평화네트워크	-한민족여성과 주류화 -한민족여성과 자녀교육	-한민족여성의 연대방안 -동북아 경제 중심과한민족 여성	-한민족여성과 글로벌 리더십 -한민족여성의 글로벌리더십 개발전략 -한민족여성과 차세대 여성리더양성	-글로벌 시대의 주체, 한민족 여성 -차세대 한민족 여성의 정체성과 비전 -차세대 여성 리더 육성 전략

연도별	2001년	2002년	2003년	2004년	2005년	2006년
지역담당 관 임명 (임기 2년)			제1기(12개 지역 13명)		제2기(14개 지역 16명)	제2기(14개 지역 16명)
참가동포	100명	90명	97명	96명	120명	150명
참가국	20개국	20개국	20개국	26개국	21개국	24국

행사에는 23개국 94명의 해외인사를 포함한 400여 명이 참석하였으며 한민족 여성의 네트워크 구축 방안에 대한 정보를 교환하며 여성 동포 간 최초의 네트워크 형성의 길을 여는 계기가 마련되었다. 세계적으로 맹렬한 한인여성들이 한곳에 모이는 것은 이번이 처음으로 세계 한민족 여성 간 연대토대를 마련하는 자리가 되었다.

제2차 행사는 2002년 7월 1일부터 4일까지 5일간 서울 팔레스호텔에서 개최되었다. 20개국 90여 명의 해외여성을 포함한 350여 명이 참석했고 "한민족 여성지도자 어떻게 키울 것인가?"라는 대주제 아래 '여성 CEO어떻게 길러지나', '한반도 평화를 위한 여성 네트워크 구축'의 소주제가 논의되었으며, 김대중 전 대통령 부인 이희호 여사의 초청으로 청와대에서 오찬을 갖기도 하였다. 이번 행사에는 국내외 한인 여성 간 실질적인 협력 강화를 위한 자리를 토대로 주제를 심층적으로 분화하여 실질적인 토론과 상호교류가 있었다.

2003년 10월 5일부터 8일까지 열린 제3차 행사는 여성부와 매일경제신문이 공동주최하고 SK와 웅진코웨이의 협찬으로 350여 명의 국내외 참가자들과 함께 개최되었다. "세계 한민족여성의 지위와 역할"이라는 대주제 속에 '한민족여성과 주류화', '한민족 여성과 자녀교육'의 작은 주제를 가지고 토론이 이루어졌다. 또한 한국교육과정평가원, 매일경제신문사, 한상 기업전시회 등을 둘러보았다. 특히 3차 행사에서는 지역 담당관 위촉을 통한 조직적인 체계를 구축하고 정례화된 행사로서 대회 정체성 확립의 의의가 있었다.

제4차 세계한민족 여성네트워크는 2004년 7월 6일부터 7월 9일까지 여성부와 매일경제의 공동주최로 해외참가자 100명, 국내 참가자 약 250명이 참여한 가운데 리츠칼튼 서울호텔에서 열렸다. "한민족 여성 공동체"라는 대주제 아래 '한민족 여성의 연대방안', '동북아 경제중심과 한민족 여성'의 소주제로 발표, 토론하는 시간을 가졌으며 노무현 대통령 부인 권양숙 여사의 청와대 초청으로 오찬을 함께 하였다. 또, 숙명여대 아시아여성연구소, 한국여성경제인협회, 매일경제신문사, 여성사 전시관을 둘러보는 시간을 가졌다. 이번 행사에서는 KOWIN의 중장기 계획 수립의 필요성이 대두되었으며 지역담당관을 중심으로 한 네트워킹이 강화되었다.

제5차 대회는 2005년 7월 5일부터 8일까지 여성가족부와 매일경제가 공동으로 리츠칼튼 서울호텔에서 개최하였다. 이 대회의 주요 논의는 한민족여성과 글로벌 리더십, 한민족여성의 글로벌 리더십 개발전략, 한민족여성과 차세대 여성리더 양성에 대하여 다양한 대안을 제시하였다. 이 회의에 21개국 120명의 동포 여성이 참여하였으며, 제2기 지역담당관 16명을 임명하였다.

제6차 대회는 2006년 7월 11일부터 14일까지 쉐라톤 워커일 호텔에서 개최하였다. 이번 행사는 세계 속의 차세대 한민족 여성리더 육성전략과 한민족 여성의 비전을 논의하기 위하여 "글로벌 시대의 주체 차세대 한민족여성"이라는 주제로 진행되었다. 이번대회에 참가 규모는 해외 24개국 150명, 국내 200명이 참가하였다.

<표 6-18> 세계한민족여성네트워크 해외조직구성

미 국	박이혜련: TEREY ASIA 총괄사장 오 은 영: 재외동포재단 전문위원
캐나다	최 정 수: 오타와 한인총연합회 부회장
멕시코	정 미 경: 다큐멘터리 제작
아르헨티나	김 미 희: 치과의사
일 본	김 정 자: 무궁화 화미리 소속 박 선 익: 대오그룹회장
인도네시아	안 영 란: 자카르타 한국 국제학교 교사
중 국	이 영 희: 북경 화세명과기발전 유한공사
호 주	이 경 희: 호주 국립음악학교 학장
프랑스	이 사 빈: 프리랜서 기자
이집트	김 혜 숙: 자선사업
독 일	김 진 향: 코리아 협의회, 정보 및 학술연구소 부회장
러시아	김 춘 자: 사할린 국영TV, 라디오방송공사, 우리말 방송국장
뉴질랜드(신규)	허 경 애: ASB Bank 수석부장
필리핀(신규)	박 완 자: (주)토다비아 대표

9. 세계한민족네트워크의 특성과 전망

현재 추진 중인 세계한민족네트워크의 사례들을 분석해 본 결과 다음과 같은 특성과 문제점들을 발견할 수 있다.

첫째, 다양한 분야에서 네트워크가 추진되고 있지만 한상 등 경제 분야와 과학기술 및 정보통신 분야의 네트워크들이 활발하게 운영되고 있다는 점이다. 이는 재외동포들이 정치적 진출을 통한 주류사회 진출이 제도적으로 어려운 상황에서 상공업 분야에서 활동을 하게 된 결과로 분석되며, 과학기술분야의 네트워크의 발달은 한민족의 교육열과 관계된다 할 수 있다. 특히 정부의 과학기술정책과 정보통신정책도 중요한 역할을 하였다고 볼 수 있다.

둘째, 한국정부 부처 및 관련 단체와 재정적 지원 등 밀접한 관계 속에서 운영되고 있다는 점이다. 정부의 재정지원 없이 순수하게 민간차원에서 운영되는 경우도 있지만 대부분 5-10억 규모로 정부의 지원을 받고 있다는 점이다.

셋째, 온라인과 오프라인 공간에서 활동이 차별된다. 한상대회와 같이 오프라인 상의 일회성 행사를 통한 네트워크가 진행 중이며, KOSEN21과 같이 온라인상에서 시공을 초월한 네트워크 구축이 이루어지는 경우가 있다.

넷째, 네트워크 상호 간의 단절, 과잉경쟁, 사업의 중첩적인 측면이 동시에 나타난다는 점이다. 이는 갈등과 대립의 모습으로 비칠 수 있고, 사업의 중복으로 인한 예산낭비의 비판을 면하기 어렵다. 이는 한상네트워크 분야에서도 나타나고 과학기술분야에서도 동시에 나타난다. 한상네트워크 내에서도 세계한상대회와 한상네트워크 구축을 놓고 단계 간에 갈등이 존재하고 있다.

그런데 가장 큰 문제는 각각의 분야별로 관련 부처의 지원 속에 네트워크가 추진되고 있지만 이를 총괄적으로 통합 조정할 네트워크가 부재하다는 것이다. 한상네트워크에 IT, NT, ET, BT 등 첨단 분야 과학기술인이 포함되어 있지만 참여 규모가 소수에 그치고 있다. 이는 재외동포 상공인과 무역인들의 마케팅 능력과 국제 유통구조를 활용하여 첨단과학기술분야의 기술이전과 상품 판매로 연계가 이루어지지 못하는 결과를 초래하고 있다. 세계한민족네트워크는 각 분야 간의 네트워크가 국내외 한민족 상호 간에 종횡으로 이루어질 경우 시너지 효과가 발생하는데 말이다.

지역별, 영역별로 분산된 한민족네트워크를 글로벌 수준의 통합네트워크로 구축하는 작업은 많은 예산과 인력이 요구되는 사업으로서 국가전략적인 측면에서 중장기 전략을 갖고 실천해야 할 사업이다. 현재 재외동포와 관련 정부부처가 20여 개가 넘고, 각각 예산이 편성되어 있다. 재외동포 네트워크가 개별 정부부처의 업무와 밀접한 관련이 있기 때문에 무리하게 하나의 네트워크로 통합할 필요는 없다. 다만 지역별, 영역별로 네트워크 상호 간의 소통과 연대(networking of networks)가 가능하도록 조정할 필요가 있고, 이러한 역할을 할 통합네트워크로서 새로운 제도적 장치가 필요하다고 본다. 아직은 걸음마 단계인 차세대지도자네트워크, 언론 및 방송인네트워크, 민족교육자네트워크, 한민족농업인네트워크(IKAN), 세계한민족선교사네트워크, 국제한인법률인네트워크(IAKL), 세계한민족여성네트워크, 금융인네트워크, 보건의료인네트워크 등이 더욱 활성화될 수 있도록 다각적인 방법을 강구해야 한다.

제7장 세계 한민족네트워크 공동체와 남북통일

제7장 세계 한민족네트워크 공동체와 남북통일

1. 세계한민족네트워크공동체 구상

세계한민족네트워크는 한민족의 생존과 번영, 나아가서 21세기에 한민족이 세계무대에서 주역으로 활동할 수 있는 가능성과 기대에서 성립된다. 이러한 한민족공동체 형성의 주체는 남북한과 해외에 거주하는 한민족이므로 한민족의 혈통과 문화적 공통성을 기초로 세계 여러 지역에 거주하는 한민족 구성원들 간에 다양한 상호작용을 통해 공동의 유대와 귀속감을 발전시키고, 문화적·경제적 교류를 증진하며, 이를 통해 민족 구성원들의 생존, 안녕, 발전, 복지를 함께 도모하는 공동체로 규정할 수 있다.

세계한민족공동체는 현실적으로 경제공동체와 문화공동체를 형성한 후 장기적으로 세계 한민족을 포괄하는 '한민족공동체'를 구축해야 한다. 세계한민족경제네워크는 세계한민족공동체를 추구하는 과정에 있어서 현실적으로 접근 가능한 것으로 경제적인 관점에서 상호 간에 네트워크를 구축하는 것을 상정하고 있다.

여기서 공동체란 특정한 사회적 시간과 공간을 통하여 독특한 사회적 경험과 환경, 시간과 공간을 공유하는 사회적 집단들을 의미한다. 공동체는 공간(area), 상호작용(interaction), 공동의 유대(common bonds)를 그 구성요소로 한다. 따라서 공동체는 일정한 공간을 중심으로 구성원들끼리 지속적인 상호작용을 하며, 이를 통해 공동의 유대와 귀속감을 발전시킬 때 형성되는 것이다. 이러한 공동체는 구성원들 간의 연결망의 밀도에 영향을 주게 되고, 이러한 밀도는 구성원들 간 상호 연결고리의 다양성과 유효성에 의존한다. 그리고 이 연결망의 밀도는 바로 공동체의 안정성과 지속성을 나타내는 주요한 지표인 것이다.

단순한 혈연적 관계에만 의존하는 경우에는 앞에서도 언급한 바와 같이 공동체의 범위가 시간적(세대 간) 그리고 공간적(지역 간)으로 확대함에 따라 그 연결 관계의 밀도가 희박해지게 되어 그 안정성과 지속성이 감소된다. 뿐만 아니라 연고적 관계에나 결사체적 관계 중 특정한 하나의 관계에만 의존하여 그 정체성이 강조되는 경우에도 역시 공동체의 범위가 시간적(세대 간) 그리고 공간적(지역 간)으로 확대됨에 따라 그 연결 관계의 밀도가 희박해지게 되어 그 안정성과 지속성이 감소된다.

또한 사회적 연결망에 있어서 연결망의 밀도는 구성원들 간에 커뮤니케이션이 원활하게 일어나고 있는지의 여부와 밀접한 관계를 지니고 있다. 이러한 측면에서 공동의 언어는 민족공동체 내의 구성원 간의 커뮤니케이션을 통한 상호작용을 보다 원활하게 촉진함으로써 연결고리의 유효성을 증대하고 나아가 혈연적 관계를 넘어서는 민족공동체의 정체성을 확립하는 데 결정적 역할을 수행하게 됨을 알 수 있다. 종교의 경우는 공통적인 종교의식을 통하여 민족공동체의 관계 밀도가 혈연적 상호연결고리가 확대되는 과정에서 희박해지는 것을 강화시켜주는 역할을 수행해 왔음을 유대인의 경우에서 잘 볼 수 있다.

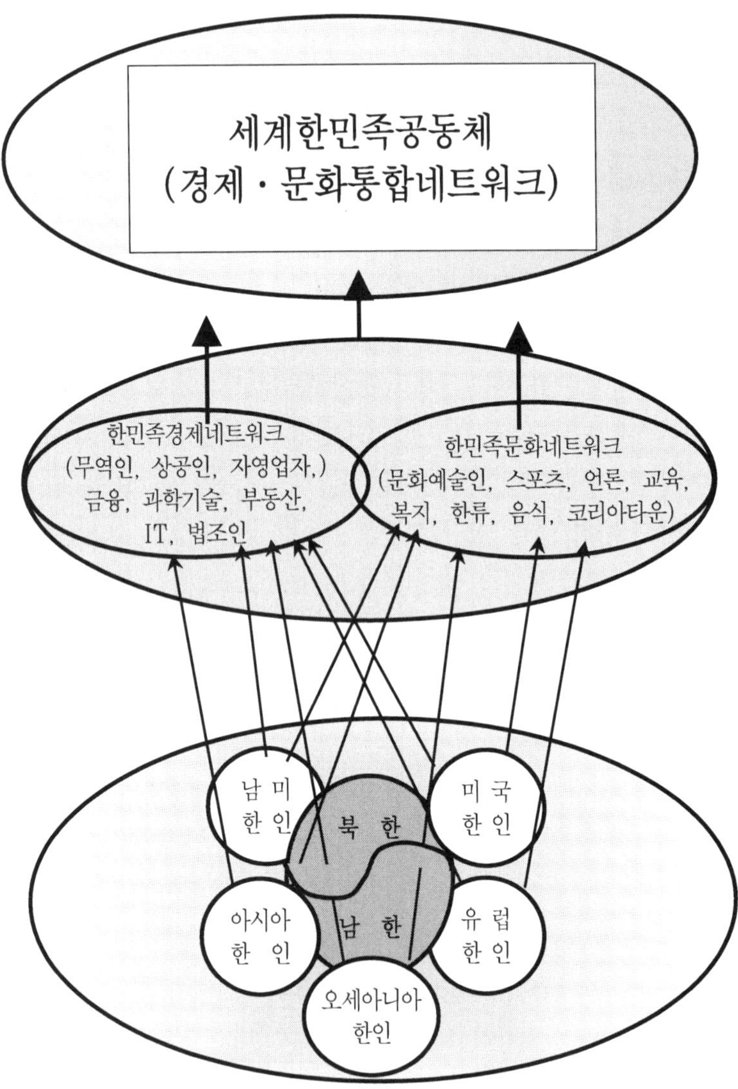

〈그림7-1〉 세계한민족공동체 단계별 구성

그리고 네트워크는 '관계의 집합(set of relation)'으로서 구성원 간에 국경을 초월하여 혈연, 지연, 학연, 업연(같은 직업이나 사업상 연고), 교연(같은 종교상의 연고) 등 다양한 관계들을 상호 연결시켜주고 구성원들 간의 응집성을 갖게 해준다.[121] 대표적인 네트워크 중 하나인 화교네트워크는 혈연, 지연 및 업연 등을 중심으로 강한 결속력을 발휘하면서 세계적 차원에서 각종 사업행위의 자원으로 활용되고 있다. 이 같은 네트워크는 방(幇), 세계화상대회, 동창회 등 다양한 형태로 나타나지만 최근에는 인터넷을 통한 네트워크화에 의해 본격적으로 이루어지고 있다.

'한민족경제네트워크'란 모든 재외동포 경제인과 경제단체를 통합하여 네트워크하고, 한민족 상권을 형성하며, 모국과 재외동포 경제인을 연계하여 세계적인 한민족 경제공영권을 실현시키는 것이다. 이는 온라인(On-line)과 오프라인(Off-line)상에서 동시에 국경을 초월하여 연계를 맺고 무역과 금융거래를 하는 한민족 간의 경제네트워크를 의미한다.

한민족경제네트워크의 가장 중요한 행위자는 한상이라고 할 수 있다. '한상(韓商)'이란 재외한인 기업과 기업인, 그리고 개인투자가와 상공인을 포함하며, 넓은 의미에서 해외에 진출한 한인／한국투자 기업(인)을 통칭하는 개념이다. 여기에는 세계 각지에서 제조업, 상업 및 무역, IT 및 벤처, 금융, 과학기술, 법조 및 언론 등의 분야에서 활약하고 있는 한민족 경제인을 총칭하는 말이다.[122] 한상네트워크는 이러한 한상들을 경제적인 네트워크로 연결시키는 것을 의미한다.[123]

그리고 한민족경제네트워크와 함께 한민족문화네트워크도 한민족공동

---

121) 성경륭·이재열, "민족통합에 대한 네트워크 접근," 『민족통합과 민족통일』, 한림대 민족통합연구소, 1999, p.131.
122) 한상헌장(2003년 10월 10일 세계 한상대회 창립대회).
123) 김재기, "세계화 시대 한상네트워크 구축의 정치경제", 『한국동북아논총』 제31집, 2004, pp.350-353.

체 형성에 중요한 한 축이다. 한민족문화공동체는 문화가 가지는 광의의 개념에서 출발한다. 일반적으로 문화는 인류의 가치적 소산으로서의 철학·종교·예술·과학 등의 영역까지를 포괄하는 개념이다. 개별적인 문화형태는 지역이나 집단에 따라 특유한 성격을 띠는데, 지역적 분포로 보아 비슷한 문화패턴을 지닌 것을 문화영역 또는 문화권이라 부른다. 또한 공동체란 특정한 사회적 시간과 공간을 통하여 독특한 사회적 경험과 환경, 시간과 공간을 공유하는 사회적 집단들을 의미한다.

'한민족문화공동체'는 한민족의 삶에서 축적된 의식과 생활양식의 통합형태로서, 민족정체성을 공유하는 한민족문화권을 지칭하는 광의의 개념으로 정의될 수 있다. 여기에는 교육, 언론, 사회단체, 법률, 집거지역, 예술활동, 각종 문헌정보자료, 여성의 삶 등이 포함될 수 있을 것이다. 또한 정보·지식을 바탕으로 하는 다양한 문화적 요소들이 '한민족 문화공동체' 형성에 있어서 중요한 역할을 한다. 인터넷 등 정보통신기기를 활용한 정보·지식 인프라 구축은 한민족 문화공동체 형성에 있어서 중요한 물적 토대가 된다.

따라서 각자가 속해 있는 현지 사회가 각자의 중심이 되며 다문화를 포용할 수 있는 개방적 네트워크로서 세계화 또는 국제화 시대에 맞는 한민족네트워크가 형성될 수 있을 것이다. 이러한 네트워크를 조직하려면 주체가 있어야 하며 하나로 묶을 수 있는 중심이 있어야 하고, 해외에 진출한 재외한인의 연결망이 형성되면서 각자 속해 있는 국가의 구성원으로서 충실한 역할을 하면서 동시에 모국 발전에도 기여할 수 있는 한민족네트워크가 가장 바람직한 모델이라고 생각된다. 구체적 형태로서 경제·문화를 축으로 한 네트워크의 건설은 700만 규모의 재외한인들이 주체적으로 참여하여 모국과의 양방향 교류를 이루어낼 수 있는 실현 가능한 방안 중의 하나로 생각된다.

특히 세계 인터넷 강국으로 등장한 한국도 세계 180여 개 국가에 분산되어 거주하는 한민족을 인터넷을 통해 시공을 초월하여 커뮤니케이션 하고 소통할 수 있는 기회를 맞고 있다. 고립-분산적으로 한민족 구성원들이 현실세계(off-line)나 가상세계(on-line)에서 아무런 장애물 없이 서로 만나고 교류-협력할 수 있는 새로운 조건을 만들어주고 있는 것이다.

그런데 한민족네트워크 현실은 국가별, 업종별로는 정교하게 연계되어 있지 못하고 글로벌 수준의 통합네트워크는 아직 존재하지 않는다. 세계한인무역인협회(WORLD-OKTA)나, 세계한인상공인총연합회, 세계한민족과학기술자협회, 세계한민족 IT 및 벤처기업가협회 등의 전문분야만 활성화되었지 이들 상호 간의 소통과 연계는 미약한 실정이다. 이러한 지역별, 영역별 네트워크를 글로벌 수준에서 정교하게 네트워크할 경우 세계한민족네트워크가 완성이 되는데, 현실은 아주 느슨한 상태로 존재하고 있다. 세계 180여 개 국가에 거주하는 한민족을 하나의 네트워크로 연결시킬 경우 다음과 같은 정치경제적 효과를 가져올 것이다.

첫째, 세계 한민족네트워크는 국제사회에서 한국의 국가경쟁력을 제고시킬 귀중한 인적 자산이다. 우리의 700만 재외동포의 경제적 가치는 1,300억 달러 규모로 한국 GDP의 25%로 추정되고 있다. 그리고 한국 수출의 16%, 수입의 14%를 담당하고, 2002년 국내 관광 등 유입자금 51억 7,000만 달러로 외국인 직접투자(FDI)의 56.8%를 차지하고 있는 것으로 추정되고 있다. 또한 재외동포의 국내 송금 48억 5,000만 달러이며, 재외동포 관광객 31만 5,000명이 3억 2,000만 달러 소비하고 있으며, 국내 부동산 취득건수 795건으로 1조 2,230억 원 규모를 차지한다. 경제적인 측면에서 한국과의 밀접한 관련이 있지만 한국의 민주화과정에서 중요한 역할을 하였고, 최근에는 대북한 인도적 지원, 경제협력, 투자 등에 참여하면서 통일과정에 기여하고 있다. 이러한 재외동포의 역량을 모아 보다 많은 시너지 효과를 내는 방법은 정교하게 네트워킹하는 것이다. 한민족 상호 간에 네트워킹이 잘 될 경우 거주국에서 정치경제적 위상도 높아질 것이다.

둘째, 세계 한민족네트워크 구축은 평화와 번영의 동북아시대에 적극적 대응이라는 측면에서 필요하다. 이는 참여정부가 야심 있게 추진하는 동북아 경제중심추진을 통한 동북아시대를 주도한다는 국가전략과 밀접한 관련이 된다. 동북아 경제중심 추진 전략은 지난 수세기 동안 대륙세력과 해양세력의 각축 속에서 주변화된 변방으로 존재해 온 한반도를 무한경쟁의 세계화 시대에 대응하기 위해 동북아의 중추지역으로 부상시키려는 국가전략이다. 동북아 지역에서 날로 팽창해가는 중화경제권과 일본의 군사대국화, 러시아의 극동지역 영향력 확대 등에 한민족이 생존하기 위해서는 분단된 민족의 통일과 함께 동북아를 비롯한 세계 곳곳에 거주하는 한민족 상호 간 및 모국 간에 하나의 정교한 네트워크로 구축하여 대응할 필요가 있다. 이러한 네트워크가 구축될 경우 국제사회에서 한민족의 정치적 위상도 높아질 것이다.

셋째, 세계 한민족 경제문화 영역의 확대라는 측면이다. 21세기에 한민족이 국경을 초월하여 세계를 무대로 활동해야 하며, 이러한 과정에서 세계에 거주하는 600만 명 규모의 한민족공동체는 세계화 시대 확대된 민족영역이라는 측면에서 중요한 의미를 갖는다. 즉 한 국가의 영토는 특정지역을 지칭하는 공간적인 개념만이 아니라 같은 혈통을 가진 사람들이 살고 있는 모든 장소로 확대시켜 생각할 수 있는 '새로운 영토개념'이 대두되고 있다. 특히 중국 동북3성 민족구역자치지역을 비롯한 산동성 지역의 한인 집거지역, 미국의 LA, NY 등 코리아타운, 일본 동경의 신주쿠와 오사카의 이꾸노구의 코리아타운이 주요 거점이 될 수 있다. 이러한 공간은 한민족 문화 브랜드의 세계화를 위한 거점으로서 역할이 가능하다. 실제 재외한인들이 밀집된 곳을 거점으로 한류가 확산되면서 경제유발효과가 크게 나타나고 있다.

넷째, 세계한민족네트워크 구축은 분단된 민족의 통합이라는 측면에서 정치적으로 중요한 역할이 기대된다. 통일부 등에서 공식적으로 사용하는 한민족공동체는 초기에는 남북한만 포함하는 통일방안으로 제시되었지만 지금은 남북한과 재외동포를 포괄하는 개념으로 쓰이고 있다. 이렇게 개념이 확대된 것은 북한과 밀접한 관계를 갖고 있는 구소련과 중국에 거주하는 재외동포들과 교류가 가능하게 되면서부터이다. 이들은 남북한을 비교적 자유롭게 오고갈 수가 있고, 중립적인 위치에서 상호 간에 객관적인 정보를 전달하는 매개체적 역할이 가능하기 때문이다. 또한 80년대 재일 총련계 동포의 대북 투자와 최근 중국 조선족의 식량지원 등 인도적 지원과 투자는 지금도 계속되고 있다. 2004년 10월에는 남북관계의 경색 속에서도 세계한인무역인협회(WORLD-OKTA) 소속 회원 163명이 평양에서 무역상담회를 개최하는 등 남북통일과정에 적극적으로 참여하고 있다.

2. 남북통일과 재외동포

해방 후 인위적 분단을 맞이한 한민족이 민족통합 과제를 해결하지 못한 상태에서 대립과 갈등을 지속하면서 무한경쟁의 국제사회에 편입되고 있다. 이러한 국제질서 속에서 21세기 한민족 발전의 좌표와 구심을 확립하기 위한 과제로 '남북통일'과 '세계한민족공동체 구축'을 제시할 수 있겠다. 이는 역사적으로 식민지 지배와 디아스포라(diaspora)의 경험, 동족상잔의 전쟁, 이념적 대립과 갈등을 거듭해 왔던 한민족에게 미래의 새로운 비전이다. 이러한 비전은 한민족의 생존과 번영, 나아가서 21세

기에 한민족이 세계무대에서 주역으로 활동할 수 있는 가능성과 기대에
서 성립된다. 그리고 이를 실천해야 하는 주체는 남북한과 해외에 거주
하는 한민족 구성원이다.[124]

남북통일이 남한과 북한의 정치적 통합으로 완성된다면, 세계한민족공
동체는 한민족의 혈통과 문화적 공통성을 기초로 세계 여러 지역에 거주
하는 한민족 구성원들 간에 다양한 상호작용을 통해 공동의 유대와 귀속
감을 발전시키면서 형성된다. 그리고 세계한민족공동체는 문화적·경제
적 교류를 증진하며, 이를 통해 민족구성원들의 생존, 안녕, 발전, 복지
를 함께 도모하는 공동체로 발전하게 된다.[125] 그리고 세계한민족공동
체와 남북통일은 한민족 구성원들의 상호작용 속에 민족의 통합과 발전
을 도모할 수 있다. 세계한민족공동체는 한반도에 국한할 경우 남북한
통일이 포함되며, 세계로 확대할 경우 중국, 미국, 일본, 구소련 지역
등 세계에 거주하는 한민족이 포함된다.

또한 재외동포는 한민족의 구성원으로서 분단된 민족의 통합이라는 측
면에서 중요한 역할을 할 수 있다. 재외동포들은 비교적 용이하게 남북
한을 왕래할 수 있으므로 남북한을 다니면서 남북한을 이해하고 연결시
키는 역할이 가능하다. 재외동포들은 두 체제를 연결하는 중요한 매개자
역할을 수행함으로써 남북한 간의 경제 교류 협력에 주체로서 또는 가교
자로서 역할을 할 수 있다. 특히 사회주의와 자본주의 체제를 모두 경험

---

124) 김재기, "한민족 Diaspora와 네트워크 구축의 정치경제.", 2004년 한국정치학회
　　　연례학술회의(2004.12.3. 외교안보연구원), pp.209-211.
125) 성경륭 외, 『21세기 한민족네트워크공동체의 비전과 전략』, (한국방송공사, 1999),
　　　pp.164-166;이만우, "한민족공동체(KC) 이론정립," 21세기 한민족공동체 형성
　　　과 과제, (해외한민족연구소, 1999), pp.9-41;정영훈, "한민족공동체 형성과제
　　　와 민족정체성 문제," 2002년 재외한인학회 연례학술회의논문집(2002.12.국회소
　　　회의실), pp.1-6;이종훈, "한민족공동체와 한국정부의 역할," 2002년 재외한인학회
　　　연례학술회의논문집(2002.12.국회소회의실), pp.27-29;박창규, "새로운 국제환경과
　　　한민족공동체", 평화연구, 제11권 2호, (고려대 평화연구소, 2003), pp.151-156.

한 중국 조선족과 러시아 고려인뿐만 아니라 자본주의 체제에 살고 있는 미국과 일본 동포들도 경제력을 바탕으로 대북 경협사업이 가능하다.

재외동포들의 대북 경협사업은 북한의 시장경제에 대한 이해를 높이는 데 기여하며 이를 통해서 북한에 대한 외국 투자를 촉진시키는 역할을 하게 될 것이다. 현재 남북경협 활성화에 장애 요인 중 하나는 북한의 비합리적인 상관행인데 재외동포 기업인들과의 잦은 교류는 북한 경협 실무자들이 시장경제의 상관습을 이해하는 좋은 계기가 될 것이며 이를 통해서 북한의 경제제도가 정비되는 계기를 만들 수가 있을 것이다.

이는 북한에서도 대외경제교류 및 협력에 있어 재외동포를 활용함으로써 내부의 정치적 위험부담을 크게 희석시킬 수 있을 것이라는 인식을 갖고 적극적으로 활용하기 위해 접근하고 있다는 점에서 충분히 가능성이 있다. 북한은 2002년 7.1 경제관리개선조치를 단행하고 신의주 특별행정구를 설치했지만 미국을 선두로 한 대북 경제봉쇄 조치로 뚜렷한 성과를 거두지 못했다. 더욱이 최근 남북피해자와 '가짜 유골' 문제가 불거지면서 재일본 조선인총연합회(총련) 상공인 투자도 불투명해 안정적인 자본유입 통로의 개척이 더욱 절실한 형편이다. 그리고 재외동포 자본은 미국이나 남한의 정치적 입장에 휘둘릴 가능성이 적고 북한이 줄기차게 주장해 온 '우리민족끼리' 경협방식에도 잘 들어맞는다.[126]

그런데 현재의 남북관계를 보았을 때 남북한이 정치적으로 하나의 통합체를 이루기까지는 너무나 많은 시간이 요구된다. 남북한 통일이 세계 한민족공동체 형성의 기폭제로서 가장 중요한 변수이지만, 반대로 재외동포 사회 역시 한민족의 구성원으로서 통일과정에서 일정한 역할이 가

---

126) 2004년10월 평양에서 개최된 세계해외한인무역협회와의 무역상담회에서 박봉주 내각 총리는 "이번 무역상담회는 '우리민족끼리'의 이념 아래 북과 남, 해외에 살고 있는 전체 조선민족의 단합된 힘으로 민족경제의 통일적 발전을 도모하는 데 커다란 의의를 갖는다"고 강조하였다; 평양무역상담회 WORLD-OKTA 준비위원회, 같은 책, p.16.

능하다. 즉 세계 한민족공동체의 구성원이 재외동포들이 남북한에 비해 이념적으로나 지리적으로 분단되어 있지 않기 때문에 상호 간에 연계망을 갖고 네트워크를 구축하면서 통일과정에 매개체로서 역할이 가능하다. 특히 거주국의 국적은 가진 재외동포들은 미국, 중국, 일본 등 남북 통일과 밀접한 관계가 있는 국가에 거주하고 있기 때문에 통일과정에 국제적 압력과 분위기 조성에 직접 참여할 수 있다.

이와 같이 재외동포들이 보유하고 있는 자본과 첨단과학기술, 유통망, 자본주의 경험 등은 남북한 관계의 특수성으로 인한 불확실성과 비경제적 제약요인을 극복하고, 북한의 국제사회로 진출을 매개하는 역할을 할 수 있다. 그리고 남북경제공동체 건설과 세계 한민족네트워크 공동체를 건설하는 데 주요한 민족적 자산이라고 할 수 있다.

그리고 초국가 민족네트워크로서 세계한민족공동체는 남북통일과 밀접한 관계가 있다. 세계한민족공동체는 그 범위에 있어서 남북한과 세계 한민족을 포괄하는 글로벌 수준의 공동체를 상정하기 때문에 남북통일 없이 세계한민족을 포괄하는 공동체의 형성은 불가능하다. 북한과 친북한 재외한인들도 통일과정에 적극적으로 참여해야 한민족공동체를 이룰 수 있다.

한민족공동체의 완성은 남북통일을 먼저 이루고 재외한인을 포함하는 한민족공동체를 형성할 수 있는 방법이 있고, 남북한이 각각 재외한인과 정교한 네트워크를 형성하면서 한민족공동체를 형성할 수도 있다. 또한 재외한인 사회 간 상호교류를 통해 먼저 공동체를 구축하고 남북한 통일이 이루어지면 세계한민족공동체를 형성하는 방법을 상정할 수 있다.

〈그림 7-1〉 철의 실크로드와 한민족의 세계진출

그렇지만 남북한의 통일을 이룩하지 못한다면 세계 한민족공동체 형성은 불가능하다. 또한 현실적으로 지금 당장 남북한의 정치적 통합이 이루어지기 어려운 상황이다. 이에 재외한인 네트워크를 통하여 남북관계 개선의 돌파구를 찾아볼 수 있다.

재외한인들은 남북한을 자유롭게 왕래가 가능하기 때문에 통일과정에서 역할이 가능하다. 그런데 재외한인의 네트워크 수준, 경제규모, 거주국가의 정책, 이념적 편차, 공간적 특성에 따라 다양한 역할이 제시될 수 있다. 여기서는 재외한인들이 가장 많이 거주하고 있고, 한반도와 정치경제적으로 밀접한 관계를 갖고 있는 미국과 중국, 일본의 한인을 중심으로 역할을 제시해 보고자 한다.

3. 남북통일과정에서 재외동포의 역할

1) 과계민족으로서 조선족의 남북한 관계

(1) 중국 조선족의 대북한 변경무역과 투자

1945년 8월 한반도가 해방과 동시에 미국과 소련에 의해 분할 점령 되던 시기에 중국 조선족도 국공내전 속에서 공산당과 국민당, 평양과 서울 사이에서 어디를 선택하느냐의 문제를 둘러싸고 서로 간의 갈등이 심하였다. 그런데 중국 동북지역 조선족의 경우 동북항일연군 등 중국공산당의 영향을 받아 자연스럽게 이념적으로 일치되는 북한과 긴밀하게 되었다. 1948년 북한 정부의 수립시기에 북한정권수립에 대한 경축대회를 가졌고, 주덕해를 단장으로 문정일을 부단장으로 하는 '동북조선인민대표단'이 평양을 방문하여 조선민주주의인민공화국 수립을 경축하기도 하였다.[127]

중국 조선족이 북한에 대한 경제적 지원은 1950년 한반도에서 전쟁이 발발 이후 북한을 지원하는 항미원조 전쟁에 참가하면서 본격적으로 이루어졌다. 한국전쟁 당시 중국은 '항미원조 보가위국(抗美援朝保家衛國)'의 구호 아래 대규모 지원군을 북한에 파견하는 한편 국내적으로도 국민들을 대상으로 무기헌납운동을 전개하였다. 한국전쟁에 참전한 2만 여 명의 조선족 장병들은 80% 이상이 연락병으로서, 언어와 조선에 대한 정황이 능한 점이 활용되었다.

또한 중국 연변과 북한의 함경북도, 양강도 지방과의 변경무역은 해방 이후 1954년 10월 중국 대외무역부에서 길림성 연변지역 조선족들의 해산물 수요를 만족시키기 위해 연변과 북한의 변경무역을 비준하면서 시

---

127) 김경일, "조선반도 남북관계와 중국 조선족 사회," 『중국 조선족 사회의 문화우세와 발전전략』, (연변인민출판사, 2001), pp.567-571.

작되었다. 중국과 북한과의 변경무역은 바터무역으로 하고 교환물자의 가격은 중국 인민폐를 단위로 연변의 도문, 사토자, 개산툰, 북한의 남양, 회령, 경원, 무산으로 하였다. 따라서 냉전체제가 해체되기 전까지 중국 조선족은 한반도의 절반인 북한과의 관계 속에서만 교류가 이루어졌다.

냉전의 국제질서는 한국전쟁 이후 한반도의 남북관계에도 영향을 미쳤으며 중국 조선족과의 관계도 북한을 중심으로 하는 관계만 유지되었다. 당시 중국과 북한과의 관계는 양국 간의 동맹과 친선, 혈연관계 등으로 경제, 문화, 예술, 교육 등에서 활발하게 진행되었다. 언어교육에 있어서도 평양 말을 기준으로 사용하였고, 사회주의라는 동질성은 북한의 문화가 조선족 문화에 많은 영향을 미쳤다. 이는 지정학적으로 북한과 가까운 거리에 있는 관계로 빈번한 상호왕래와 문화교류를 통해 이루어졌다.

그러나 중국 국내정치의 변화로 북한과의 교류가 단절되는 경우도 있었다. 1957년 여름부터 시작된 반우파투쟁, 1958년 봄부터 2년간 진행된 민족정풍 운동으로 조선족의 많은 간부와 지식인들이 탄압을 받았다. 당에서 관료주의, 종파주의, 주관주의를 검사하면서 우파분자나 지방민족주의자로 몰려 박해를 받은 것이다.[128] 1966년 5월부터 1976년 10월까지 10년간 지속된 문화대혁명은 조선족에게도 예외 없이 막대한 재난을 가져다주었다. 중국 조선족은 남북한에 친척이 많은 관계로 외국과 내통한 '특무'로 몰려 10,000여 명이나 박해를 받았다.[129] 이러한 정치 분위기 속에서 북한과 교류한다는 것은 소수민족주의자로 숙청당하기 때문에 북한과의 교류도 소원해질 수밖에 없었다. 문화대혁명으로 단절된 관계는

---

128) 모택동은 1957년 2월 최고국무회의에서 〈인민내부의 모순을 정확히 처리할 문제에 대하여〉라는 연설을 하였고, 전국선전사업회의에서 〈백가쟁명, 백화만발: 학술, 문화예술분야에서 자유로운 토론 제창〉, 〈장기공존, 상호감독: 각 민주당파를 대하는 중국 공산당의 방침〉이라는 연설이 전달되면서 사실상 정풍운동이 시작되었다; 오태호 주필, 『중국조선민족발자취총서: 풍랑』, 민족출판사, 1993, pp.111-146.

129) 연변력사학회 편찬, 『연변40년기사(1949-1989)』, (연변인민출판사, 1989), pp.267-268.

1969년 최용건 위원장의 중국방문, 1970년 봄 주은래 총리의 북한방문을 계기로 회복하게 된다. 1971년부터 1981년간 중국의 문화대혁명으로 양국 간의 교류는 중단되었다가 1982년부터 재개되었다.

1980년대에 중국 조선족의 북한교류는 북한의 친척방문을 통해 '보따리 장사'와 '북한친척돕기' 형태로 교류가 진행되었다. 보따리 장사는 1987년-1989년에 남양, 회령, 무산 등 변경지역에 중국 물품시장이 들어설 정도로 합법화되었다. 그러나 1992년 한-중수교로 북한의 단속이 심해져 약화되었다가, 1995년 북한의 자연재해 이후 교류가 빈번해졌다.

북한이 중국 조선족에 대하여 중국과의 전통적인 친선관계를 의식하여 정치적으로 접근하고 있지 않지만 이념적, 혈연적으로 밀접한 관계를 유지하고 있다. 조선족이 전통적으로 친북한 성향을 보이고 있기 때문에 공개적이고 적극적인 접근을 하지 않았었다. 그러나 한중 수교 이후 조선족들이 남한과 교류가 빈번해지고, 북한에 대한 인식이 부정적으로 변화되면서 친북적인 단체들을 조직하였다.

1991년 심양에서 500여 친북인사들이 '재중조선공민연합회'를 조직하였고, 1998년에는 '재중조선인총연합회'로 개칭하였다. 〈그림 7-2〉와 같이 4,000명 규모의 회원을 확보한 이 단체는 재중조선인경제인연합회와 재중조선인청년연합회를 두고 활동하고 있으며, 동북3성 지역에 7개 지구와 시·현별로 97개 지부를 두고 북한과 적극적인 교류를 하고 있다.130) 이 단체 산하에 있는 재중조선인경제연합회는 재일 조총련의 재일조선인상공연합과 같이 대북 경제협력의 중추적인 역할이 예상된다. 북한도 중국 동북지역에 한국기업의 진출이 급증하면서 친북한 단체를

---

130) 이 단체의 의장인 양영동은 평양에서 개최된 행사에서 "재중조선인총연합회를 주체의 해외포조직으로 강화시켜 김정일의 영도를 충성으로 받들어 하루속히 조국통일을 실현하고 주체혁명의 위업을 달성하는 데 적극 나설 것"을 다짐하기도 하였다; 조선중앙통신사, 『조선중앙년감 2000』(평양: 조선중앙통신사, 2000), p.114.

적극적으로 지원하고 있기 때문에 이 단체의 활동이 주목된다.

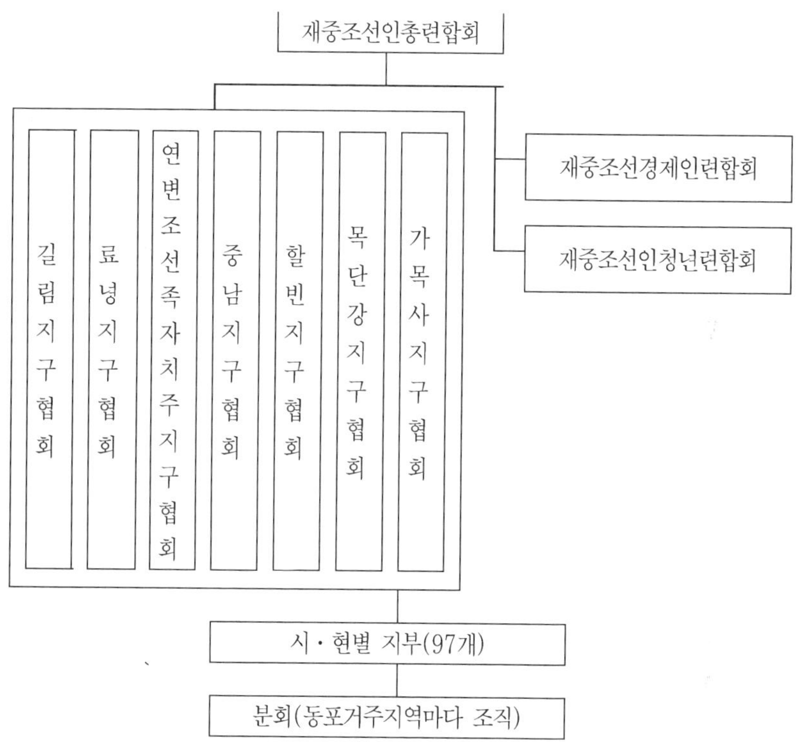

자료: 조선노동당 출판사 편, 『위대한 김일성동지의 불멸의 혁명업적 18』, p.349.

〈그림 7-2〉 재중조선인총연합회 조직구성

(2) 중국의 개혁개방과 북-중 변경무역

중국의 개혁개방은 조선족과 북한 간에 교류협력을 증대시키는 계기가 되었다. 중국과 북한 간의 변경무역은 1984년 12월에 제정된 '변경소액무역잠행관리법'과 1985년 9월에 제정된 '구안개발에 관한 국무원의 약간규정 및 해관법'에 따라 처리되고 있다. 개혁개방 이후 1992년 중공중앙에서 〈국경무역관리 완화조치〉를 공포한 후 국가로부터 수입제한이 폐지되어 무역이 활성화되었다.

변경무역은 변경무역권을 가진 중국의 변경 인근 기업이 인근국과 행하는 교역이다. 이는 중국 정부가 변경지역의 경제 활성화를 위해 취하고 있는 임시 정책으로서, 변경무역 인접국의 물품을 수입할 경우 관세 및 증치세의 반감 혜택이 주어진다. 따라서 북한산 물품이 변경무역을 통해 수출될 경우 어느 정도의 가격 경쟁력이 확보되는 것이다. 보세무역이 제3국과의 거래라는 점을 감안한다면, 실질적인 의미에서 가장 중요한 것은 북-중 간의 변경무역이라 할 수 있다. 북한 중국 간 변경무역은 첫째, 양국 접경지역의 일정 범위 내에 거주하는 지역주민들 간에 진행되는 민간차원의 상품교역(변경소액무역)과, 둘째 양국 지방정부로부터 변경무역권을 허가받은 무역상사들 간에 추진되는 정부차원의 상품교역(변경지방무역)으로 구분된다.[131]

〈표 7-1〉는 북-중 간 변경무역이 활성화되기 시작한 2001년부터 2004년 상반기까지의 변경무역 추이를 반기별로 구분한 것이다. 2000년부터 점차 활성화된 변경무역은 2000년대에 접어들면서 주요 대중 교역의 형태로 자리잡았고, 2003년 하반기 들어서는 최초로 수출입 합계가 1억 달러를 넘어섰다. 이러한 추세는 2004년 상반기에도 이어져 1억 2,408만 달러로 반기 최대 교역 액을 달성하였다. 또한 동 기간에 변경무역 사상 최초로 1,684만 달러의 교역 흑자를 기록한 것을 확인할 수 있는데, 이는 상당히 이례적인 일이다. 2004년 상반기 북한은 변경무역을 통해 중국에 7,046만 달러(전년 동기 대비 122.5% 증가)를 수출하였고, 5,362만 달러(전년 동기 대비 4.7% 증가) 수입하였다. 이는 북한의 광물 및 금속제품 수출이 크게 증가한 데 비해, 중국으로부터의 곡물 도입이 전년의 절반 수준으로 급감한 데서 기인한다.

---

131) 조명철, 『북한과 중국의 경제관계 현황과 전망』, (대외경제정책연구원, 1997), p.47.

〈표 7-1〉 북중 변경무역 추이

(단위: 미천$)

	'01 상	'01 하	'02 상	'02 하	'03 상	'03 하	'04 상
수 출	19,102	20,923	22,332	32,628	31,660	49,659	70,458
수 입	57,368	59,318	44,045	55,288	51,225	63,432	53,622
합 계	76,470	80,241	66,377	87,916	82,885	113,091	124,080
수 지	-38,266	-38,395	-21,713	-22,660	-19,565	-13,773	16,836

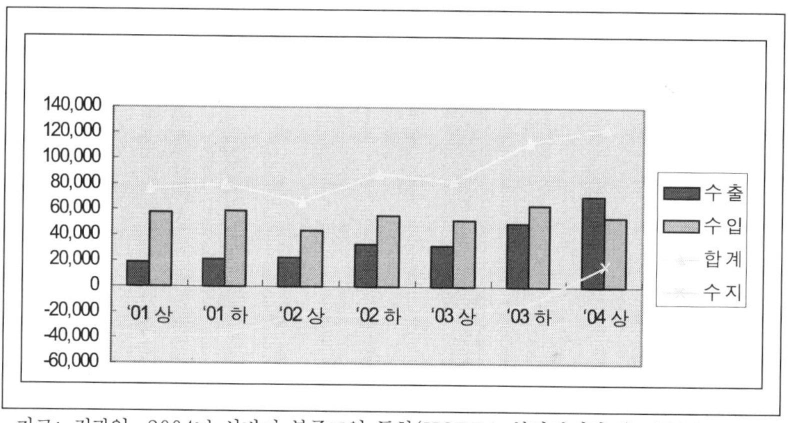

자료: 김광일, 2004년 상반기 북중교역 동향(KOTRA 북한경제정보), 2004.

〈표 7-1〉은 조선족 집거지역인 연변과 북한 무역회사 간의 변경무역 현황이다. 이 자료에서 1992-1994년간 연변의 각 무역공사들에서는 북한의 무역회사와 대량의 무역을 진행하여 1993년 수출입총액이 3억 달러를 초과하였다. 그러나 1994년부터 국가정책조정과 주변국가의 경제상황이 변함에 따라 하강세를 보이기 시작하여, 1996년에는 1993년에 비해 10여 배 축소되었다가 1999년에 5,072달러로 증가하였다. 2000년 9월까지 연변의 대북한 수출액은 3000만 달러 규모로 증가하게 되었는데 이는 북한에 대한 국제원조의 증가와 북한의 경제회복과 연관이 된다. 현재 북한은 연변주 대외무역의 주요수출국으로서 한국, 일본 다음으로 제3위를

차지하고 있다.[132)]

2004년 상반기 연변조선족자치주 대북한 무역액은 9254만 달러로 전년대비 86.31% 증가하였고, 연변주 수출입총액의 41%를 차지하고 있다. 그중 수출액은 4417만 달러로 29.05% 증가했고 수입액은 4837만 달러로 213.25% 대폭 증가했다. 다음으로 무역 상품의 품목과 종류도 과거의 단순한 식품, 알곡으로부터 지금은 경공업, 일용 잡화, 목재 및 목제품, 방직품, 농부산물, 채소, 약재 및 의료제품, 금속자재, 해산물 등 근 100여 가지로 늘어났다. 주요 수입 상품으로는 목재, 강재, 철판, 강괴, 무연탄, 해산물, 철광분이고 주요 수출 상품은 쌀, 옥수수, 밀가루, 콩, 석탄, 콕스, 콩기름, 전기기계제품, 권연, 방직품, 경공업품 등이다.

그리고 연변에는 7개 대북한 무역통상구가 있는데 그중 7개가 두만강을 사이에 두고 있다. 도문-함경북도 남양 간 해관은 1924년에 설립되었으며 현재 화물 통과량 1위를 차지하고 있다. 훈춘시의 권하-함경북도 은덕군 온정리 해관은 1937년에 설치된 후 1982년에 문을 닫았다가 1995년에 다시 개통되었다.

<표 7-2> 1990년대 연변과 북한변경무역 수출입통계

(단위: 만 달러)

년 도	수출입총액	수 출	수 입	무역흑자
1990	2,129	1,229	900	329
1991	7,454	3,786	3,668	118
1992	14,592	6,198	8,394	-2,196
1993	32,732	14,468	16,264	-1,796
1994	22,588	11,371	11,217	154
1995	5,423	3,035	2,388	647

---

132) 황덕남, "연변과 북한 변경무역의 활성화 방안," 『한·중·조 협력실태와 지역개발의 전망』, (국토연구원, 2000). p.13.

년 도	수출입총액	수 출	수 입	무역흑자
1996	2,218	1,384	834	550
1997	3,535	2,434	1,101	1,333
1998	3,163	2,212	951	1,261
1999	5,072	4,090	982	3,008

자료: 『연변50년 1949-1999』, (연변인민출판사, 1999), p.336.

이 해관은 나진·선봉구를 통하는 주요 통상구이며 훈춘-나진-부산항을 연결하는 국제컨테이너 수송선이 운행 중이다. 용정시 삼합-함경북도 회령해관은 청진시와 연결되어 수산물 등의 통과량이 많다. 용정시 개산툰-함경북도 온성군 삼봉과 연결되는 해관이며, 화룡시 남평-함경북도 무산시 칠성리 해관과 연결되어 있다. 고성리 해관은 화룡시 숭선-양강도 삼장해관과 마주하고 있다. 사타자해관은 훈춘시 삼가자향-함경북도 샛별군 해관과 마주하고 있다.

그리고 변경무역 중 중개인이나 개인회사가 주체가 되어 하는 무역을 '보따리 무역'이라고 하는데, 90년대 들어 중국과 북한 간 무역에서 변경무역이 차지하는 비율이 전체의 80% 정도이고, 그중에서 보따리 무역이 차지하는 비중이 전체의 70%를 차지하고 있다.[133]

또한 조선족과 북한 간에 변경도시의 특성을 살려 〈邊民互市貿易市場〉이라는 새로운 형태의 교류를 실시하였다. 1997년 6월 훈춘 권하해관과 마주한 북한 원정리 세관부근에 3만평 규모의 〈邊民互市貿易市場〉[134]을 설립하였는데, 매주 화, 수, 목, 금 4일장으로 개장되었다.

---

133) 조명철, 전게논문, p.61.

134) 중국 국무원은 1996년 3월 29일에 반포한 변민호시무역관리법에 의하여 변경선 20킬로미터 이내에 중국정부의 허가를 받아 개설된 개방지역 또는 시장에서 일정 금액 이상을 초과하지 않는 범위 내에서 상품 교환 활동을 하는 것을 말한다. 규정에 따르면 거래상품은 생활용품에 한 하녀 1일 1인당 인민폐 3000원 이하인

초기에는 양측이 각각 50명 규모로 시작하여 많을 때는 500명가량 참여하였다. 이 시장에 갖고 들고나는 상품은 인민폐 3,000원 이하로 제한하였으며 면세혜택을 받았다. 여기에 오는 상인들은 나진-선봉지역 주민들과 훈춘시 주민들로 대부분 조선족이다. 북한에서는 해산물과 토산품을 주로 가져오고 조선족은 식량, 옷, 신발, 일상생활용품 등을 거래하였다. 1997년 말 호시무역시장에 다녀온 중국 측 변경주민은 8,400여 차에 달했고 무역액은 1,600여 만 원에 달하였다. 그러나 북한의 경제난으로 시장에서 유통할 상품이 점점 적어지고 북한에서 달러와 엔화의 사용을 통제하게 되어 1999년 5월초 폐쇄되었다. 연변주 정부에서는 훈춘을 포함하여 도문, 용정, 화룡 등 변경에 호시무역시장을 개설하기로 계획하고 있다.[135]

<표 7-3> 1990년대 연변 대북한 각 해관 수출입 화물 비교

(단위: 톤)

	도문(중)	사타자	권 하	남 평	고성리	삼 합	개산툰
1991		12675		5900	11643		
1992		52239		19116	18693		
1993		47837		15247	14870		
1994		25786		27907	13235	37000	6300
1995	1709007	6650	4788	6626	10044	27400	2500
1996	482531	4960	23773	39148	15024	16000	7500
1997	408266	5575	70021	74001	51000	16600	3000
1998	252958	2412	41387	55214	33610	5600	600
1999	390000	932	116784	3483	17190	1114	

자료: 임금숙, "연변과 조선변경지역 간의 경제무역교류 현황과 전망", 『중국 조선족 사회의 문화우세와 발전전략』, (연변인민출판사, 2001), pp.386-390.

경우는 수입관세와 증치세를 면세해주며 이 금액을 초과하는 부분에 대해서는 관세와 증치세를 부과한다; 임금숙, 전게논문, 2001, p.410.
135) 임금숙, 전게논문, pp.411-412.

개혁개방 이후 중조변경지역의 조선족들은 '조선장사'와 '조선친척돕기' 및 '변민호시무역'을 통하여 중국과 마주한 북한 변경지역 주민들의 식량난 해소에 기여를 하였다. 1997년 연변대학 김강일 교수가 연변 내 대북통상구 6개에 대한 실태조사에서 북한 친척에 대한 식량지원만 해도 약 8천만 톤으로 추정되었다.[136] 보따리 무역은 북한 변경주민들에게 의복, 신발, 일용품 등 경공업품의 부족을 어느 정도 해결해준 동시에 시장경제에 대한 인식을 하게 하는 계기가 되었다는 의미가 있다.

특히 조선족들의 북한친척 돕기는 80년대부터 줄곧 이어져왔는데 매년 적어도 2-3천 명의 북한사람들이 연변친척을 방문하였다. 한번 왔다 가면 적어도 2-3년분의 식량을 해결할 정도의 물건을 가져갔다고 한다. 그러나 1992년 한국과 중국 간 수교로 북한이 중국 친척방문을 엄격히 통제하여 공식적인 방문이 드물고 대신 조선족이 해관을 통해 북한을 방문하여 친척에게 도움을 주고 있다. 특히 90년대 중반 이후 경제위기와 식량난으로 불법 월경하는 탈북자들이 연변으로 들어왔다. 1995년 북한의 수재 이후 식량사정이 악화되자 조선족들이 조선 친척 돕기에 나섰는데, 도문해관에는 매일 적어도 20-30명의 조선족이 왕래하였고 북한 남양에는 각지에서 연락되어 온 북한친척들에게 한번에 적어도 2-3천 원의 현금을 주었다고 한다.[137]

중국과 북한 간의 상호투자는 중국의 개혁개방 이후 북한의 기업들이 먼저 연변에 투자하였다. 1992년 5월 북한 국가체육위원회관리국 오륜무역회사에서 연길시에 평양식당을 열었고, 1997년에는 35개의 북한기업들이 연변에 투자하였으며 2000년 5월 말까지 21개 기업을 투자하였다. 투자업종은 제조업에 11개, 음식업 기타 서비스업종에 11개 기업이다.

---

136) 김강일, 『중국 조선족 사회의 문화우세와 발전전략』, (연길: 연변인민출판사, 2001, p.545.
137) 임금숙, 전게논문, p.408.

2002년 북한의 7.1 경제조치 이후 조선족 기업가 46개가 북한에 진출하여 북한 시장을 장악하고 있다.[138] 이는 조선족이 한민족이라는 동질성과 중국정부가 북한투자를 정책적으로 권장하고 있으며, 길림성 및 연변 지방정부에서도 전방위적인 대 러시아, 대 북한 무역 전략을 펼쳐 나가고 있기 때문에 가능한 것이다.

<표 7-4> 연변의 대북한 투자 현황

기 업 명	투자분야	투 자 현 황
연변항운공사	SOC(항만)	한국특수선(주)와 합작으로 동룡해운 설립 북한의 해양무역회사와 계약체결, 1995년 10월 6일 최초의 라진-부산 간 화물선박운항
선호기업집단 공교물자총공사	SOC (항만, 도로)	함경북도 청진시 동항 50년간 임차 계약 체결 청진-회령 간 도로확장공사(3천 400만 달러 투입 계획) 착공했으나 자금사정으로 중단상태
연변현통집단	관광서비스업 (숙소), 도로	라진지역에 항구시설, 빌딩건설, 도로건설 북-중 국경지대 자유시장 건설투자, 인민폐 2,300만원(약 280만 달러) 투자 아사달 샘물 판매
국제무역상사 유한책임회사	유 통 업	라진상업국과 합자하여 '직매점' 운영 3만 달러 중 투자실행액 1만 달러 철물, 건축자개, 약품, 식품 주로 판매
연길담배공장	제 조 업	북한 조흥회사와 평양부근에 합자 담배공장 건설 1999년 10월부터 '단오', '10.5'표 권련 생산
연변용흥무역 집단총공사	관광서비스업	숙소, 식당, 상점, 택시업, 연유판매업 351만 달러 계약, 27만 달러 투자
연변신층경제 무역유한회사	유 통 업	온실채소 생산판매, 중계무역 52만 달러 계약, 10만 달러 투자
연변고려축목 발전유한회사	관광서비스업	청량음료점, 호텔 경영 300만 달러 계약, 30만 달러 투자

자료: 임금숙, 앞의 책, pp.391-393.

---

138) 2004년 8월, 중국 길림대학 동북아연구원 조선반도문제 전문가 서문길은 "재경시보" 논평에서 중국의 "대 북조선투자 중국투자인들의 절대다수가 길림성 연변자치주와 요녕성의 조선족상인 이다"고 밝혔다. 조선족의 북조선진출은 기초적인 강점을 가지고 있다. 중국의 대 북조선 통상구는 모두 15개인데, 그중 연변에 8개, 장백조선족자치현에 1개 있으며, 국무원으로부터 연변의 4개 도시가 변강무역도시로 지정되었다.

2001년 길림성 대외무역경제합작청은 우수한 민영수출기업을 10개 선정하여 표창하였는데 그중에서 연변의 8개 민영수출기업이 선정되었고, 2002년에는 연변의 수출규모가 길림성 제1위를 확보하였으며, 2003년 연변의 대 북한 수출입규모가 대 한국 수출입규모를 초과하여, 북한이 연변의 최대 무역파트너로 부상하였다. 연변기업 중 40여 개 업체가 이미 북한 라선 개발구에 입주해 식료품공장, 담배공장, 복장공장 등 일련의 기업을 설립하였으며 복장공장에서만 해도 2000여 명의 북한 노동력을 고용하였다. 연변주경제무역위원회에 따르면 현재 46개 북한 회사 혹은 사무소가 연변조선족자치주에 진출하여 대 중국 무역을 추진하고 있다.139)

2002년 6월을 기준으로, 북한의 경제특구 라선시에 진출한 외국기업 중 70%가 중국기업이고 그중 또 80%가 연변 조선족 기업이다. 조선족들의 대 북한 투자는 집단화와 년 2억 위안 이상 거대기업들이 북한 투자를 선도하고 있다. 투자영역도 제조업, 첨단 IT업계에 이르기까지 광범위하게 이루어지고 있다. 2004년 요녕성 조선족기업가 협회는 북한과 "평양에 직거래를 위한 공산품 상설전시관 개설" 합의를 보았는데, 요녕성 조선족기업가 협회소속 400여 개 기업에서 생산되는 신발, 옷 등 생활용품과 전기제품, 건축용 자재 등을 전시하였다.

조선족 길경갑회장이 운영하는 심양의 화신그룹은 산하에는 기업이 56개 있고 연간 총생산액은 8억 원(인민폐)에 달하는 대표적인 대북 투자 그룹인데, 2002년부터 북한에 진출하여 젓가락 공장과 두부공장을 세웠다. 화신그룹의 북한 현지법인회사는 무연탄, 석탄, 아연, 마그네샤그림카(내화자료) 등 공업원자재들을 한국으로 수출해 남북교류의 활성화에 기여하고 있다. 그리고 조선족의 대표적인 IT업계인 북경 명인컴퓨터회사(김호사장)는 2002년에는 이 회사에서 개발한 'MR2000 컴퓨터보호신'이

---

139) 최근 연변에 입주한 한국기업은 337개, 총투자액은 1억 6182만 달러로 외국투자 중 투자액 1위를 고수하며 계속 늘어나는 추세를 보이고 있다.

중국 지식재산권을 획득, 그해 TCL그룹으로부터 조선에 대한 총판매권을 획득, 2003년 9월에는 한국 DAWINNET WEB 가속기(加速器) 중국 총판매권을 획득, 2003년 11월 평양에 사무소를 설립했다. 특히 김호 사장이 증정한 'MR2000 컴퓨터보호신'은 김정일 위원장으로부터 북한에서 전국에 보급하는 프로그램으로 지정되기도 하였다. 현재 명인컴퓨터는 북한의 조선컴퓨터센터, 조선과학원 프로그램연구소와 협력하여 공동연구소를 설립하고 중국과 해외의 판촉사업을 담당하고 있다.[140]

그리고 중국 조선족의 대북한 경제협력은 연변주와 인접한 라선시 경제특구와 장백통상구, 단동 통상구 등을 통해 변경무역의 형식으로 이루어지고 있다. 특히 중국 최대 국경도시인 단동은 대북한 무역의 교두보로서 막대한 비중을 차지하고 있다. 2004년 단동시대외무역국의 자료에 의하면 단동의 대북한 수출입총액은 3억 1천만 달러로 전해 동기대비 약 13% 성장했다. 단동의 대북한 수출품은 동력전기 제품, 가전제품, 방직품, 일용백화가 주류를 이루고 있으며 수입품으로는 수산물, 광산물이 주류를 이룬다. 이는 작년 한 해 중국의 대북한 총교역량의 30% 이상에 달하는 수치로 단동의 중요성을 보여주고 있다.

단동지역 대북한 무역의 선두주자는 대부분 중국 조선족이 차지하고 있다. 단동금강산무역회사의 최명귀 대표는 북한 평안남도 무역관리국과 14년간 합작을 하고 있다. 현재 평안남도 평성시에 은광산과 규소철공장 및 종이박스공장을 운영하고 있으며, 매달 북한으로부터 규소철 200톤, 은 200톤을 중국으로 수입하고 있다. 단동동방국제화물운송유한공사의 장태수 대표는 주로 한국과 북한의 화물수송과 수출입을 대행하고 있는데 국가 상무부에서 발급한 변경 소액무역권과 대액무역권을 동시에 소유하고 있다. 현재 평양에 사무소를 설립하고 투자유치를 진행하고 있으며, 평양 광복백

---

140) 조선문보, 2004.10.8.

화점을 임대해 슈퍼마켓을 임대해 운영하고 있다. 단동금달부역광사의 박대용사장도 대북한 수산물, 농산물, 자동차, 야금 등 수출입에서 활발한 활동을 하고 있다.[141]

(3) 중국 – 북한 접경지역 조선족의 통일관[142]

중국 조선족의 남북한통일관을 알아보기 위해 조선족 최대 집거구이며 북한과 접경하고 있는 연변과 북한 신의주와 접경하며 중국의 최대 대북무역이 이루어지고 있는 단동을 선택하여 설문조사를 실시하였다. 〈표 7-6〉는 남북통일 시기와 방법에 대한 질문으로, '시간이 걸리더라도 점진적으로 이루어져야 한다'는 반응이 43.8%로 가장 높게 나타났고, '가능하다면 빨리 이루어져야 한다'는 반응은 31.5%를 보였다. 이 둘을 합하면 통일을 해야 한다는 의견이 75.3%에 달하는 것으로 볼 수 있다. '좋은 관계를 유지하며 공존'하자는 의견도 20.8%를 보이고 있다. 반면 '통일이 불필요하다'는 의견은 2.3%로 낮은 반응을 보였다. 지역별, 연령별로 큰 차이 없이 반응하고 있지만, 성별로 보았을 때, 젊은층보다 나이든 층으로 갈수록 '가능한 한 빨리 이루어져야 한다'는 반응이 높게 나타났다.

〈표 7-6〉 남북통일에 대한 의식

		남북통일에 관한 견해					전 체
		가능한 빨리 이루어져야 한다	시간이 걸리더라고 점진적으로	좋은 관계 유지하며 공존	통일이 불필요하다고 생각	모름/무응답	
전 체	빈 도	82	114	54	6	4	260
	%	31.5%	43.8%	20.8%	2.3%	1.5%	100.0%

---

141) 요녕조선문보, 2005년 2월 6일

142) 설문조사는 저자가 2005.1~3까지 중국연변 130명, 단동 130명을 대상으로 직접 면담조사를 통해 수집된 자료를 분석한 것이다.

〈표 7-7〉는 현 참여정부의 대북정책인 평화번영정책에 대한 지지도를 묻는 질문이었는데, '매우 지지'가 30.8%, '어느 정도 지지'가 45.4%로 86.2%가 지지하는 반응을 보였다. 그리고 '별로 지지 않거나' '전혀 지지 하지 않는다'는 의견은 5%로 나타났다. 이 역시 지역별, 성별로 큰 차이가 없지만 연령이 높아질수록 지지율이 높아지는 반응을 보였다. 중국 조선족들이 참여정부의 평화번영정책에 대한 높은 지지는 대북정책 수립과 집행에 시사하는 바가 매우 크다. 이러한 지지도는 정당지지도에서 22.7%로 열린 우리당의 지지도가 가장 높게 나타난 것과 관련이 있다. 이는 북한과 긴밀한 관계에 있는 중국 조선족을 위한 정책 수립도 필요하다는 의미이다.

〈표 7-7〉 평화번영정책에 대한 지지도

전 체		현 한국 정부의 평화번영정책					전 체
		매우지지	어느 정도 지지	별로 지지 하지 않음	전혀 지지 하지 않음	모름/무응답	
전 체	빈 도	80	118	10	3	49	260
	%	30.8%	45.4%	3.8%	1.2%	18.8%	100.0%

〈표 7-8〉는 남북관계 개선을 위해 가장 중요한 것이 무엇이냐는 질문에 '남북한 경제협력 활성화'에 43.8%, '정치적 신뢰구축'에 20.8%, '군사적 긴장완화'에 15.8% 응답하였다. 지역별로는 단동지역이 53.1%로 연변의 34.6%보다 높게 나타났다. 이는 단동이 대북한 무역의 80% 이상을 차지하는 현실을 반영한 것이라고 볼 수 있다.

이러한 반응은 신남북 경협시대에 경제협력을 통한 남북관계 개선이 가장 효과적이고 실용적이라는 것을 보여준다. 북한경제의 재건은 사실상 외부의 지원에 달려 있기 때문에 본격적인 성장궤도에 진입하기 위해서는 안정적인 에너지 확보, 생산설비 확충, 교역시장의 확대가 필수적인 전제이다. 이러한 경제협력을 남한과 중국이 주도적으로 실천하고 있으며, 중국 조선족 기업가들의 대북한 투자도 증가하고 있다. 특히 중국 조선족의 대북한 경제협력 중 요녕성 단동은 대북한 무역의 교두보로서 막대한 비중을 차지하고 있다. 2004년 단동시 대외무역국의 자료에 의하면 단동의 대북한 수출입총액은 3억 1천만 달러로 전해 동기대비 약 13% 성장했다. 단동의 대북한 수출품은 동력전기 제품, 가전제품, 방직품, 일용백화가 주류를 이루고 있으며 수입품으로는 수산물, 광산물이 주류를 이룬다. 이는 작년 한 해 중국의 대북한 총교역량의 30% 이상에 달하는 수치로 단동의 중요성을 보여주고 있다. [143] 심양의 대표적인 조선족기업인 화신그룹은 산하에는 기업이 56개 있고 연간 총생산액은 8억 원(인민폐)에 달하는 대표적인 대북 투자 그룹인데, 2002년부터 북한에 진출하여 젓가락 공장과 두부공장을 세웠다. 화신그룹의 북한 현지법인회사는 무연탄, 석탄, 아연, 마그네샤그림카(내화자료) 등 공업원자재들을 한국으로 수출해 남북교류의 활성화에 기여하고 있다.

<표 7-8> 남북관계 개선 방안

		남북한 개선위해 중요하다고 생각되는 것						전 체
		남북한 경제협력 활성화	군사 간 긴장 완화	정치적 신뢰 구축	이산가족 문제 해결	민간교류 확대	모름/무 응답	
전체	빈도	114	41	54	13	29	9	260
	%	43.8%	15.8%	20.8%	5.0%	11.2%	3.5%	100.0%

2005년 남북 경협의 특징은 상업적 거래 증가와 남북 관계 회복에 따른 지원성 물품의 반출 증가 등으로 급신장세를 보이고 있다. 특히 개성공단 사업의 경우, 부지 조성과 공장 건설, 시범공단 가동으로 반출이 15

---

143) 요녕조선문보, 2005년 2월 6일

배나 늘어나, 전체 반출의 10대 품목 중 개성공단 관련 비중이 57.5%를 차지했다. 그러나 지원성의 비상업적 거래가 37%의 여전히 높은 비중을 차지하였으며, 전반적인 개선 속에서도 북측의 금강산 관광객 축소 통보는 경협의 제도화가 여전히 미흡함을 반증해주었다.

<표 7-9> 대북 경제지원

		한국의 북한에 대한 경제적 지원					전 체
		더욱 확대	현재 수준	현재보다 줄여야	전면 중단	모름 / 무응답	
전체	빈도	122	79	14	10	35	260
	%	46.9%	30.4%	5.4%	3.8%	13.5%	100.0%

한국과 국제사회가 중심이 되어 진행하고 있는 대북 경제지원과 인도적 지원에 대하여 다음과 같은 반응을 보였다. <표 7-9> 대북경제지원에 대한 질문에 '더욱 확대'해야 한다는 의견이 46.9%로 가장 높게 나타났다. 다음으로 '현재수준을 유지해야'가 30.4%이며, '현재보다 줄여야 한다'는 의견은 5.4%이며, 전면중단은 3.8%로 나타났다. 이는 77.3%가 더욱 확대하거나 현재 수준을 유지해야 한다는 의견을 보여주고 있다.

중국 조선족의 대북 경협사업은 북한의 시장경제에 대한 이해를 높이는데 기여하며 이를 통해서 북한에 대한 외국 투자를 촉진시키는 역할을 하게 될 것이다. 현재 남북경협 활성화에 장애 요인 중 하나는 북한의 비합리적인 상관행인데 중국 조선족과의 잦은 교류는 북한 경협 실무자들이 시장경제의 상관습을 이해하는 좋은 계기가 될 것이며 이를 통해서 북한의 경제제도가 정비되는 계기를 만들 수가 있을 것이다.

〈표 7-10〉 대북 인도적 지원

		한국의 북한에 대한 인도적 지원사업				전 체
		현재보다 확대 추진	현재수준유지	현재보다 축소추진	잘 모르겠다	
전체	빈도	135	60	12	53	260
	%	51.9%	23.1%	4.6%	20.4%	100.0%

〈표 7-10〉은 한국의 대북 인도적 지원에 대한 질문에서 '현재보다 확대해야 한다'는 의견이 51.9%, '현재 수준 유지'가 23.1%로 나타났다. '현재보다 축소'라는 의견에는 4.6%로 낮게 나타났다. 이는 남북통일과정에서 경제지원 확대 함께 농업구호 및 보건의료분야 등 인도적 지원을 더욱 확대해야 한다는 것을 보여준다. 〈표 7-11〉은 1995년 이후 현재까지 한국과 국제사회의 대북 인도적 지원 규모가 계속 증가하고 있는 추세를 보여주고 있다.

〈표 7-11〉 대북 인도적 지원 현황(단위: 만불)

구 분		95.6	96	97	98	99	2000	2001	2002	2003	2004	2005	누 계
한국	정부	23,200	305	2,667	1,100	2,825	7,863	7,045	8,375	8,702	11,512	15,105	88,699
	민간	25	155	2,056	2,085	1,863	3,513	6,494	5,117	7,061	14,108	6,573	49,050
	계A	23,225	460	4,723	3,185	4,688	11,376	13,539	13,492	15,763	25,620	21,678	137,749
국제 사회 B		5,565	9,765	26,350	30,199	35,988	18,177	35,725	25,768	13,932	16,323	—	217,792
총계 A+B		28,790	10,225	31,073	33,384	40,676	29,553	49,264	39,260	29,695	41,943	21,678	355,541
A/A +B(%)		80.7	4.5	15.2	9.5	11.5	38.5	27.5	34.0	53.1	61.1	100	39.0

※ 2005년도에는 북한이 '04.8월 이후 UN 통합지원절차(CAP)에 따른 지원을 거부함에 따라 구체적인 실적 파악 곤란
자료: 통일부, 대북인도적 지원 현황, 2005.

한반도 분단은 관련 주변 국가들의 개입 속에 진행된 국제적인 요인이 중요한 역할을 하였다. 때문에 통일과정에서도 국제사회가 개입하고

있는 실정이다. 〈표 7-12〉는 남북통일에 가장 방해가 되는 나라가 어느
나라인가를 알아보기 위해 질문을 하였다.

〈표 7-12〉 통일 방해 국가

		남북통일에 가장 방해되는 나라							전 체
		중 국	미 국	러시아	일 본	남 한	북 한	모름/무응답	
전체	빈도	21	173	1	12	3	49	1	260
	%	8.1%	66.5%	.4%	4.6%	1.2%	18.8%	.4%	100.0%

이 질문에 대해 '미국'이라고 답한 경우가 66.5%로 가장 높게 나타났
으며, 다음으로 '북한'이 18.8%로 나타났다. 거주지역별, 성별로는 큰 차이
없지만, 연령에 있어서 20대들의 81.6%가 미국이라고 가장 높게 반응
하였다.[144] 미국이 통일에 가장 방해되는 국가라고 대답한 것은 중국과
미국의 관계 속에서 중국 공민으로서 조선족의 미국관을 반영한 것이다.

〈표 7-13〉에서는 중국 조선족이 통일과정에서 어떠한 역할을 할 수
있는가에 대하여 질문하였다. 이에 대한 대답은 '대북투자 및 무역, 경제
활동'에 20.8%, '학술 및 예술 교류'에 17.7%, '인도적 지원'에 16.9%,
'이산가족 상봉 협조'에 11.9%로 다양하게 반응하였다. 중국－북한 접경
지역에 거주하는 중국 조선족은 대북 경제협력 부분에 실질적인 기여를
하고 있기 때문에 상호 간에 신뢰 속에 이를 얼마나 확대할 것인가가 과
제이다. 북한은 2002년 7.1 경제관리개선조치를 단행하고 신의주 특별
행정구를 설치했지만 미국을 선두로 한 대북 경제봉쇄 조치로 뚜렷한 성

---

144) 2004년 5월 한국의 대학생을 대상으로 한 조사에서 '통일에 가장 적대적인 국가'
로 미국에 답한 경우가 49.1%이며, 다음으로 일본이 35.7%, 중국이 10.3%
반응을 보인 것과 대조적이다: 『2004년 대학생평화통일 의식조사』(민주평화통
일자문회의, 2004.5.31)

과를 거두지 못했다. 더욱이 최근 납북피해자와 '가짜 유골' 문제가 불거지면서 재일본 조선인총연합회(총련) 상공인 투자도 불투명해 안정적인 자본유입 통로의 개척이 더욱 절실한 형편이다. 그리고 재외동포의 자본은 미국이나 남한의 정치적 입장에 휘둘릴 가능성이 적고 북한이 줄기차게 주장해 온 '우리민족끼리' 경협방식에도 잘 들어맞는다.

〈표 7-13〉 통일과정에서 역할

		남북통일 과정에서 자신이 할 수 있는 역할						전 체
		대북 투자 및 무역, 경제활동	인도적 지원	이산가족 상봉 협조	학술 및 예술, 체육 교류	없다	기타	
전체	빈도	54	44	31	46	53	32	260
	%	20.8%	16.9%	11.9%	17.7%	20.4%	12.3%	100.0%

그리고 중국 조선족은 남북한과 공동으로 학술 및 문화예술 활동을 할 수 있다. 중국 연변 등 조선족이 집거하는 지역에서 이러한 공동행사를 지속적으로 개최하여 이질감을 해소하는 데 도움을 줄 수 있다. 특히 1,000만 이산가족 찾기와 상봉에 매개자 역할을 할 수 있다. 남북 당사자 간에 이루어지고 있는 이산가족 상봉은 규모와 시기에 있어서 한계가 있기 때문에 중국 등 제3국을 통한 상봉행사에 조선족의 역할이 가능하다는 것이다.

제3국을 통한 생사확인, 상봉 등 민간차원의 이산가족 교류는 남북한 당국 차원의 교류와 함께 중요한 역할을 하고 있다. 2004년 12월 말 현재 민간차원의 이산가족 재북가족 접촉승인은 17,437건으로 이 중 17%인 3,322건이 제3국을 통해 생사가 확인되었으며, 1,441가족이 제3국에서 상봉하였다. 제3국은 주로 중국에서 이루어졌으며, 이산가족 찾기와 상봉에 중국 조선족이 중요한 역할을 하고 있음을 보여준다.

2) 재일 총련 동포의 애국공장과 합영사업

식민지시대 일본체류 동포는 1917년 1만, 1920년에 3만, 1931년에 31만, 1939년에 96만, 1944년에 194만으로 증가하였고, 1945년에 200만을 넘은 것을 정점으로 해방을 맞았다. 일본이 패망한 1945년 8월부터 7개월 동안 130만 이상이 고국으로 돌아갔다. 이때 나머지 65만 명 규모로 재일동포 사회가 탄생하였다. 일본은 1947년 5월에 재일동포에게 외국인등록증을 가지게 하였고, 1952년 4월에 '일본국적'을 정식으로 취소하였다.[145]

〈표 7-14〉 해방 이후 재일한인의 귀국 상황

(단위: 명)

기 간	사세보	하카다	센자키	마이즈루	하코다테	기 타	합 계
1945.8~1946.3	55,306	425,713	320,517	25,676	86,271	26,955	940,438
1946.4~12	286	69,107	9,917	3,385	205		82,900
1947	8,392						8,392
1948	2,822						2,822
1949	3,482						3,482
1950	2,294						2,294
합 계	72,582	494,820	330,434	29,061	86,476	26,955	1,040,328

자료: 姜徹, 『在日韓國朝鮮人史總合年表』, (雄山閣, 2002), p.732.

일본에 잔류한 재일동포들은 해방된 민족으로 처우를 받고, 귀국과 생활보호 등 자신들의 권익을 지키기 위하여 일본 내 각지에 300여개의 단체를 결성하였다. 전국적으로 결성된 단체들은 1945년 10월에 재일본조선인동맹(조련)이라는 단체로 통합되었다. 그러나 조련은 재일동포

---

145) 허동찬, "북한 해외동포의 기본원칙", 『한민족공영체』 제11호, (해외한민족연구소, 2003), pp.15-16.

좌파세력들이 세력 확대를 하게 되면서 이념적 갈등에 따라 조직적 분열이 일어나게 된다. 조련은 일본공산당의 지도 아래 극좌노선을 추구하다가 1949년 9월 강제해산당하였다. 중도·우익진영은 재일거류민단을 발족시켰고, 그 후 재일본대한민국거류민단으로 단체명을 바꾸고 한국정부를 적극 지지하는 단체임을 표명하게 된다.

재일한인 좌파세력들은 좌우 한인단체들이 망라된 재일조선인연맹의 해산으로 활동기반을 상실하게 되자 조국방위위원회(1950.6.30)와 재일조선통일민주전선(1951.1.9)을 조직하였고, 일본공산당의 지도에서 북한노동당의 지도로 노선을 전환시키면서 재일본조선인총연합회[146] (1955.5.5)를 결성하였다. 즉 조총련은 조련의 좌경화, 조국방위위원회 및 재일조선통일민주전선의 발전적 해체 등의 과정을 거치면서 형성된 것이다.[147]

이러한 과정을 통해 형성된 조총련은 북한과 재일동포와의 교류의 중심에 있다. 조총련은 북한 노동당의 지도노선에 따라 전국적 규모의 활동을 전개하기 위하여 강력한 중앙집권체제를 지향하였고, 따라서 동경에 있는 중앙본부가 지방조직을 통괄하는 형태로 조직체계를 정비하였다. 즉 중앙조직은 중앙대회(전체대회), 중앙위원회, 중앙상임위원회, 감사위원회로 구성되었고, 지방조직은 일본의 행정구역에 준해서 都·道·府·縣 본부 49개소, 지부 320개소, 분회 2,000개소와 7개 지방협의회로 구성되었다. 그리고 조총련은 계층별, 세대별, 직능별, 성별 활동과 여론주도를 위한 선전·홍보활동을 위하여 산하에 재일조선인상공연합회, 재일조선인신용조합협회 등 여러 단체들을 두었다.[148]

---

146) 재일본조선인총연합회 강령 제1항은 "우리는 재일 전체 조선동포들을 조선민족주의인민공화국 정부주위에 총결집시키며 조국의 남북반부 동포들과의 련계와 단결을 긴밀 공고히 한다"라고 규정하고 있다.
147) 배정호, 『조총련계 기업의 대북투자 실태』, (서울: 민족통일연구원, 1999), p.15.
148) 조총련은 주요 산하단체로 재일조선청년동맹, 재일조선민주여성동맹, 재일조선인

조총련은 1957년에 중앙집권적 체제로서 조직정비를 완료하고 '재일교포의 민족적 대중단체'의 역할뿐만 아니라, 북한으로부터 '교육원조비와 장학금'을 지원받으면서[149] 재일동포 민족교육사업에 적극적으로 참여하였다. 조총련은 북한의 지원에 힘입어 일본전역에 유치원부터 고급학교까지 설립하고 대학까지 세웠다. 이처럼 일본의 여러 지역에 유치원부터 고급학교까지 설립하고 대학까지 세웠다는 것은 조총련의 커다란 업적으로 평가받고 있기도 하다.[150]

이와 같은 북한의 막대한 교육자금지원을 바탕으로 한 조총련의 교육사업은 조총련의 조직확대 및 발전에 이바지하였을 뿐만 아니라, 북-일 경제교류를 대체하는 북-조(조총련) 경제교류에 재일동포 기업가들을 참가시키는 활동을 전개하는데 사상적 차원 및 인적 네트워크 차원에서 기여하였다. 조총련계 기업들의 초기 대북진출은 경제적 차원보다는 사상적 차원에서 애국사업의 일환으로 추진되었다라고 할 수 있다.

또한 조총련과 북한과의 정치적 밀접성은 조총련 간부들이 북한 최고인민회의 대의원으로 활동하고 있다는 점에서 알 수 있다. 조총련은 1967년 12월 14일 개최된 제4기 최고인민회의에 처음으로 대의원으로

교육회, 재일조선인교직원동맹, 재일조선인과학자협회, 재일조선문학예술가동맹, 재일조선문학예술가동맹, 재일조선언론출판인협회, 재일조선유학생동맹, 재일조선인상공연합회, 재일조선인신용조합협회, 재일조선인체육연합회, 재일조선인불교도연맹, 재일조선인통일동지회 등이 있으며, 사업단체로 조선신보사, 조선통신사, 구월서방, 학우서방, 조선문제연구소, 조선화보사, 시대사, 조선중앙예술단, 조선연극단, 재일조선인통신교육협회, 재일수출입상사, 동해상사주식회사, 조선청년사, 조총련중앙학원 등을 두고 있다.

149) 한국의 이승만 정부가 재일동포의 민족교육문제에 대하여 아무런 조치도 취하지 않고 있을 때, 북한은 조총련을 통하여 재일동포의 교육을 위하여 상당한 자금을 지원하였다. 즉 한국전쟁의 후유증을 벗어나지 못했던 1957년 4월에 북한은 1억 2,100만엔(61만5천5백80달러)의 교육자금을 조총련에게 지원하기 시작하여, 2000년까지 146회에 걸쳐 44,145,963천엔을 지원하였다; 총련 편찬위 편, 『총련: 재일본조선인총연합회』(동경: 조선신보사) p.73.

150) 배정호, 같은 책, pp.20-24.

선출되어 참석하게 되었다. 1972년 4월에 개최된 제4기 6차회의에도 총련 부의장 이계백이 토론에 참석하여 공식발언을 하였으며, 오늘날까지 매기마다 총련간부 7명가량이 대의원으로 선출되고 있다.[151]

재일 동포사회는 조선인들의 자발적인 이주로 형성된 것이 아니라 일제 식민지배의 산물로서 강압에 의해 형성되었다. 이들 재일동포들은 경제적 환경이나 여건 등에서 한국과 가장 유사하지만 대부분의 동포들이 '거주국의 국적'을 가지고 사는 것과는 달리 '한국적(韓國籍)'이나 '조선적(朝鮮籍)'을 가지고 생활함으로써 사회적·법률적으로 이방인이라는 여건하에서 일본 정부로부터 다양한 박해와 차별대우를 받으며 살고 있다. 특히 해방 직후 재일동포들의 생활은 매우 어려웠다. 1948년 당시 재일동포의 직업구성을 보면 실업자 등 비노동인구가 343,128명으로 전체의 58.3%를 차지했다. 노동인구는 41.7%로 대부분이 토목공사장 인부, 수리공, 영세식당, 판매업에 종사하였다.[152]

그 후 한국전쟁으로 인해 일본이 전쟁특수를 누리면서 재일동포 경제도 활성화되었다. 그러나 경제적 기반이 취약하고 자본이 부족한 재일동포들은 '외국 국적'의 신분으로는 일본의 금융기관들로부터 대출을 받기가 어려웠다. 따라서 재일동포들 가운데 상공업자들은 사업을 확장하는 데 커다란 장애를 겪게 되었다. 일본정부의 규제와 차별 속에 금융기관으로부터 대출을 받지 못한 재일동포들은 상공활동에 필요한 자금을 조달하기 위하여 민족금융기관의 설립운동을 전개했다.

일본당국은 「민단」계와 「조련」계 공동운영을 조건으로 「동화신용조합」(「同和信用組合」)의 설립을 인가하였다. 1952년 6월 20일 「동화신용조합」이 운영되면서 神戸, 川崎, 名古屋, 京都, 大阪 등 8군데에 민족금융조합이 설립되

---

151) 진희관, "총련의 성격변화와 재일동포의 사회통합", 『한민족공영체』, 제11호, (해외한민족연구소, 2003), pp.44-45.
152) 재일본조선인상공련합회, 『재일본조선인상공련합회 55년』 2001, p.6

었고, 1955년에는 10군데, 1962년에는 19군데가 세워졌다. 그런데 「동화신용조합」은 「민단」계와 「조총련」계 간의 갈등으로 내분을 겪다가 1961년 5월 제9차 총회에서 조총련에 가입하게 됨에 따라 조총련계 기관으로서 발전을 하게 되었고[153], 명칭도 「조은 동경신용조합」(「朝銀 東京信用組合」)으로 바뀌게 되었다. 조총련은 북한으로부터 매년 송금되어 오는 교육사업 지원금 및 장학금을 「조은신용조합」에 예치토록 함으로써 조총련계 금융조합의 성장을 지원하였다. 「조선신용조합」은 조총련의 결성당시에는 8군데의 신용조합, 14개의 점포, 8억 8천만 엔의 예금액에 불과하였지만, 1990년 6월경에 이르러서는 38군데의 신용조합, 176개의 점포, 2조 375억 엔의 예금액 규모로 성장하였다.[154]

조총련계 금융조합은 조총련계뿐만 아니라 민단계 동포들도 이용하였으므로, 일본금융기관으로로부터 민족차별과 불리한 대부조건에 고생하던 재일 한인 상공인들의 경제활동에 상당한 기여를 하였다고 평가할 수 있다. 요컨대, 조총련이 금융사업을 통하여 재일 한인 상공인들에게 영향력을 미칠 수 있는 토대를 마련하였으므로, 대북한 경제교류가 가능하였던 것이다.

금융기관으로서 '조신협'과 함께 조총련의 재정적 후원은 상공인들이 모여 결성한 '재일조선인상공연합회'가 중요한 역할을 하고 있다. 북한과 합영사업을 주도하고 있는 조총련 상공인 단체 재일본조선인상공연합회는 46개 도도부현상공회와 183개의 지역상공회, 84개의 경리실을 두고 있다. 회원 수는 1946년 2월 24일 창립 당시 400명에서 1999년 현재

---

153) 조신협의 조총련 가입을 촉진하게 된 동기는 1957년부터 시작된 북한의 '교육원조금 및 장학금'이 주요한 요인으로 분석된다. 이 원조금은 단기간에 사용되는 것도 아니고, 매년 정기적으로 수억 엔의 거금이 입금된다는 점에서 금융권으로서는 안정적인 금융활동을 전개할 수 있는 근거가 되기 때문이다; 진희관, "재일총련의 신용조합 해체와 향후과제", 『통일경제』, (현대경제연구원, 2002), p.55.

154) 배정호, 같은 책, pp.17-18.

30,000명 규모로 성장하였다. 법인회원의 경우도 7,000개 규모이다.[155] 재일동포에 의한 본격적인 북한 경제협력은 정치경제적으로 밀접한 관계를 유지해 온 조총련 상공인들을 중심으로 이루어졌다. 조총련 상공인들은 김일성과 김정일 생일기념 축하사업, 북한 건국 기념사업, 조선노동당 창립기념사업, 조총련 결성 기념사업 등의 명목으로 북한에 공장을 기증하였다. 애국공장의 효시는 1967년에 기증한 '애국목재가공공장'이다. 애국공장은 주로 음·식료품과 생활용품 등 경공업 부문을 중심으로 투자가 이루어졌다. 1972년 김일성 주석 60회 생일 때는 5억 엔을 송금하였으며, 1982년 70회 생일 때는 50억 엔을 송금한 것으로 보도되기도 하였다. 이 사업은 경제적 동기에서 보다는 조국에 대한 충성으로 이루어졌기 때문에 북한의 경제발전을 가져오는 데는 한계가 있었다.

조총련 상공인들의 본격적인 북한 투자는 1984년 합영법 실시 이후에 이루어졌다. 북한은 1984년 9월 「합영법」을 제정하고, 상환부담이 없는 '외국인 직접투자 유치 전략'으로서 합영사업을 추진하였다. 재일동포들은 합영사업에 대해 거의 경험이 없어 매우 소극적이었으며, 일본 등 서방 공업국들은 자본투자에 관한 관심조차 보이지 않았다. 즉 서방 공업국가들로부터 직접 자본을 유치하려던 합영사업은 제대로 추진되지 않았던 것이다.

결국 합영사업의 대부분은 조총련계 기업들의 투자에 의해 이루어지게 되었다. 합영법이 제정되고, 1986년 김일성의 '2·28 교시'가 발표되자, 조총련계 기업들은 합영사업 형태로 본격적으로 대북 투자를 추진하기 시작하였다. '2·28 교시'는 김일성이 평양을 방문한 '재일본 조선인 상공연합회 결성 40주년 기념단'을 접견할 때, "재일동포 상공인 여러분은 돈을 많이 벌어 일본에서 기반을 닦아야 합니다. 그러려면 조국과 합작해야 합니다. 조총련 상

---

155) 재일본조선인상공연합회, 같은 책, p.146.

공인은 노동력을 가진 자는 노동력을 제공하고, 돈이 있는 자는 돈을 대고, 지식이 있는 자는 지식을 발휘, 조국의 인민과의 합영, 합작을 힘차게 추진해야 합니다. 조총련 상공인이 조국의 경제발전과 인민 생활향상을 위해 좋은 일을 많이 하는 것은 숭고한 애국심의 발현입니다"라고 강령적으로 교시한 것을 의미한다. 이와 같은 '2·28 교시'를 통하여 김일성이 합영사업을 독려함에 따라 조총련은 합영사업의 유치를 적극적으로 추진하게 되었고, 아울러 조총련계 상공인·기업인들도 '조국에 대한 충성' 이상의 차원에서 합영사업을 통한 대북한 투자에 관심을 나타내게 되었다. 즉 1987년부터 약 3년간 조총련계 상공인들 사이에서는 '합영사업을 통한 대북한 투자 붐'이 일어났다.156)

북한과 조총련계 합영사업이 본격적으로 추진됨에 따라 1986년 6월부터 추진조직이 정비되었다. 즉 동년 6월에 조총련 조직으로서 「합영사업연구회」가 오사카(大阪)에서 발족되었고, 동년 8월에는 「합영사업연구회」와 북한의 「합영사업준비위원회」 사이에서 북-조 합영사업을 총괄하는 조직인 「조선국제합영총회사」가 설립되었다.

〈그림 7-3〉 「조선국제합영총회사」의 역할

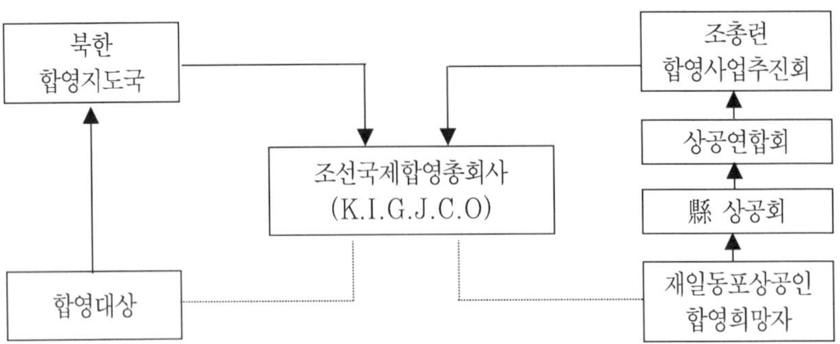

출처: 『朝鮮商工新聞』, 1998.3.1.

---

156) 배정호, 같은 책, pp.39-40.

북한의 '합영법'이 제정된 1984년부터 1995년까지 설립된 조총련 계열의 합영회사 수(數)는 약 131개이고, 1998년 12월 말 시점에 정상적으로 조업 중인 합영회사는 '조선합영은행', '모란봉 합영회사', '김만유 병원' 등 15개 정도에 불과한 것으로 파악되고 있다.

〈표 7-15〉 조업 중인 재일한인 합작 기업의 현황

조업연도	기 업 명	기 업 내 용	소 재 지
1987	모란봉합작회사	기성복	평 양 시
〃	남산합작회사	전기·전자제품	평 양 시
1988	평양실크합작회사	견직물	평 양 시
〃	청천강합작회사	견 사	자강도 희천시
1989	덕산건설기계합작회사	불도저 등의 수리	평 양 시
〃	평양포장합작회사	골판지	평 양 시
〃	평양피아노합작회사	피아노	평 양 시
〃	クァンポ 합작회사	羽 毛	함경남도 정평군
〃	조선합작은행	은행업무	평 양 시
〃	만풍합작회사	疊	평 양 시
1990	평양피복합작회사	기성복	평 양 시
1991	국제화학합작회사	화학제품	함 흥 시

자료: 朴鍾鳴, 『在日朝鮮人』(第2版), (明石書店, 1999), p.130.

북한과 조총련 합영사업은 대체로 규모가 작고 자금회수가 빠르며 2차 산업에서 많이 이루어졌다. 그 이유는 조총련 기업의 자본, 기술적 우위와 북한 측의 저임금 노동력, 토지 등이 결합한 상호보완적 사업을 추구하였기 때문이다. 따라서 북한 측이 투자를 장려하는 철강, 전기, 중화학 공업 등의 기간사업에는 거의 합영사업이 이루어지지 못하였다. 즉 조총련계 기업의 자본의 한계성으로 인하여 북한의 기대만큼 발전할 수는 없었던 것이다.

북·일관계가 1992년의 '북한 핵문제'를 계기로 하여 냉각되고, '대북 투자심리' 또한 위축되는 상태에 이르게 되었을 때, 열악한 북한의 투자환경으로 인하여 합영사업들의 조업중단 사태 및 도산사태가 빈번하게 나타나기 시작하였다.

그리고 재일한인들의 합작 사업은 그동안 크게 진전되었지만 여러 가지 어려움을 안고 있었다. 그러나 그중에서도 비교적 성공을 거둔 것은 양복을 중심으로 한 봉제가공 사업이었다. 계약 제1호의 합작 기업은 신사복을 제조하는 사쿠라 그룹(全鎭植)의 '모란봉 합작회사'였다. 이 회사는 연간 16만 벌 정도의 신사복을 북한의 합작 공장에서 생산하였다. 그런데 그중에서 4만 벌은 아오야마 상사에 납품하고, 마루이나 간사이(關西) 지방의 오오마루에도 판매되었다. 총련계 기업 중 대북투자가 가장 활발한 사쿠라 그룹은 '모란봉 합작회사', '평양피아노합작회사', '금강원동기합작회사', '만경대우산합작회사' 등을 운영하고 있는 것으로 알려져 있다.[157]

3) 재미동포의 역할

2004년 8월 민주평통 뉴욕협의회에서 주관하여 뉴욕지역 한인 800명을 대상으로 실시한 설문조사결과는 재미한인의 북한 및 통일관을 잘 보여주고 있다.

* 선생님께서는 북한이 우리에게 어떤 존재라고 생각하십니까?

N	반 응 구 분 (%)				
	대치하는 적	적이자 동포	포용하고 함께 살아야할 동포	모름 / 무응답	
100%	9%	33%	57%	1%	

---

157) 배종렬, "북한의 외국자본유치 실태에 대한 평가 및 전망,"『동아연구』, 제32집 (서강대 동아연구소, 1996), pp.43-48.

"북한이 우리에게 어떤 존재라고 생각하십니까?"라는 질문에 "대치하는 적"에 9%, "적이자 동포"에 33%, "포용하고 함께 살아야 할 동포"로 57%반응하였다. 여기서 포용하고 함께 살아가야 할 동포라는 인식이 높게 나타나 민족동질성이 높음을 알 수 있다.

* 북한 김정일 위원장을 어느 정도 신뢰할 수 있다고 생각하십니까?

N	반 응 구 분 (%)				
	매우 신뢰한다	신뢰할 수 있는 편이다	신뢰할 수 없는 편이다	전혀 신뢰할 수 없다	모르겠다 / 무응답
100%	0.3%	8%	38%	46%	7%

"북한 김정일 위원장을 어느 정도 신뢰할 수 있다고 생각하십니까?"라는 질문에 "매우 신뢰할 수 있다"가 0.3%, "신뢰할 수 있는 편이다"가 8%, "신뢰할 수 없는 편이다"가 38%, "전혀 신뢰할 수 없다"가 46%, "모르겠다 / 무응답"이 7%로 반응하였다. 이 결과는 김정일 국방위원장에 대한 불신이 매우 높게 나타남을 알 수 있다.

* 현 한국정부의 대북정책인 평화번영정책에 대해 어떻게 생각하십니까?

N	반 응 구 분 (%)				
	매우 지지한다	어느 정도 지지한다	별로 지지하지 않는다	전혀 지지하지 않는다	모름 / 무응답
100%	13%	36%	32%	11%	9%

"현 한국정부의 대북정책인 평화번영정책에 대해 어떻게 생각하십니까?"라는 질문에 "매우 지지한다" 13%, "어느 정도 지지한다"에 36%, "별로 지지하지 않는다"에 32%, "전혀 지지하지 않는다" 11%, "모르겠

다 / 무응답"에 9% 반응하였다.

* 북한에 대한 경제적 지원에 대해 어떻게 생각하십니까?

N	반 응 구 분 (%)				
	더욱 확대해야 한다	현재 수준이 바람직하다	현재보다 줄여야 한다	전면 중단되어야 한다	모름 / 무응답
100%	20%	28%	23%	22%	6%

"북한에 대한 경제적 지원에 대해 어떻게 생각하십니까?"라는 질문에 "더욱 확대해야 한다"에 20%, "현재 수준이 바람직하다" 28%, "현재보다 줄여야 한다" 23%, "전면 중단해야 한다" 22%의 반응을 보이고 있다.

* 대북 인도적 지원사업이 어떻게 추진되어야 한다고 생각하십니까?

N	반 응 구 분 (%)				
	현재보다 확대해야 한다	현재 수준이 바람직하다	현재보다 축소되어야 한다	전 잘 모르겠다	
100%	35%	32%	26%	7%	

"대북 인도적 지원사업이 어떻게 추진되어야 한다고 생각하십니까?"라는 질문에 "현재보다 확대 추진되어야 한다" 35%, "현재 수준을 유지하여야 한다" 32%, "현재보다 축소 추진되어야 한다" 26%, "잘 모르겠다" 7%의 반응을 보이고 있다. 경제지원과 달리 인도적 지원사업에 있어서 67% 정도가 확대 내지 계속지원에 높은 반응을 보이고 있다.

이러한 조사 결과 미국 동포들은 김정일 위원장 개인에 대한 불신이 있지만 북한동포에 대해서는 함께 살아가야 할 존재로 인식하고 있으며,

경제지원과 인도적 지원에 있어서도 적극적인 찬성의 의견을 보이고 있다. 재미동포들이 통일과정에서의 역할을 제시해 보면 다음과 같다.

첫째, 재미한인은 북한에 대한 경제적 지원과 투자를 통하여 북한의 경제회복을 도울 수 있다. 북한은 심각한 경제위기를 해결할 유일한 해결책은 해외로부터 자본 유치이다. 북한에 가장 큰 투자자는 한국이나 과도한 한국의 투자가 북한체제에 위협요인이 될 수 있기 때문에 재미동포의 투자는 북한의 단계적 개방정책에 기여할 수 있을 것이다. 실제 재미한인의 경제규모는 총소득(GNI) 29,854백만 달러로 한국 총소득의 7.51%에 이르며, 일인당 소득수준은 28,095달러로 한국의 3배에 이르는 것으로 추정하고 있다.[158]

둘째, 미국 내 투자자들의 북한투자에 중개자 역할도 가능하다. 또한 한반도 통일은 동북아 국제질서뿐만 아니라 세계평화와 안정에도 영향을 미칠 수밖에 없기 때문에 국제사회의 지지와 협조 없이는 힘든 것이 현실이다.

셋째, 재미동포들은 남북한 관계개선과 통합을 위한 국제환경을 조성하는 데 역할이 가능하다. 미국의 대한반도 외교정책, 미국인의 여론, NGO 등의 태도와 가치에 대한 정보를 제공해주므로 통일정책에 활용될 수 있다.

넷째, 미국 및 재미한인 사회에 화해협력 분위기 조성이 가능하다. 미국의 한인사회는 친한단체와 친북단체로 나뉘어져 있는 것이 현실이다. 한국정부와 관계 속에 재미한인회가 전국적으로 조직되어 있고, 친북단체로 분류되는 재미동포연합도 비슷한 수준이다. 경제조직도 각기 두 갈래 조직이 성향을 달리한다. 그러나 2000년 6.15 공동선언 이후 상호 간에 각종 행사를 공동개최하는 등 교류가 이루어지고 있다.

---

158) 김태기, "재미한인의 경제규모"『세계화시대한민족디아스포라와 네트워크 구축』국제학술회의, 2004.4. 전남대학교 세계한상문화연구단), pp.244-249.

실제 재미동포단체들의 북한과 교류협력 실태는 다음과 같다. 먼저 미국에는 친북한 단체로 1997년 1월 뉴욕에서 결성된 '재미동포전국연합'이 있다. 이 단체는 '재미실업인협회'와 함께 북한의 유엔대표부가 공식적으로 인정하는 유일한 단체이다. 북한에 가족이 있는 동포들은 이 단체를 통해 매년 200-300명이 북한을 방문하고 있으며 식량지원과 같은 인도적 지원 사업도 진행하고 있다. 재미실업인연합회도 대북투자에 대한 정보와 채널을 확보하고 미주두레운동본부와 공동으로 북한에 된장, 고추장 등 장류공장 설립계획을 발표하기도 하였다.[159] 범민련 미주지역본부와 자주민주통일 미주연합 등의 단체들로 북한을 방문하고, 각종 통일행사를 개최하며 북한 측의 입장을 적극대변하고 있다.

미주지역 우리민족서로돕기운동이 1996년부터 북한에 인도적 지원을 한 것이 4천6백만 불에 달한다.[160] 한인감리교회(KUMC)는 1999년부터 '오병이어'라는 선교사업을 시작하면서 북한의 국수공장에 매달 밀가루 50톤을 지원해 오고 있다. 이승만 목사가 운영하는 국제전략화해연구소는 수백만 달러의 의약품을 북한에 제공했다. 미주항공선교회 임동선 목사도 100만 달러의 의약품을 북한 그리스도교연맹에 전달하였다. 유진벨 재단도 대당 12만 달러 상당의 결핵이동차 10대를 기증하고, 북한 주요 도시 15곳에 결핵 요양소 건립을 추진하고 있다. 연변과기대를 설립한 인사들이 북한에 컴퓨터 관련 과학기술대학 설립을 준비 중에 있다.

그리고 한국정부와 밀접한 관계 속에 조직된 민주평화통일자문회의는 미국에만 13개의 협의회를 구성하여 1200여 명의 미주한인들이 자문위원으로 활동하고 있다. 자문위원들은 동포사회 통일분위기 확산을 위해 다양한 행사를 개최하고 북한에 대한 인도적 지원 등의 활동도 전개하고 있다. 민주평통 뉴욕협의회에서는 뉴저지 한인교회협의회, 뉴욕 라이온

---

159) 연합뉴스, 2002년 8월 19일자
160) 미주중앙일보 2001년 2월 6일

스클럽, 세계한민족여성네트워크 등이 중심이 되어 2003년 3월에 1억 백만 원 상당의 어린이 분유 25톤을 북한 고성군에 보냈고[161], 2004년 5월에는 6만 3천 불 상당의 라면 2만 박스를 북한에 지원하는 등 활발한 활동을 하고 있다.[162]

미국 뉴욕 한인직능단체장 15명도 5월 4-11일까지 북한을 공식 방문하였다. 뉴욕한인제인협회 조준홍 회장을 비롯한 수산인협회 최창래 회장, 건설인협회 민경원 회장 등 뉴욕한인직능단체장 15명이다. 이들은 개성공단과 각 지역의 합영공장 및 산업시설을 둘러보고 북측 관계자들과 향후 상호 경제협력 방안에 대한 의견도 교환하였다. 이번 방문은 재외한인 경제인들에 대하여 남북한 정부가 공식 승인한 최초의 방문이라는 점에서 의의가 있다.[163]

4. 과제와 전망

한국기업이 본격적으로 대북 경협을 시작한 것은 2000년 6.15 공동선언 이후의 일이지만, 중국 조선족과 재일 조총련 동포들은 해방 이후부터 북한과 밀접한 관계를 갖고 경제협력을 하고 있다. 북한과 지리적으로 가까운 중국 조선족은 재미동포나 재일동포 사회의 경제력에 못 미치고, 대기업가가 없는 실정이지만 변경무역, 보따리 장사, 친척돕기 등의 방법을 통해 북한과 경제협력을 하고 있다. 중국조선족이 나진선봉지역

---

161) 민주평통신문, 2004년 3월 31일
162) 민주평통신문, 2004.5월 31일
163) 연합뉴스 2004년 4월 13일

기업의 80%를 투자하였고, 최근 큰 기업을 일군 경제인들이 신의주 특구를 비롯해 평양 등에 투자를 하고 있다. 연변과 심양 등에서 어느 정도 경제력을 확보한 조선족 기업인들은 대규모 투자를 하고 있다. 최근 흑룡강성 신문에 의하면, 중국 전국적으로 1만 6천 개 정도의 조선족 기업이 있는 것으로 조사되었는데, 이들은 지역별로 조선족기업가협회를 결성하여 전국적인 네트워크를 구축하고 있다. 이들 조선족 기업가들은 중국에 진출한 한국기업들과 공동으로 북한과 경제협력을 할 수 있다.

다음으로 활발한 재외동포는 조총련을 중심으로 진행되고 있는 재일동포이다. 민단과 총련으로 양분된 재일동포사회에서 대북한 경제협력은 주로 총련계 상공인들을 중심으로 진행하고 있다. 재일동포 사회가 어려웠던 시기에 북한의 '교육원조와 장학금'의 지원을 받은 재일동포들은 애국공장 건설, 합영사업을 통해 북한과 경제협력을 하고 있다. 그러나 경협사업은 많은 어려움에 처해 있는 실정이다. 북·일관계가 1992년의 '북한 핵문제'를 계기로 하여 냉각되고, '대북 투자심리' 또한 위축되는 상태에 이르게 되었을 때, 열악한 북한의 투자환경으로 인하여 합영사업들의 조업중단 사태 및 도산사태가 빈번하게 나타나기 시작하였다. 재일 조총련계 금융기관인 조신협의 파산도 대북 경협을 약화시키는 요인이 되고 있다.

앞에서 논의했듯이, 재외동포들의 대북 경제협력은 규모나 건수, 성격 등에 있어서 한계가 있는 것이 현실이다. 그러나 아직 대북투자에 참여하고 있지 않은 재미동포와 민단계 상공인들의 자본[164]이 북한에 투자

---

164) 재일동포의 대표적인 주력산업은 유기업(遊技業)으로서 '파칭코 산업'이 그 대표적이다. 파칭코의 연간 매출액은 피크 때에는 30조 원에 달하기도 하였다. 그중 70%를 재일한인들이 차지한다고 가정하면, 약 20조 원이 된다. 20조 원은 싱가포르 국내총생산(GDP)의 약 5배이며, 일본 국내총생산의 3%에 해당된다. 또한 납세액을 보면, 1995년 파칭코의 납세액은 4,750억 엔이었다. 이 가운데 70%인 3,300억 엔은 재일동포들에 의한 것이다.

하게 될 경우 북한경제 활성화에 미치는 파급효과는 엄청날 것이라고 예상된다.

2000년 남북정상회담 이후 미국동포 기업인들은 '미주실업인협회', '재미경제인협회', '국제경영연구원' 등이 북한 방문을 적극 추진하였는데, 자유아시아방송은 상기단체가 도로, 철도, 항만공사 등 사회간접자본시설 확충 분야와 농어업 기공시설, 각종 소비재 산업, 엔지 생산시설 분야, 인터넷 통신분야에 대한 투자를 검토 중이라고 보도했다. 미주실업인협회는 2000년 4월 말경 5-6명의 대표단을 북한에 파견하여 봉제와 임가공 분야의 대북 경협 안에 대해 논의키로 했다고 한다.[165] 미국동포들의 대북투자는 동포기업인들이 대북경제교류에 많은 관심을 갖고 방북을 추진하고 있지만 가시적인 성과는 이루어지지 못하고 있다. 이는 북한 지역에 대한 투자위험이 높고, 미국의 대북한 경제제재가 풀리지 않은 상태에서 기업의 이익을 창출하기 어렵다고 판단하기 때문이다. 실제로 북한의 라진선봉지대에 투자한 재미동포는 단 한 건에 불과하고 계약액 500만 달러, 실행액 61만 3천 달러 수준에 그치고 있다.[166]

미국 뉴욕 한인직능단체장 15명도 2004년 5월 4-11일까지 북한을 공식 방문하였다. 뉴욕한인제인협회 조준홍 회장을 비롯한 수산인협회 최창래 회장, 건설인협회 민경원 회장 등 뉴욕한인직능단체장 15명이다. 이들은 개성공단과 각 지역의 합영공장 및 산업시설을 둘러보고 북측 관계자들과 향후 상호 경제협력 방안에 대한 의견도 교환하였다. 이번 방문은 재외한인 경제인들에 대하여 남북한 정부가 공식 승인한 최초의 방문이라는 점에서 의의가 있다.[167]

또한 최근 세계한상네트워크에 참여하는 재외동포 경제인들이 글로벌

---

165) 연합뉴스, 2000년 4월 13일
166) KOTRA, 『북한뉴스레터』, 1998.10
167) 연합뉴스 2004년 4월 13일

수준의 네트워크와 자본력을 통해 북한 투자를 모색하고 있는 것도 주목할 만하다. 세계 한민족 무역인, 상공인, 과학기술자들을 중심으로 조직화되고 있는 세계한상네트워크는 중국의 화상네트워크가 중국경제발전에 중요한 역할을 하였듯이 북한과 경제협력에 중요한 역할이 기대된다. 이 네트워크가 활성화될 경우, 중국 조선족기업가와 재미동포가 합작하여 북한에 투자할 수 있고, 민단계 상공인과 총련계 상공인이 북한에 투자할 수 있다. 한국기업과 한상기업가들이 공동으로 북한에 투자할 수 있다. 이러한 과정이 남북통일을 이루는 과정이며, 이를 통해 세계 한민족을 네트워크화할 수 있게 될 것이다.

마지막으로 재외동포들의 대북 경제협력의 활성화를 위해서는 무엇보다 북한의 변화가 요구된다. 북한의 구조적인 문제로 핵문제, 사회주의 체제의 경직성, 에너지와 원자재 부족으로 인한 낮은 산업가동률, 한정된 지역의 개방정책, 대외채무상환 불이행에 따른 낮은 국제인신도, 투자 관련 각종 규제, 출입국의 통제 등의 문제를 해결해야 한다. 북한은 중국 경제개혁의 주요성공 요인으로 원활한 외국투자 도입을 들 수가 있는데, 중국의 투자 여건의 조성에 해외 화교기업가들이 중요한 역할을 했다는 점을 참고로 해야 할 것이다. 따라서 북한은 투자여건 조성에 재일동포기업인, 미주지역 기업들이 보다 적극적인 역할을 할 수 있도록 제도 개선이 이루어져야 할 것이다.[168]

---

168) 최근 북한이 재외동포 경제인의 투자유치를 위한 특별법을 제정하고 있는 것으로 알려졌다. 세계해외한인무역협회(World-OKTA)의 조룡제 국제부회장은 8일 서울 사무실에서 "북한 조선국제무역촉진위원회가 최근 기존의 외국인투자법과 별도로 해외 동포 기업인 투자를 유도하기 위한 투자유치법을 제정 중이라고 전해 왔다"고 밝혔다; 연합뉴스, 2005년 2월 8일.

제8장 세계 한상네트워크와 지역 경제발전

제8장 세계 한상네트워크와 지역 경제발전

1. 중국의 개혁개방과 화상자본 지역투자

화교 인구는 세계적으로 약 6,000만 명에 달하는 것으로 추산되는데, 홍콩, 대만, 마카오 등 3대 지역에 약 2,800만 명, 싱가포르, 태국, 말레이시아 등 동남아시아에 약 2,000만 명이 거주하며 나머지는 미국, 유럽 등지에 흩어져 있는 것으로 추정된다. 80% 이상이 동남아 지역에 집중돼 있는 셈이다. 화교가 세계적인 관심의 대상으로 부각된 것은 막대한 경제력 때문이다. 화교자본은 현금과 채권 형태로 1조 5,000억 달러, 주식과 자산으로 5,000억 달러 이상을 보유해 유동자금 규모가 최소 2조 달러를 넘는 것으로 추산된다. 중국의 연간 국내총생산(GDP)의 두 배에 육박하는 금액이다. 거대한 자금동원 능력 때문에 국제 금융권에서는 화교 상권을 미국과 유럽연합(EU)에 이은 세계 3위의 경제세력이라고 평가할 정도다. 중국은 이러한 화교자본을 오늘날의 경제성장을 이루었다.[169]

그런데 1970년대 말 중국은 미비한 투자환경과 체제의 불안정성 등 환경적 요인으로 인해 외자유치 전망이 불투명한 상황이었다. 또한 국제적으로 통용되던 선진제조기술이나 관리기술을 낙후된 중국에 곧바로 적용하기도 불가능한 실정이었다. 중국정부는 투자환경과 수출입지에 적합한 특정 지역에 경제특구의 건설을 통해 투자유치 활동을 하게 된다. 중국은 철저한 시장논리로 투자하는 홍콩 및 대만의 화교 경제인들에게 시장경제와 유사한 체제를 설정하여 정치적 안정감을 제공하여 투자를 유도하였다. 1997년 심천과 주해에 경제특구를 설치하였으며, 1980년에는 광동성 산두와 하문에도 경제특구를 건설하였다. 홍콩과 대만의 화교 자본을 유치하기 위해 '대만동포투자 촉진을 위한 국무원 규정', '화교우대를 위한 국무원 규정', '대만동포의 경제특구 투자 특별우대방안에 관한 국무원 규정'등 법률적 장치를 완비하였다.170)

개방이후 중국의 외국인 직접투자는 초기에 광동성, 복건성의 경제특구를 중심으로 홍콩기업 등 화교계 기업들의 투자가 대부분이었다. 1991년부터 1993년까지 중국에 투자한 100대 기업 가운데 화교기업이 45개를 차지하였으며, 1979년부터 1993년 말까지 기업수로는 86.0%, 투자액으로는 88.4%를 보였다. 1995년과 1996년의 경우에는 중국에 투자된 외자 가운데 동아시아 화교들이 투자한 금액이 70%를 차지했고, 현재도 여전히 60%를 차지하고 있다. 2000년말 중국에 유입된 4~7억 달러의 해외자본 중 화교자본은 216억 달러로 전체의 53%를 차지하였다. 이 시기 화교기업의 수는 13만 6,400개로 전체의 67.1%를 차지하였다.171)

---

169) 김재기, "중화경제권 화교네트워크의 부상과 조직적 특성에 관한 연구", 『대한정치학회보』 제12권 3호, (대한정치학회, 2005), pp.174-175.
170) 오승렬, "북한의 경제개방과 재외동포의 대북투자," 『통일문제연구』, (평화문제연구소, 2004), pp.17-18.
171) (사)한중경제포럼, 『현대중국건설과 화교의 역할』(재외동포재단, 2003), pp.110-111.

<표 8-1> 동남아의 5대 화교방

조 직 명	출 신 지	사 업 분 야	분 포 지
복 건 방	복건성 장주, 천주	무역, 금융, 유통, 운수	싱가폴, 인도네시아, 필리핀, 버마
광 동 방	광성동 주강	금은세공, 요리업, 건설, 호텔, 극장	싱가폴, 베트남, 말레이시아
조 주 방	광동성 조주	농수산물, 무역, 생선, 식품, 잡화	태국, 싱가폴
객 가 방	광동성 북부 복건성 서부	양재, 고무, 피혁, 광산, 의사, 변호사, 교수 등 전문직	태국, 싱가폴
해 남 방	해남성	요리업, 서비스	태국, 싱가폴

출처: 이문봉, "화교네트워크의 실상과 대응", 『삼성세계경제』, 1994, p.27.

화교자본의 중국투자는 투자자와 피투자자 간의 네트워크에 의한 것이지만 투자지역의 선정은 화교의 출신지역에 따라 결정되는 경향이 강하게 나타난다. 이에 따라 광동, 조주, 본건, 해남, 객가, 상해 등 출신지역이 중시된다. 또한 중국정부의 화교투자 우대정책도 투자유치에 긍정적인 역할을 하였다. 화교의 경우 외국인보다 신뢰받는 집단으로 인허가 과정에서 우대조치를 받았다. 그리고 화교들은 대규모 투자에 앞서 고향에 학교, 도로, 병원 등을 기부함으로써 현지당국의 호감을 얻어 인허가 권한을 부여받을 때 큰 효과가 있다. 이와 같이 화교자본의 대중국 투자는 민족적 동질감에 기초한 투자여건의 긍정적인 측면과 경제적 잠재력을 동시에 고려하여 이루어졌다. 언어와 문화의 동질성은 중국 투자에 절대적인 이점으로 작용하였고, 또한 넓은 시장과 저임금의 중국 산업구조는 풍부한 자본력을 바탕으로 하는 화교들에게는 좋은 조건이었다.

이러한 화교자본의 중국투자는 투자재원 조달, 산업구조 고도화, 세수 및 수출입 확대 등으로 중국경제의 양적, 질적 발전에 크게 기여하였다. 그리고 기술 및 경영혁신, 산업구조 조정 등 중국이 경제체제를 개혁하는데 크게 기여하였고, 특히 중국의 제조업 발전과 산업구조 고도화에 결정적인 역할을 수행하였다.

중국과 관련하여 화교네트워크가 갖는 함의는 중국과 대만의 양안관계에 직접적인 영향을 미치고 있다는 점이다. 중국이 대외개방과정에서 화교자본의 유치를 통해 국가발전을 성공적으로 이끈 것은 남북한 모두에게 중요한 의미를 부여하고 있다. 특히 경직된 사회주의 중국의 개혁개방기 초기의 상황에 처해 있는 북한에게 중국정부의 체제개혁과 화교자본의 유치과정은 시사하는 바가 크다.

2. '제주특별자치도'와 '부산광역시'의 세계한상네트워크 활용 효과

참여정부의 중앙정부 이전계획에 의하면 외교통상부 산하 재외동포재단은 제주도로 이전할 계획이다. 재외동포들이 한국을 방문할 때 제주도를 경유하게하고, 재외동포 관련 행사를 제주도에서 개최할 경우 경제적 유발효과를 가져와 지역경제를 발전시킬 수 있다는 관점이다. 제3차 세계한상대회를 성공적으로 치른 제주도는 재외동포의 경제적 가치를 중요하게 인식하고 재외동포 관련 사업을 총괄 집행하는 재외동포재단을 제주에 유치하려는 것이다.

2004년 10월 지방에서는 처음으로 제주에서 제3차 세계한상대회가 개최되었다. 이 대회를 주관한 재외동포재단은 전체 참가자가 1천5백50여 명으로 지난해에 비해 30% 늘었으며 수출입상담 건수는 1대1 비즈니스

미팅 4백50건과 기업전시관 상담 2만여 건을 합쳐 2만4백여 건에 이르렀다. 상담금액도 작년의 2배가 넘는 2억3천만 달러를 기록한 것으로 잠정집계돼 양과 질에서 괄목한 만한 성과를 거둔 것으로 평가되고 있다.

특히 이번대회를 유치한 제주도는 수출유망 중소기업협회의 32개 업체가 참여해 6천5백만 달러로 전체 2억1000만 달러의 31% 규모이다. 도내 업체는 안방에서 재외동포경제인들을 상대로 교역상담을 함으로써 가장 많은 수출입상담과 투자 상담을 할 수가 있었다. 도내 업체들은 다른 지역에서 부스를 하기 위해서는 업체당 대략 2천여만원이 소요되는데 안방에서 대회를 치뤄 경비는 줄이고 상담실적은 높이는 등 효과를 거뒀다.

3층 로비에 마련된 제주투자유치 홍보관에는 3백60여명이 다녀갔으며 15명이 구체적인 투자 상담을 벌였다. 이들은 특히 휴양형 주거단지와 신화역사공원, 외국인학교 설립, 투자인센티브, 제주투자진흥지구 제도, 마리나 계류장시설 투자에 깊은 관심을 보였다. 제주도는 리딩CEO와 일반 참가자들을 상대로 2차례 투자설명회를 개최, 제주투자여건과 인센티브, 개발예정지 등을 적극 알렸다. 27일부터는 투자의향을 보인 업체 관계자들과 함께 선도프로그램을 진행하였다.172)

제주발전연구원의 "세계한상대회 지역경제파급효과" 보고서를 통한 제3차 한상대회의 제주경제파급효과를 분석하였다. 파급 효과의 분석에는 한국은행에서 1999년에 발표한 「1995년 전국 산업연관표」를 지역가중치에 의한 방법과 공급－수요『풀』법(Supply-Demand Pool Approach)을 병용하여 작성한 『제주지역의 산업연관모형개발』의 연구 결과를 이용하였다.173)

---

172) 한라일보, 2004. 10.19
173) 제주발전연구원, "세계한상대회 지역경제파급효과와 제주관광에 미치는 영향", (제주발전연구원, 2004.11), pp. 24-33.

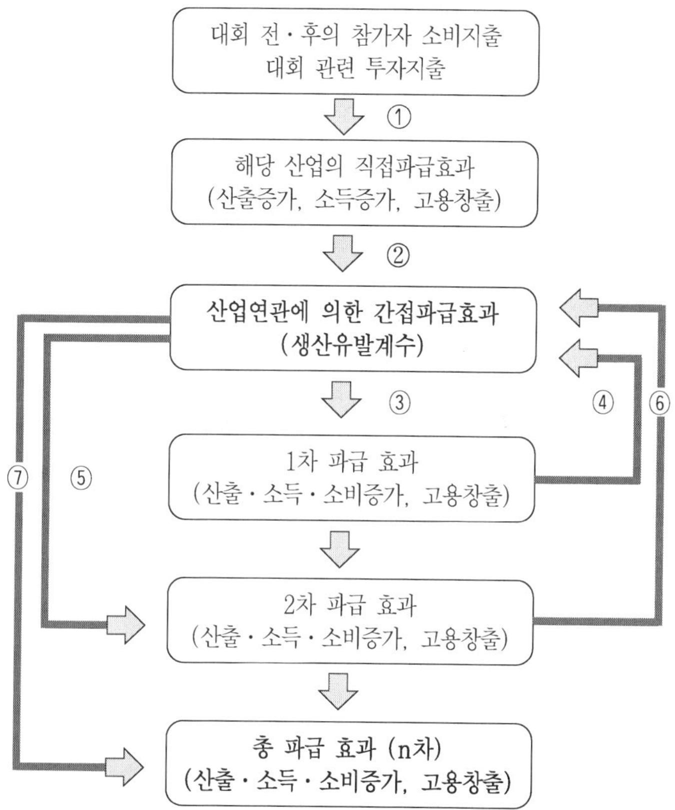

〈그림 8-1〉 제3차 세계한상대회에 따른 파급효과 경로

제3차 세계한상대회에 따른 지역경제의 생산유발효과를 측정하기 위해서는 개최에 따른 소비지출이 최종수요의 한 항목으로 취급되기 때문에 운수 및 보관, 도·소매, 음식·숙박업, 사업 서비스업 등의 최종수요가 유발하는 각 산업별 생산유발효과를 분석할 수 있다.

1단위의 최종 수요충격	⇒	직접적인 산출유발효과	+	간접적인 산출유발효과	=	역행열계수 (생산유발계수)

〈그림 8-2〉 최종수요 충격에 따른 생산유발계수의 추정

제3차 세계한상대회가 제주지역 경제에 미치는 효과분석은 참가자 및 관련 인사들의 대회 전·후 소비지출 및 관련 투자지출이 지역경제에 미치는 산출, 고용, 소득증대 효과로 구분하여 이뤄졌다. 국내참가자의 1인당 지출한 평균 경비는 '기타비용'이 가장 많은 1,041,010원이며, 다음으로 '숙박비'가 965,260원, '식음료비' 424,750원, '쇼핑비' 338,840원, '교통비' 146,500원으로 총비용은 2,916,360원으로 조사되었다. 국외참가자의 1인당 지출한 평균 경비는 '숙박비'가 가장 많은 1,310,940원이며, 다음으로 '기타비용'이 1,180,450원, '식음료비'가 581,680원, '쇼핑비' 485,720원, '교통비' 304,550원의 순으로 총비용은 3,863,340원으로 조사되었다.

〈표 8-2〉 대회 참가자 1인당 개인지출 경비 분석

(단위: 원 / 인)

구 분	교통비	식음료비	숙박비	쇼핑비	기타비용	총비용
국내 참가자	146,500	424,750	965,260	338,840	1,041,010	2,916,360
국외 참가자	304,550	581,680	1,310,940	485,720	1,180,450	3,863,340
전 체	451,050	1,006,430	2,276,200	824,560	2,221,460	6,779,700
평 균	225,525	503,215	1,138,100	412,280	1,110,730	3,389,850

대회 참가자의 1인당 비목별 개인지출에 그룹별 대회 참가자 수를 곱하여 사적으로 지출된 총경비를 추정하였다. 사적인 총비용은 55억 7천만원이며, 이를 비목별로 보면, '숙박비'가 약 18억 8천만원으로 전체의 34%를 차지해 가장 많고, 다음으로 기타비용이 17억 6천여만원, 식음료비가 8억 3천만원, 쇼핑비 6억 8천여만원, 교통비 4억여원의 순이다.

〈표 8-3〉 대회 참가자의 개인지출 총경비 분석

(단위: 백만원)

구 분	참가자수*	교통비	식·음료비	숙박비	쇼핑비	기타비용	총비용
국내 참가자	435	64	185	420	147	453	1,269
국외 참가자	1,115	340	649	1,462	542	1,316	4,309
전 체	1,550	404	834	1,882	689	1,769	5,578

주1) 국내 참가자의 동반가족 규모는 약 150명 선, 기타 기업홍보요원 등도 300명 선으로 추정되나 금번 분석자료에서는 제외하고, 공식발표된 참가자만을 기준으로 산정함.

대회 참가자의 소비지출증대 및 예산 투자에 따른 지역경제 파급효과를 산출, 고용, 소득효과로 구분하여 계측하였다. 그 결과 제3차 세계한상대회 개최에 따른 총산출효과는 106억여원, 고용효과는 591명, 소득효과는 85억여원으로 나타났다. 이를 그룹별로 살펴보면 다음과 같다. 대회 참가자의 소비지출증대로 인한 총산출은 79억여원, 고용은 445명, 소득은 59억여원이 증대되는 것으로 나타났다. 예산 투자에 따른 총산출은 27억여원, 고용은 146명, 소득은 25억여원의 증대효과가 있는 것으로 분석되었다.

〈표 8-4〉 제3차 세계한상대회의 지역경제 파급효과

구 분	산출효과(백만원)	고용효과(명)	소득효과(백만원)
대회 참가차	7,910	445	5,955
예산 투자	2,736	146	2,575
계	10,646	591	8,530

세계한상대회를 치른 제주도는 재외제주도민의 인적 디렉토리 구축을 추진 중에 있다. 세계한상대회에 참가한 참석자들을 국제자유도시 제주에 투자할 수 있도록 관리하는 것이다. 제주국제자유도시 개발에 지속적

인 관심을 당부하고 제주 투자 시 조세 감면과 인센티브 제공 등의 행
정, 재정적 지원을 약속했다. 아울러 이들 업체의 투자분야 및 의향을
분석, 데이터베이스를 구축하고 지속적인 투자 개발정보 제공과 개별 방
문상담 등을 통해 실질적인 투자를 유도한다는 계획이다.[174]

재외제주도민 중 재일동포의 규모가 12만 3천 명으로 전체 제주인 1백
만 명의 10%를 차지한다. 지역별로는 관서지방인 오사카에 가장 많은 8
만 여명이 거주하고 있고, 도쿄 4만3천여 명, 센다이에 2백50여 명이 있
다.[175] 재일동포들은 오늘의 제주도 발전에 견인차 역할을 해왔다. 1960
년대 개발초기단계의 전기·도로·전화 개설 등에서부터 새마을사업, 감
귤원 초기조성 묘목보내기, 교육기반시설 등에 이르기까지 제주사회 발전
에 끼친 공로는 엄청나다. 제3차 세계한상대회를 치른 제주국제컨벤센터
도 재일동포 205명이 73억 원(전체의 4.3%)을 투자하여 건립되었다.

제주국제자유도시 출범 이후 지금까지 사업 착수 실적은 7개사업 4498
억 원에 이르고 있으며 사업예정자 지정은 19개사업 3조8457억원으로
파악되고 있다. 이 가운데 3개 사업은 총규모 2억1천200만 달러의 투
자를 진행하고 있으며, 나머지 3개는 7억2천만 달러의 투자계획을 확정
한 상태다. 홍콩의 타갈더그룹의 경우 서귀포시 중문관광단지에 1억7천
만달러를 들여 컨벤션앵커호텔을 건립키로 하고 지난해 12월 호텔부지
1만6천평에 대한 토지계약금 170만달러를 투자했다. 싱가포르의 P법인
은 제주도 동부지역 5만평에 1천200만달러를 투자해 폴로승마장 및 휴
양시설을 조성키로 하고 지난 4월 500만달러의 토지를 매수했으며, 일
본의 M법인도 제주 서부지역에 3천만 달러를 투자해 5천 평 규모의 온

---

174) 제주일보, 2004.11.18
175) 국내 14개, 일본 3개, 미국 3개 등 모두 20개 제주도민회로 구성된 재외제주도
　　민회총연합회는 60만 재외제주인의 구심체 역할을 하고 있다. 특히 올해로 창립
　　10주년을 맞은 재외제주도민회총연합회에서 재일동포가 처음으로 회장으로 선출
　　되었다.

천 및 클리닉센터를 만들기로 하고 200만 달러의 토지계약금을 지불했다. 미국 제이콥스사는 제주공항에서 10~20분 거리에 5억 달러를 투자해 외국인 전용 카지노호텔과 호텔학교 등을 건립키로 하고 빠르면 이달 중 양해각서(MOU)를 체결한다.

미국 내 제주출신 교민을 중심으로 구성된 2억 달러의 투자펀드는 고급휴양단지 조성을 목적으로 부지를 확정 중에 있으며, 의료휴양시설에 2천만 달러를 투자할 계획인 홍콩의 보타메디그룹은 자회사인 라이브켐(Live Chem)㈜을 제주로 이전했다. 제주도는 외자 유치를 가속화하기 위해 투자진흥지구 대상사업을 14개 분야에서 교육, 의료, 첨단산업 등을 추가한 19개 분야로 확대하고, 투자기준도 총사업비 1천만달러이상에서 500만 달러 이상으로 완화할 계획이다.176)

제5차 세계한상대회는 2006년 10월31일~11월2일 사흘간 부산 벡스코에서 열린다. 세계 곳곳에 있는 동포 기업인을 네트워크로 연결하고 국내 기업인과 교류하는 국제 비즈니스의 장이 부산에서 펼쳐진다. 올해로 5차인 한상대회는 해를 거듭할수록 대회의 중요성 및 관심도가 높아지고 있다. 따라서 부산으로서는 국제무역도시로의 도약 및 지역경제 활성화를 위한 또 하나의 호기가 되고 있다.

부산발전연구원은 부산시의 의뢰로 지난 3개월여 간 '부산 세계한상대회' 개최에 따른 지역경제 파급효과를 연구 분석했다. 이 결과에 따르면 생산 유발효과는 184억6100만 원에 이른다. 이는 대회 개최 자체가 갖는 파급효과 및 참가자들의 소비에 따른 파급효과 등을 합친 것이다. 또 부가가치 유발효과 면에서는 71억3000만 원에 달하고, 고용유발에서는 210여명의 효과가 발생할 것으로 예측됐다. 이 분석은 역대 1~4차 대회의 평균 국내외 참가인원을 비롯해 대회 사업비(예산) 규모, 참가자들

---

176) 연합뉴스, 2006.6.3

의 소비지출 비용 등과 부산지역 산업연관분석표 등을 기초로 이뤄졌다. 산업별 생산유발 효과를 보면 음식점·숙박 40억2000만 원을 비롯해 △운수·보관 29억5300만 원 △도·소매 17억4900만원 △사회 및 기타 서비스 12억1800만 원 △공공행정 등 3억8800만 원 △부동산 및 사업서비스 3억2300만 원 등이다. 부가가치 유발에서는 △음식점·숙박 10억3600만원 △도·소매 9억9000만원 △운수 및 보관 10억9800만 원 △사회 및 기타 서비스 7억5600만 원 등의 효과가 발생될 것이라는 분석이다.[177]

올해 부산 대회에서 시선을 끄는 것은 '한상비즈니스 특화전'이다. 재외동포 경제인들이 다수 종사하고 있는 주요 업종에 대해 실질적인 비즈니스 기회를 제공하면서 네트워크 창출을 돕는다는 취지다. 예를 들어 미용재료나 음식 특화전이 될 수 있으며 동포 기업인의 업종과 맞는 지역산업 분야도 대상에 포함될 것으로 보인다.

그리고 세계한상(韓商)대회와 '부산 국제신발섬유패션전시회'(BIFOT 2006)가 같은 기간 동시 개최된다. 부산지역 전통산업인 신발·섬유 분야와 지구촌 한상 네트워크의 만남을 통한 해외 판로 및 비즈니스 교류 확대 등 시너지 효과를 극대화하기 위해서이다. 부산시와 벡스코, 코트라 부산무역관은 10일 이들 2개 국제행사를 이 기간 해운대 벡스코 전시장에서 동시 개최하는 것으로 결정했다고 밝혔다. 올해 BIFOT는 당초 11월9~11일로 일정이 잡혔으나 비슷한 시기에 세계한상대회가 열리는 점을 감안, BIFOT 행사를 한상대회 기간으로 앞당겨 함께 열기로 한 것이다.

부산시 관계자는 "부산의 10대 전략산업인 신발 섬유를 세계 곳곳의 한상 네트워크와 연결, 수출상담 증대와 판로 개척 등 시너지 효과를 거두려는 취지"라고 말했다. BIFOT의 신발 분야를 맡은 코트라 부산무역

---

177) 국제신문, 2006.1.1.

관은 이에 따라 행사기간 지역 관련 업체들과의 수출상담회를 이원화해 개최하기로 방침을 정했다. 즉, 한상 가운데 OKTA(해외 한인무역협회)를 축으로 한 교포 바이어와 BIFOT 참가 외국인 바이어로 나눠 수출상담회를 진행할 계획이다. 또 부산시가 마련한 올해 BIFOT 기본계획에 따르면 참가 업체는 550개 부스에 10개국 330개사(국내 300개, 해외 30개) 유치를 목표로 잡고 있다. 예상 유치 바이어는 1500여명(국내 1100명, 해외 400명)이다. 벡스코 내 전시장은 신발 섬유 전시관에 4000여 평, 한상대회 관련 행사장 및 전시관에 4000여 평을 각각 배치하면서 양 쪽 전시관을 같이 볼 수 있도록 설치할 방침이다.178)

세계한상대회가 열리는 기간에 '세계해외한인경제공동체대회'도 OKTA 주최로 부산에서 개최된다. 해외교포 무역인들을 하나로 묶는 '세계 한민족경제공동체 대회'는 올해로 11회째로 한상대회의 주축 멤버인 해외 교포 무역인 600여 명이 참가할 예정이다. 따라서 한상대회와 더불어 부산지역 기업체들과의 비즈니스 상담 및 네트워크 형성 등을 위한 또 다른 호기가 될 전망이다.179)

또한 부산시는 매년 2000년부터 세계한상네트워크를 활용하여 부산지역 대학생들의 해외취업을 추진하고 있다. 20억원을 들여 중국에 진출한 한국 투자기업에서 대학생 연수 및 인턴의 기회를 부여하여 국제전문인력을 양성하고 있다. 중국에 있는 한상네트워크를 활용하고 있는 것이다. 2000년부터 2004년까지 총 287명 해외 연수과정 수료하였으며, 이 중 재학생(83명)을 제외한 204명 중 176명이 취업(86% 이상 취업)하였다. 당초 3

---

178) 국제신문, 2006.5.11.
179) 지난 1996년부터 시작된 세계 한민족경제공동체 대회는 OKTA의 총회 격으로, 해마다 국내(짝수 해) 및 해외(홀수 해)를 번갈아 가며 개최되고 있다. 10회째였던 지난 해 멕시코 대회에서는 북한 측 대표단(6명)이 사상 최초로 참가, 동포 무역인들과 어울리며 북한에 적극적인 투자를 요청해 화제가 되기도 했다.:국제신문, 2006.6.8.

년간 한시사업으로 시행되었으나 지속적인 수출확대 기반 확충 및 실업해
소 차원에서 2004년도에는 20억원의 예산을 확보하여 추진 중이다.

〈표 8-5〉 연도별 추진 실적 (단위: 억, 명)

연 도	지원예산	선발인원
2000	5.5	96
2001	5	50
2002	10	101
2003	–	40
2004	20	200

2005년도에 부산지역 대학 8개가 500여명의 학생들을 중국, 일본,
베트남, 러시아 등에 일정기간 인턴을 보내 현장 실무를 익히고 있다.
많은 수가 중국 청도지역에 진출한 한국기업에서 인턴을 하고 있다. 부
산에 전통적인 산업인 신발, 의류, 섬유 등의 제조업체들이 초기 중국
개방기에 진출하여 기반을 닦았기 때문에 이 지역 대학생들의 인턴연수
가 어려움 없이 진행되는 조건이 되고 있다.

〈표 8-6〉 2005년도 부산광역시 해외인턴십 수행기관과 모집인원

(단위: 명)

학 교 명	모집인원	대상국가	비 고
경성대학교	40	중국, 베트남, 태국	신규참가
동서대학교	110	중국, 베트남, 러시아	
동의대학교	60	중국, 일본	
부경대학교	20	중국, 필리핀, 말레이시아	신규참가
부산외국어대학교	100	중국, 멕시코, 베트남 등 16개국(일본제외)	
부산인적자원개발원	40	중국	신규참가
신라대학교	120	중국	
영산대학교	40	중국, 아프리카	신규참가
총계(8개기관)	530		

3. 광주전남 경제발전과 한상네트워크

'코리안 파워' '코리안 빅리거'라 불리 우며 미국 MLB에서 활동하고 있는 김병현, 최희섭, 서재응 3인방은 공교롭게도 모두 광주 출신이다. 세계 프로골프계에서 활동하고 있는 최경주 선수는 전남 완도가 고향이고, 미셸위(위성미)는 전남 장흥이 고향이다. 200만 재미동포사회에서 이들의 활동은 LPGA에서 우승을 한 여성 골프인들과 함께 한민족으로서의 자부심과 긍지를 갖는데 기여하고 있으며, 또한 한국의 브랜드 가치를 높여주고 있다. 그런데 MLB에 광주출신의 3인방이 국제무대에서 맹활약하고 있음에도 불구하고 이들과 함께하는 광주의 세계화 프로그램은 없다. 이들은 광주김치축제나 비엔날레 아시아문화중심도시 건설에 같이할 수 있는 존재임에도 이러한 사업의 세계화를 위한 홍보노력은 없다. 이들이 "광주에서 공수되는 김치를 매일 먹고 매운 김치 때문에 힘을 발휘 한다"는 인터뷰 기사가 나면 광주김치는 세계적인 명품으로 수출할 수 있음에도 말이다.

2004년 제3차 세계한상대회가 제주에서 개최되었다. 그런데 광주와 전남의 지자체 부스는 없었다. 대구, 부산, 경기도 등 10여개 지자체는 외자유치, 수출상담 등을 위해 자체 부스를 만들고 홍보활동을 진행하였다. 행사를 개최한 제주는 제주 토착기업 전용 부스를 30여개 전시해 수출상담을 등을 통해 190억 규모의 경제유발효과[180]를 얻었다. 2005년 9월에 경기도 KINTEX에서 개최되는 제4차 한상대회에도 광주의 부스는 예산문제로 설치하지 않았다. 세계 180여개 국가에서 활동하는 2000여명의 한상들이 자비로 고국을 방문하여 무역, 투자, 기술이전, 합작 등

---

180) 제주발전연구원 분석자료(매일경제, 2004.11.14)

을 진행하는데도 말이다. 2006년 제5차 세계한상대회도 광주에서 신청하지 않았고, 부산광역시에서 개최하기로 하였다. 부산발전연구원 세계한상대회 개최로 부산지역에 관광, 컨벤션산업 등에 185억여 원의 생산유발 효과를 가져올 것으로 전망했다.[181]

2005년 2/4분기 전국 청년실업률은 7.8%로 나타났다.[182] 그런데 광주의 경우 가장 높은 9.7%를 보였다. 실제 체감실업률은 20%정도 추정할 수 있다. 이제 청년실업문제는 사회문제가 되었다. 제4차 세계한상대회에는 한상기업가들이 모국의 청년실업문제 해결에 다소 도움을 주고자 산업인력공단과 공동으로 '한상네트워크 활용 취업박람회'를 개최하였다. 이번 취업박람회를 통해 340명이 한상기업에 취업할 것으로 예상된다.[183] 이러한 해외진출사업은 이미 부산광역시와 부산지역 대학들이 발 빠르게 대응하여 성공을 거두고 있다.[184] 청년 실업률이 가장 높은 광주는 이 기회를 놓치고 있는 것이다.

이와 같이 해외에 거주하는 한상들은 모국 상품 수출, 투자, 송금, 기술이전, 해외시장개척 및 취업, 한민족 문화 및 브랜드 홍보, 한류현상의 선도자 등 중요한 역할을 하고 있다.

첫째, 아시아 문화중심도시 건설 등 외자유치 및 투자가 가능하다. 외교통상부 산하 재외동포재단이 미국의 국제경제연구소(IIE)가 600만 재외한인의 경제적 가치에 대하여 국내총생산(GDP)의 1/4에 해당하는 1천200억 달러에 달한 것으로 평가하였다. 그리고 재외한인이 한국 수출의 16%와 수입의 14%를 차지하며, 미국 경제뿐만 아니라 전 세계

---

181) 서울경제신문, 2.12
182) 2005년 통계청 고용통계자료 (http://www.nso.go.kr)
183) 매일경제, 2005년 8월 17일
184) 부산광역시는 2004년에 예산 10억원을 '대학생 해외인턴연수비'로 지원했으며, 2005년에는 15억으로 예산을 늘렸다. 대학들의 경우 신라대 400명, 부산외대 100명, 동의대 60명, 동아대 20명 등을 중국, 일본, 동남아 등의 국가에 인턴사원으로 보냈다.(경향신문, 2004.12.7)

경제에 기여하고 있다고 평가했다. 또한 2002년도 한국은행 통계자료는 재외동포의 국내관광을 포함한 국내 자금 유입이 51.7억 달러인 것으로 밝혔다. 51.7억 달러의 국내자금 유입은 2002년도 재외동포 국내 자금 송금 48.5억 달러와 재외동포 관광객 31만5천명이 소비한 3.2억 달러의 총액이다. 이는 외국인 투자액 91억 달러의 56.8%에 해당되는 수치로써 지난 2001년보다 16.4%가 증가한 액수이다.

또한 재외동포 최대 거주지역인 미국 로스앤젤레스동포사회의 경제규모가 한국의 40분의 1 수준인 것으로 조사됐다. 로스앤젤레스 한인은행인 '커먼웰스 비즈니스 뱅크'가 2004년도 한인은행 거래 통계와 한국 국내총생산(GDP)자료를 분석한 보고서 결과를 인용해 지난해 이 지역 경제규모는 140억 - 180억 달러로 한국경제의 40분의 1 수준으로 발표했다. GDP추산이론을 적용하면 로스앤젤레스 한인경제 규모는 캘리포니아 전체의 약 100분의 1, 로스앤젤레스 경제의 약 6분의 1 수준이라고 은행은 추정했다.[185] 이러한 경제규모로 추정되는 한상자본들을 아시아 문화수도 건설 등에 투자유치 할 수 있다. 이 사업의 2조원 예산 중 5천억 이상을 민자 유치해야 하는 상황에서 문화예술, 관광 분야에 집중적으로 투자유치 작업을 해야 한다.

이와 관련 된 대표적인 한상 자본가는 다음과 같다. 미국 벤쳐신화 암벡스벤쳐 이종문 회장, 미국 부동산개발업 홍성은 회장, 홍명기 드라큐트 회장, 채유리 카자흐스탄 도스타르홀딩 회장, 장듀보미르 국가 두마의원(러시아), 호주의 아시아태평양우주센터 권호균 회장, 최게르만 히드로마시 서비스회장(러시아), 2005년 1000억 원 배출 오세영 코라오그룹 회장(라오스), 1억5000만 달러 매출 백영중 패코스틸회장(미국), 연 매출 8억 달러 승은호 인도네시아 코린도그룹회장, 인수합병 전

---

185) 연합뉴스, 2005년 7월 13일

문 마이더스 얼라이언스 그룹 박이혜련 회장(미국), 송재국 아시안스타 회장(중국) 등이다.

보따리 장사로 시작하여 의류회사 블루문블루사를 설립해 연매출 600억원을 올리는 문수영 회장은 지난 3월 명동에 매장을 오픈하고 중국에도 2만평 규모의 공장을 짓고 있는 등 한국을 중국·러시아·미국 등 글로벌 시장 진출의 발판으로 삼고 있다. 네덜란드의 개성상인으로 유명한 박영신 보마니텍스그룹 회장도 의류 브랜드인 빈치스타의 글로벌 프로젝트를 가동키로 하고 최근 국내 기업과 라이선스 계약을 마쳤다. 한일 문화의 가교 역할을 해 온 일본 영화사 시네콰논의 이봉우 사장은 자본금 32억 원을 들여 지난 11일 명동에 극장 5개관을 갖춘 멀티플렉스 CQN을 개관했다.

일본 슬롯머신 업계 1위인 마루한의 한창우 회장도 일본 최대 도넛 체인점 '미스터 도넛'의 한국 진출을 위한 일본 컨소시엄에 참여하기로 했다. 마루한 그룹 한창우 회장은 2004년 1조 3000억 엔 매출(한화 13조원)을 올렸다. 그는 미국 포브스로부터 자산 11억달러를 보유한 일본 내 24위 억만장자로 선정되기도 했다. 1998년 호스트웨이를 설립하여 7년 만에 호스팅 분야의 글로벌 톱3로 성장시킨 노준수 사장은 IDC 센터 인수를 통해 국내 1위에 올라섰다. 재미교포 박인웅 사장은 팬암 부동산투자의 한국지사를 설립하고 중국에서 부동산사업을 펼치고 있으며, 미국 LA에 부동산그룹 뉴스타그룹, 일본의 블루힐즈 등도 국내 진출을 서두르고 있다.186)

둘째, 첨단과학기술 기술이전이 가능하다. 광주시가 중점을 두고 진행하고 있는 과학기술분야 7대 신성장동력산업, 3대 주력 산업인 광산업, 자동차, 전자산업, 5대 신기술 응용산업인 BIT융합기술산업(생명과학, 정보통

---

186) 이코노믹리뷰, 2005. 11.23.

신),나노클러스터 산업, 정밀금형산업, 반도체광원(LED), FTTH(광가입자망)에 세계한민족과학기술인네트워크와 공동으로 추진할 필요가 있다. BT, NT 등 생명산업 관련분야에서도 우수한 인재들이 활동하고 있다.

미국의 실리콘벨리를 중심으로 활동하며 세계적인 네트워크를 구축한 KIN, INKE, KOSEN21 등이 대표적인 과학기술 및 정보통신 분야 네트워크 이다. 여기에 참여하는 대표적인 한민족 과학기술인은 다음과 같다. 릭 이 과학기술 솔루션 회장, 레이몬드 강 프로디벤처 회장, 임계순 나노디벨롭먼트 회장, 뉴욕의 IMS회장 서진형(OKTA회장)회장, 한국인 벤처신화 김종훈 미국 벨연구소장, IT 분야 황규빈 텔레비디오 회장, 손정의 일본 소프트뱅크 회장 등이다. 이러한 국외 한민족 인적자원들은 광주시가 추진하는 R&D 특구 및 과학기술허브도시 육성에도 많은 도움을 줄 것이다.

셋째, 광주전남지역 중소기업의 해외 마케팅과 세계한상네트워크와 연결하여 지역특산품 수출을 할 수 있다. 지역경제의 기반을 두고 있는 중소기업은 지역경제공동체 발전에 중요한 역할을 하고 있다. 그런데 한국기업의 해외 투자 증대와 대기업의 국내투자 기피로 중소기업이 위기에 처해 있다.

FTA, WTO 등 글로벌 경쟁체제에 중소기업이 적극적으로 대응할 필요성이 제기되고 있다. 이를 위해서는 경쟁력 있는 지역산업의 육성, 인프라의 확충, 산업단지의 조성을 통해 글로벌 경쟁력을 갖추어야 한다. 특히 인력양성, 마케팅 등 글로벌 네트워킹으로 중소 기업경쟁력 제고시켜야 한다.

넷째, 한상네트워크 활용 고학력 청년 실업자 해소하는데 역할이 가능하다. 최근 경영자총연합회(회장 이수영)에 따르면 지난 95년부터 11년간 중국으로 이전한 기업이 5,000여개에 투자금액은 105억 달러이며, 이로 인해 국내의 일자리 21만개 감소했다고 발표하였다. 2006년부터 2015년까지 국내 일자리 357,403개가 줄어들 것으로 예측하고 있다. 2005년 2/4분기 광주의 청년실업률이 9.7%로 가장 높게 나타났다. 고학력 청년실업률을 해소하는 방법 중에 하나가 해외취업에서 찾을 수 있다. 이는 중앙정부에서도 총리실에 위원회를 설치하여 중점적으로 추진하는 사업이다. 청년실업문제를 해결하기 위해 중앙정부와 지방정부가 발 벗고 나서고 있다. 서울시도 청년실업해소를 위해 '해외취업연수생' 300명을 선발하여 보낼 예정이다.[187] 경기도도 80명 규모의 '맞춤형' 해외취업 지원을 하고 있다.[188] 부산시의 경우 2004년부터 10억원의 예산지원을 통해 1000여명의 청년들을 해외로 보내고 있다.

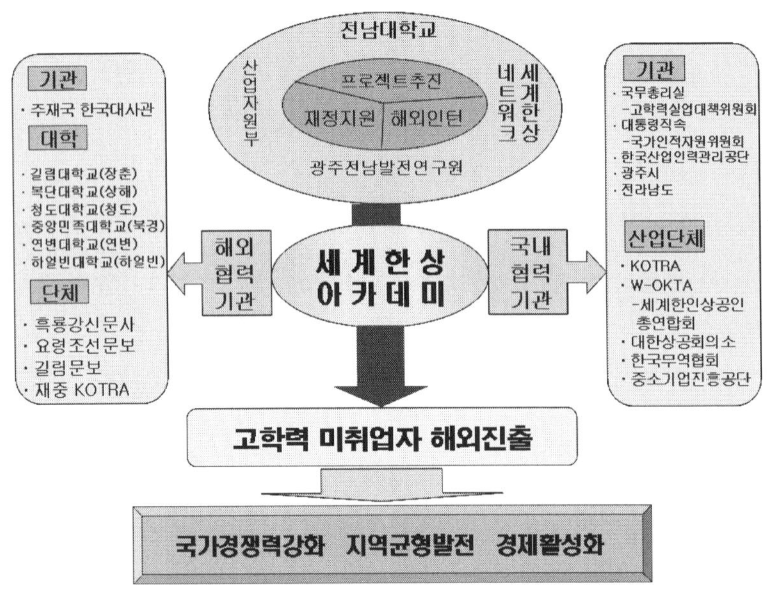

〈그림 8-2〉 세계한상아카데미를 통한 해외취업 전략

---

187) '서울시 해외 취업지원 본격화' 경향신문, 2005.9.1
188) 연합뉴스, 8.23

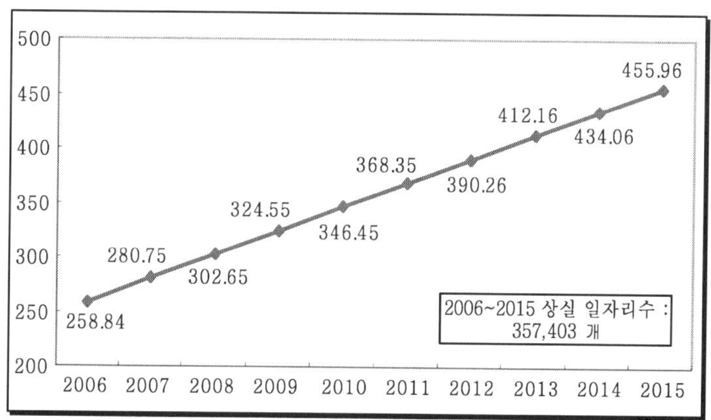

출처: 한국경영자총연합회, 2006.

〈그림 8-3〉 對中투자로 인한 상실 일자리수 예측(제조업 기준, 2006~2015년)

(단위: 백명)

광주광역시와 지역대학들은 중국을 전략지역으로 선정하고, 이상과 같은 사업을 집중 육성할 수 있다. 중국 진출 한국기업이 4만개가 넘고 애로 사항 중에 하나가 노무문제라고 한다. 최근 현지인이 아닌 한국인을 대상으로 중간 관리자들을 채용하는 요구가 가장 많은 것도 이를 뒷받침해 준다.[189] 1000개 한상기업을 집중관리하고 협약을 체결하여 해외인턴을 보낼 수 있다. 이러한 해외취업을 통한 청년 실업률을 낮추는 것도 광주 지역경제발전에 기여할 것이다. 이들이 진출한 곳에 광주의 문화와 상품을 홍보해주는 홍보사절 역할도 하기 때문에 관심 갖고 적극 추진할 필요가 있다.[190]

---

189) '일자리 찾아 해외로', 경향신문, 2005.5.10
190) 2005년 8월 뉴욕에서 만난 한인 농업경영인인 유업우 회장은(고려농산 회장) LA지역에 미국 최대 대추농장을 하고 있는데 전남대와 협력을 통해 50명 규모의 농업기술이민이 가능하다며 적극성을 보이고 있다.

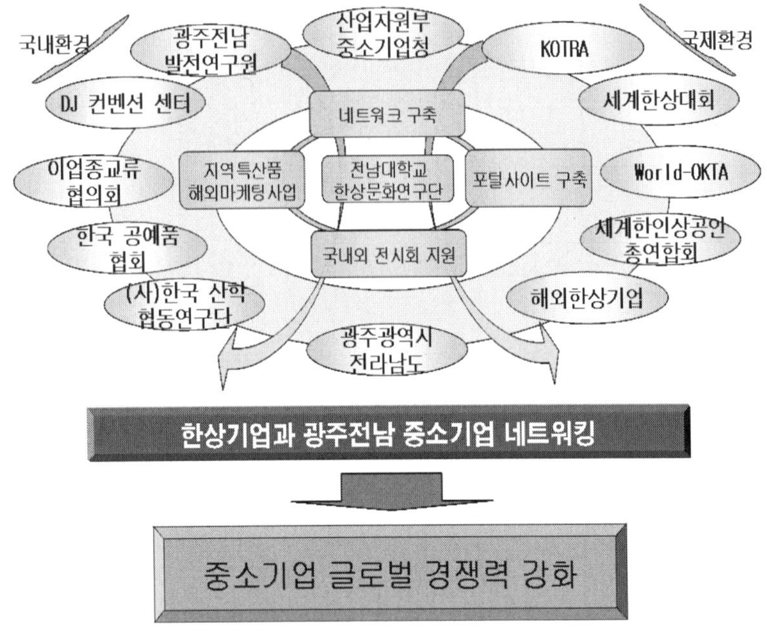

〈그림 8-4〉 광주전남 중소기업 글로벌 네트워킹 구축체계안

넷째, 세계 '코리아타운' 활용 광주 문화 및 특산품 세계화에 중요한 역할이 가능하다. 세계에 거주하는 한민족의 거주 특징은 주요 대도시에 밀집해 거주하며 코리아 타운을 형성하며 생활하고 있는 점이다. 미국의 뉴욕, LA, 시카고, 샌프란시스코, 일본의 동경, 오사카, 중국의 북경, 심양, 천진, 대련, 청도 등의 경우를 보면 알 수 있다. 이러한 거주 특성을 최대한 활용하여 광주의 광주김치, 국악, 전통음식, 비엔날레 등을 세계화 하는데 활용이 가능하다.

김치 종주국인 한국에서 광주김치를 명품화 하여 세계브랜드로 만드는 데 코리아타운을 중심으로 가능하다. 이러한 사업에는 공동브랜드의 개발이 무엇보다 중요하다. 남도 판소리와 음식, 미술품, 전통식품 등을 하나의 패키지로 묶어 세계로 진출하는 전략이다. 광주출신 MLB 3인 방의 활용도 적극 추진할 필요가 있다. 이는 광주의 문화의 세계화와 한류의 확산에도 기여하게 된다.

다섯째, 세계한상대회 및 한민족 축전을 광주에 유치한다. 매년 중앙과 지방을 번갈아 가며 개최되는 세계한상대회를 광주에서 유치할 필요가 있다. 2004년 제주개최 단기적 경제유발효과가 200억 규모로 추정되었다. 한상대회 개최이후 투자, 수출 등을 통해 5억 달러가 넘는 성과를 거둔 것으로 조사되었다. 세계한상대회 개최와 함께 매년 한상대회에 참가하는 것도 중요하다. 중소수출업체들이 많은 비용을 들이지 않고 수출할 수 있는 좋은 기회이기 때문이다. 문화관광부의 지원을 받아 진행되는 세계한민족축전도 광주에서 유치할 필요가 있다. 단기적인 경제유발효과 뿐만 아니라 문화수도로서 광주의 세계화에 기여하기 때문이다.

여섯째, 세계 180여개 국가에 거주하는 700만 규모 재외동포는 한국 민주주의 발전의 전환점을 마련한 5.18 광주민중항쟁을 세계화하는데 매개체 역할이 가능하다. 180여개국가에 재외동포들 단체규모가 6000여개가 넘게 조직되어 활동하고 있으며, 특히 인권과 관련된 단체들이 많다. 종교단체만 해도 4,000개가 넘는다. 이들 단체와 국제적 협력을 통해 '민주주의와 인권'으로 상징되는 5.18 정신의 세계화에 중요한 역할이 가능하다. 한류확산의 거점인 코리안 타운에서 5.18과 관련된 학술회의, 특강, 워크숍, 사진전시회, 오페라, 연극 등 공연 등을 정기적으로 개최할 경우 5.18을 국제사회로 확산하는 효과를 가져 올 것이다. 5.18기념재단은 2002년부터 '해외동포 청년민주주의 답사' 프로그램을 진행하고 있는데 현재 20여명 규모로 참여하고 있다.[191] 재외동포 초청 행사와 함께

---

191) 5·18기념재단에서는 2002년부터 해외동포 청년들에게 분단의 현실과 역동적인 한국 민주화운동의 현장을 답사하는 프로그램을 시행해 오고 있는데,. 시대를 이끌었던 역사의 현장에서 감동의 한국 현대사를 체험하고자 하는 해외동포 청년들과

현지에 직접 가서 동포와 외국인을 대상으로 5.18과 관련된 다양한 행사를 할 경우 5.18의 세계화와 민주인권도시로서 광주이미지를 홍보하는데 효과적일 것이다.

국내 청년들을 대상으로 하고 있다. 10박 11일 동안 한국의 민주화운동 사적지를 답사하는 체험의 장으로 해외참가는 일본 5명, 미주·호주 5명, 유럽 5명, 중국·러시아 5명 등 20명이며, 국내는 5·18유공자자녀 5명, 민주화운동 관련 자녀 5명, 각 지역사회단체 추천 10명이다;htp://www.518.org(5.18기념재단 홈페이지)

제9장 세계 한민족네트워크 활성화와 정부의 역할

제9장 세계 한민족네트워크 활성화와 정부의 역할

1. 재외동포 정책의 변화

한민족이 세계로 이주하기 시작한 지 140년이 되었음에도 불구하고 정부차원에서 정책의 대상으로 삼고 본격적인 관심을 갖게 된 것은 최근 10년 정도이다. 양극체제의 국제정세 속에서는 남북대결의 연장선상에서 재외동포에 대한 북한의 영향력 확대를 차단하는 데 중점이 되었으며, 미수교국인 중국과 구소련지역 동포와의 교류협력은 거의 불가능하였다.

1962년 해외이주법이 제정되면서 우리 국민이 미주, 중남미, 유럽 등으로 이민을 가게 되었고, 1980년대에는 헌법 제2조에 재외국민과 관련된 조항에 신설되었다. 1986년 이후 교민청 설치문제가 검토되기 시작하였으며 1991년 의원입법에 의해 교민청 설치 정부조직법 개정안이 국회에 제출되었으나 무산되었다.

문민정부 수립이전 재외동포정책은 재일동포와 재미동포 중심으로 이루어지고 있었다. 그런데 1990년대 이후 구소련의 붕괴와 냉전구도의 소멸로 인해 그동안 접근이 불가능했던 중국과 구소련 지역 동포들이 우리 동포사회로 편입되면서 획기적으로 전향적인 재외동포정책이 필요하게 되었다. 이에 문민정부가 출범한 이후 기존의 유명무실했거나 일관적이지 못했던 재외동포정책을 '신교포 정책'으로 정립하였다. 이 정책은 "해외교포들의 혈통 문화 및 전통의 뿌리가 한국에 있음을 유면하면서 거주국 사회 내에서 안정된 생활을 유지하며 존경받는 모범적인 구성원으로 성장할 수 있도록 지원한다"는 것이 내용의 핵심이다. 그러나 이 정책은 재외동포에 대한 '현지 동화정책'이자 '기민정책'이라고 비판을 받았다.

1994년부터 '세계화'를 국정의 주요 방향으로 설정한 당시 문민정부는 대통령 직속 '세계화 추진위원회'의 '세계화 추진 종합보고서'에서 종합적이고 체계적인 재외동포정책의 필요성을 지적함으로써 재외동포정책의 기초를 마련하였고, 그 후 국무총리실 재외동포정책위원회는 6개 항의 재외동포의 기본정책 방향을 수립하였다. 6개 항은 첫째, 재외동포의 자조노력 권장 및 지원, 둘째, 재외동포들의 거주지역 발전에 기여하고, 동 거주지역 사회 내에서 융화를 이룰 수 있도록 지원, 셋째, 재외동포의 요구에 부응하여 언어, 전통, 문화, 예술 차원에서의 지원, 넷째, 자유, 민주, 인권의 보편적 가치에 입각한 재외동포 사회 전반에 대한 지원, 다섯째, 재외동포의 거주국 내 법적·사회적 지위 향상, 여섯째, 재외동포의 한국 내에서 투자 등 경제활동의 장려 및 재산권 행사 등 이익 보호를 위한 국내법 및 제도 개선으로 구성되었다.

재외동포 사회가 그동안 모국 정부에 대해 요구한 사항 가운데 가장 주된 것은 교민청 설치와 이중국적 허용이다. 이 두 가지 요구사항은 정치권에도 반영되어 거의 모든 정당의 공약사항으로 제시되었는데, 새정치국민회의의 경우도 마찬가지였다. 곧 이 두 가지 사항은 김대중 대통령의 선거공약 사항이었다.

물론 이러한 점은 지난 김영삼 대통령도 마찬가지였는데, 김영삼 정부 시절에는 이 두 가지 요구사항 가운데 교민청 설치 부분에서 다소 진전이 있었다. 곧 교민청을 설치하는 대신 기존의 외무부차관 주재 「재외국민정책심의위원회」를 국무총리 주재 「재외동포정책위원회」로 격상시키고, 여러 부처에서 분산 시행하던 재외동포 관련 사업을 통합 시행하는 기구로서 「재외동포재단」을 만들었던 것이다. 김대중 대통령은 집권 직후 교민청 설치 공약을 「재외동포재단」의 기능 강화 방침으로 전환시킴으로서 문민정부의 결정을 이어받았다.

한편, 이중국적 허용요구와 관련하여 김영삼 정부는 이중국적 허용요구의 배경을 이루는 각종 민원을 해소하는 방향에서 법과 제도의 개선을 시도하였다. 곧 체류허가제도, 재외국민의 병역문제, 국내재산권 행사 같은 측면에서 각종 제한을 완화하였다. 김대중 정부는 이러한 제한 완화만으로는 다소 미흡하다고 판단한 탓인지, 집권 직후부터 사실상 이중국적 허용에 준하는 입법조치를 강구하기 시작하였다.

특히 IMF 경제위기 이후 미국을 방문하고 귀국한 김대중 대통령의 재미동포들의 숙원 사항인 '이중 국적'을 수용하는 법률을 마련하라는 특별지시에 따라 법무부는 기존의 입법노력들과는 별도로 '재외동포의 법적 지위에 관한 특례법' 초안을 발표(법무부 공고 제98-5호, 1998.8.26)하였다. 당시 초안은 재외동포를 "대한민국 국민으로서 외국의 영주권을 취득하였거나 영주할 목적으로 외국에 거주하고 있는 자"는 '재외국민'으로, "한민족 혈통을 지닌 외국인"은 '한국계 외국인'으로 분류하였는데, 이들 중에서 '재외동포체류자격등록'을 한 사람에 대해서는 출입국 및 체류, 공직임용과 선거, 부동산과 금융, 외국환 거래, 의료보험, 연금, 국가유공자, 독립유공자와 그 유족의 보상금에 관한 특례를 규정하였고, 병역 사항은 병역법 개정으로 처리하도록 하였다. 그러나 이 법무부의 초안은 관련 민간단체들로부터는 비판과 외교통상부의 반대, 중국의 이의제기와 미국의 비우호적 반응 등으로 주요내용이 수정되었다.

재외동포와 관련된 현안들은 주로 재미동포들에 의해 제기된 '교민청' 설치와 '이중국적 하용'의 문제로서 이는 역대 선거 때마다 선거공약으로 채택된 사안들이었다. 그러기에 재외동포법 제정은 재외동포재단법 제정과 재단설립에 이어 1970년대 이후 대통령 및 대통령후보자들의 공약이 그 나름대로 실천된 것이라는 해석도 가능하다. 즉 이는 '교민청' 설치는 주변국과의 외교적 마찰을 이유로 재외동포재단으로, '이중국적 허용'은 출입국과 법적 지위(부동산, 금융, 외국환 거래 가능, 의료보험) 강화로 일보 진전되었다.[192]

1999년 9월 2일에 제정된 '재외동포의 출입국과 법적지위에 관한 법률(이하 재외동포법)'의 내용은 다음과 같다. 이 법률은 그 적용대상인 재외동포를 정함에 있어서 '재외동포'를 '재외국민'과 '외국국적동포'로 구분하여, '재외국민'은 "대한민국의 국민으로서 외국의 영주권을 취득한 자 또는 영주할 목적으로 외국에 거주하고 있는 자"(동법 제2조 제1호)로, 또 '외국국적동포'는 "대한민국의 국적을 보유하였던 자 또는 그 직계비속으로서 외국국적을 취득한 자 중 대통령령이 정하는 자"(동법 제2조 제2호)로 규정하였고, 외국국적동포에 대하여는 동법의 위임에 따라 동법시행령에서 "대한민국 정부수립 이후에 국외로 이주한 자 중 대한민국의 국적을 상실한 자와 그 직계비속"(동법시행령 제3조 제1호), 그리고 "대한민국 정부수립 이전에 국외로 이주한 자 중 외국국적 취득 이전에 대한민국의 국적을 명시적으로 확인 받은 자와 그 직계비속"(동법시행령 제3조 제2호)이라고 규정하였다. 재외동포법은 한국 국적을 유지한 채 외국 영주권을 갖고 있거나 외국 국적을 취득한 동포 등 재외동

---

192) 이종훈, "재외동포의 출입국과 법적 지위에 관한 법률안의 문제점과 대안",(해외교포문제연구소, 재외한인학회 주최학술회의, 1999.6.4), p.2.

포들에게 내국인과 거의 동등한 법적 지위를 부여, 사실상 이중국적을 인정하는 내용이다.

그러나 재외동포법은 외국국적 동포의 개념을 '대한민국 국적을 보유했던 자 또는 그 직계비속으로서 외국국적을 취득한 자 중 대통령이 정하는 자'로 한정함에 따라 대한민국 정부가 수립된 1948년 이전에 해외로 나간 동포들의 경우 대한민국 국적을 보유한 적이 없다는 해석도 가능하고, 이런 해석에 의하면 중국과 러시아, 일본에 거주하는 1948년 이전에 해외로 나간 동포들의 경우 이 법의 적용대상에서 제외될 것으로 볼 수 있다. 그 결과 구한말과 일제시대에 생계 또는 독립운동을 위하여 이주해 간 중국과 구소련 지역의 동포들이 제외되는 결과를 초래한다. 이는 재외동포 전체 560만 명 가운데 중국동포 200만 명과 구소련 동포 45만 명, 한국국적을 선택하지 않은 재일동포 15만 명 등 모두 260만 명에 이른다.[193]

이들 조항이 위헌이라고 하여 헌법재판소에 위헌법률심사가 제기되었고, 이에 대하여 헌법재판소는 2001년 11월 29일 "재외동포의 출입국과 법적지위에 관한 법률(1999.9.2. 법률 제6015호로 제정된 것) 제2조 제2호, 재외동포의 출입국과 법적 지위에 관한 법률 시행령(1999.11.27. 대통령령 제16602호로 제정된 것) 제3조는 헌법에 합치하지 아니한다"고 판단하고, 이어 "이들 조항은 2003.12.31.을 시한으로 입법자가 개정할 때까지 계속 적용된다"고 하는 헌법불합치 결정을 내렸다.[194]

---

193) 1999년 8월 12일 재외동포법이 국회를 통과하자 아직 법안이 발효되기도 전에 8월 23일 국내체류 중국동포 조연섭, 문현순, 전미라 등 3인은 이 법이 우리 헌법상의 평등권을 침해했다는 이유에서 헌법재판소에 헌법소원 심판을 청구하였다.
194) 헌법재판소 2001년 11월 29일 선고, 99헌마494 결정. 헌법재판소 공보 제63호 (2001년 12월 20일), p.1179 이하

2. 참여정부의 한민족네트워크 사업

정부차원에서 체계적인 재외동포 지원업무에 착수한 것은 1997년 재외동포재단법에 의해 외교통상부 산하기관으로 재외동포재단이라는 전담기구를 신설한 이후이다. 세계화가 진척됨에 따라 국경을 초월한 민족구성원 간의 교류와 협력이 가능하게 되었고, 21세기 무한경쟁시대의 새로운 민족자산으로 인식되기 시작하면서, 재외동포는 모국과 거주국을 매개하는 주요 행위자로 재인식되었다. 그 이전의 동포업무는 간헐적으로 제기되는 동포들의 지원요구에 수동적으로 대응하는 수준이었다. 1999년 '재외동포의 출입국과 법적 지위에 관한 법률'이 제정되었으나, 1948년 정부수립 이전에 이주한 동포가 제외된 점이 2001년 헌법재판소에 의해 헌법불합치 결정이 내려졌다.

참여정부는 12대 국정과제 중에 하나로 '동북아 경제중심 추진'을 주요 과제로 채택하였고, 이를 실천할 전략 중에 하나로 '한상네트워크' 등 분야별 재외동포 네트워크를 구축하는 사업을 선정하였다.[195] 현재 이 국정과제는 정부의 주요부처에서 추진하고 있는데, 국무총리실, 외교통상부, 교육인적자원부, 법무부, 통일부, 민주평화통일자문회의, 문화관광부, 산업자원부, 여성부, 과학기술부, 정보통신부 등에서 직간접적으로 시도되고 있다. 그리고 대한무역투자진흥공사, 산업인력관리공단, 한국학술진흥재단, 국제교육진흥원, 고구려연구재단, 재외동포재단, 직업능력개발원, 5.18기념재단, 민주화 운동기념사업회 등 정부 출연 기관에서도 이러한 작업이 진행 중이다. 또한 재외동포 단체와 국내 NGO, 연구기관 등에서도 재외동포와 관련 된 사업과 연구를 진행 중에 있다.

---

195) 국정홍보처, 『참여정부 국정비전과 국정과제』, 2003, pp.37-40.

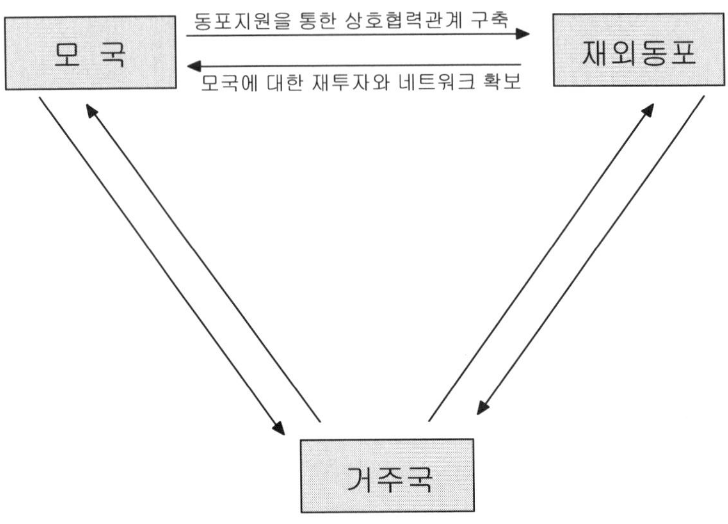

출처: 외교통상부, 『참여정부의 재외동포정책』, 2006.

〈그림 9-1〉 재외동포정책 흐름도

그런데 국가전략사업으로서 추진되고 있는 세계 한민족네트워크 사업은 한상분야196)와 과학기술분야에서 가장 활발하게 진행되고 있을 뿐 다른 분야에서는 이렇다 할 성과가 없는 실정이다. 정부부처에서 네트워크 구축의 정치경제적 필요성과 기대효과에 대하여 대부분 동의하고 있지만 제도적 장치나, 예산 등에 있어서 분산되거나 중첩되어 예산낭비를 하고 있는 실정이다. 네트워크 구축 수준도 초보적인 수준에 머물러 있고, 상호 간에 느슨한 상태에 처해 있는 것이 현실이며, 이에 대한 이론적 논거와 접근 방법, 현황, 추진방법 등에 대한 구체적인 논의가 이루어지지 않고 있다.197)

---

196) 재외동포재단의 '한상네트워크 사업'은 2004년 기획예산처 주최 정부산하 공기업 2,311개 경영혁신 평가에서 16대 수범 사례로 선정되었다; 기획예산처, 『변화를 선택한 리더들』(기획예산처, 2004), pp.34-55.

197) 최근 7년 만에 개최된 재외동포 문제를 총괄 심의·조정하는 재외동포정책위원회

현재 세계한민족공동체의 실체는 매우 희미한 '상상의 공동체' 수준에 있는 것이 현실이다. 한민족공동체는 거주국가 내 한민족 간에 연결망의 밀도가 약하고, 지역 간 연결망도 느슨한 실정이다. 통일부와 외교통상부 재외동포재단 등에서 추진하고 있는 한민족공동체 내지 한민족네트워크 사업은 아직 정확한 개념 설정과 주체, 추진방향 등에 대한 구체적인 방법 모색이 미흡한 실정이다.

지역별 국가별로 존재하는 네트워크 역시 통합적 네트워크를 구축하지 못하고 분열되어 있는 것이 현실이다. 미국의 미주한인총련의 경우 정통성 문제가 제기되고 있고, 일본은 크게 4부류의 한민족 단체로 분열되어 있다. 올드커머라는 민단, 총련, 성화회, 뉴커머인 재일한인연합회가 그것이다. 중국은 조선족 단체와 한국인 단체로 나누어져 있다. 중국의 정치적 특성상 조선족 전체를 포괄하는 단체는 없지만 지역별, 업종별로 단체는 형성되어 있다.

그럼에도 불구하고 국가별로 가장 활발하게 네트워크하고 있는 한민족공동체는 경제분야이다. 미주는 미주한인총연합회, 일본은 민단계 재일한국인상공회의소, 조총련계 조상공련, 재일한인기업가협회로 나누어져 있다. 미국의 경우 업종별로는 미주한인식품상총연합회, 미주한인 드라이클리너총연합회, 미주한인방송협회, 뉴욕한인경제인협회, 뉴욕한인수산업협회, 뉴욕한인건설기술인협회 등이 대표적인 단체이다. 중국의 경우도 중국한상총연합회, 중국조선족기업가협회, 중국조선족 상공인총연합회 등이 활동하고 있다. 문제는 한민족경제네트워크들은 국가별, 업

의 경우도 몇 개 부처의 중복사업 조정과 '세계한민족네트워크'의 활성화에 대한 일반론적인 논의만 하였을 뿐이다. "재외동포관련 사업이 일회성 행사 위주가 아닌, 한민족정체성 유지 및 동포사회 발전에 지속적으로 기여할 수 있는 사업위주로 지원되도록 노력할 것과 함께, 재외동포사회에 대한 데이터베이스를 구축, 동포사회의 학자, 예술인 등 분야별 인력활용이 가능토록 네트워크를 확립토록 당부했다."(2004년 10월 8일 국무총리 주재 제4차 재외동포정책위원회 회의 자료)

종별로는 정교하게 네트워크되어 있지만 국제수준에서의 통합네트워크는 아직 존재하지 않는다. 세계한인무역인협회(WORLD-OKTA)나, 세계한인상공인총연합회, 세계한민족과학기술자협회, 세계한민족 IT 및 벤처기업가협회 등의 동업종 네트워크가 활성화되어 있다. 이러한 지역별, 영역별 네트워크를 글로벌 수준에서 정교하게 네트워크할 경우 세계한민족공동체는 완성이 되는데, 현실은 아주 느슨한 상태로 존재하고 있다.

21세기는 국가간의 인구유동과 초국적 자본의 이동이 자유로운 글로벌 지구촌 시대이다. 지구촌 시대 국제사회는 제반 분야에서 네트워킹 사회로 이행되고, 네트워킹이 잘되어 있는 민족이 경쟁력을 가질 수 있다. 이러한 세기의 전환기에 세계에 분산되어 거주하는 한민족을 하나의 정교한 연계망으로 네트워킹 한다는 것은 한민족의 발전이라는 측면에서 중요한 일이 아닐 수 없다. 21세기의 한민족은 분단을 극복하여 통일국가를 이루어야하고, 하나 된 자주적 통일국가를 바탕으로 세계를 무대로 역동적으로 활동해야하기 때문이다.

세계에 분산되어 거주하는 한민족을 네트워킹하기 위한 작업은 한국의 중앙정부에서부터 재외동포 단체에 이르기까지 다양하게 추진되고 있지만, 글로벌 수준의 네트워킹은 5년 내외의 역사를 갖고 초보적인 수준에 있는 것이 현실이다. 네트워킹 구축을 위해 진행되고 있는 다양한 사업들은 관련 부처의 예산에 반영되어 경쟁적으로 추진되고 있을 뿐이다. 이러한 상황에 있는 세계한민족네트워크 구축 사업을 활성화하기 위한 방향을 제시하면 다음과 같다.

첫째, 세계 '한민족 망' 구축을 위한 중장기 전략을 수립해야 한다. 국가별, 영역별, 글로벌 수준의 한민족네트워크 구축 현황을 종합조사하고, 이를 바탕으로 효율적이고 실용적인 네트워킹을 구축해야 한다. 즉 국가별, 영역별 네트워크 수준과 장점 및 단점을 파악해야 하며, 분열과 대립, 연대와 소통의 정도 등도 세밀하게 분석해야 한다. 이 기본 틀은 통일한국의 구상과 연계하여 틀을 만들어야하고 통일과정, 통일이후의 세계한민족공동체의 비전을 담아내야한다.

둘째, 세계한민족을 네트워킹하기 위한 정책집행 기능의 강화이다. 지역별, 영역별로 분산된 한민족네트워크를 글로벌 수준의 통합네트워크로 구축하는 작업은 많은 예산과 인력이 요구되는 사업으로서 국가전략적인 측면에서 중장기 전략을 갖고 실천해야할 사업이다. 현재 재외동포와 관련 정부부처가 20여개가 넘고, 각각 예산이 편성되어 있다. 재외동포 네트워크가 개별 정부부처의 업무와 밀접한 관련이 있기 때문에 무리하게 하나의 네트워크로 통합할 필요는 없다. 다만 지역별, 영역별로 네트워크 상호간의 소통과 연대(networking of networks)가 가능하도록 조정할 필요가 있고, 이러한 역할을 할 통합네트워크로서 새로운 제도적 장치가 필요하다고 본다. 현재 총리실 재외동포정책위원회의 유명무실, 외교통상부와 재외동포재단의 한계를 극복할 제도적 장치의 마련해야 한다.

셋째, 재외동포 관련법과 제도의 정비이다. 현재 재외동포 관련 당면 현안인 재외동포기본법은 한명숙 국무총리가 의원시절인 2005년 4월 13일에 '재외동포교육문화진흥법'으로 국회에 제출했다. 민주노동당 권영길 의원은 한민족의 혈통을 가진 사람은 모두를 재외동포로 규정하고 영주권자들에게까지 선거권을 주는 내용을 골자로 하는 '재외동포기본법안'을 2005년12월 16일 제출했다. 그러나 이들 법안들은 오랫동안 빛을 보지 못하고 국회에 계류 중에 있다. 또한 계류 중인 재외동포관련 법률안은 김성곤 의원이 대표 발의한 '재외동포의출입국과법적지위에관한법률 일부개정법률안', 이성권의원이 발의한 '재외국민보호법안', 권영길의원이 발의한 재외국민보호법안, 김성곤의원이 발의한 '재외국민보호법안', 정부가 발의한 '재외국민의교육지원등에관한법률안' 장경수 의원이 발의한 '사할린동포지원을위한특별법안', 한명숙의원이 발의한 '사할린동포영주귀국및정착지원에관한특별법안', 안상수 의원이 발의한 '고려인동포지원을위한 특별법안' 등이다.

세계한민족네트워크를 활성화하기 위해서는 무엇보다도 재외동포의 기본적인 권한과 권리 증진을 위한 기본법의 제정이 필수 불가결함에도 불구하고 재외국민을 포함한 동포의 참정권문제 및 중국과 구소련 지역 출신들의 자유로운 왕래를 위한 조치 등이 오늘까지 확실한 진전이 없는 실정이다. 이는 국회 통일외교통상위원회에서 재외동포문제가 외교문제, 안보문제, 통일문제, FTA문제 등에 밀려 부수적인 정책대상으로 취급 받아 온 사실을 반영한 것이다. 국회의원 연구단체로 '재외동포연구회' '한민족평화네트워크' '해외동포무역경제포럼' 등이 결성되어 국회의원 50 여명이 진정한 연구 활동을 하고 있는지 궁금하다.

넷째, 세계한민족네트워크 구축을 위한 재외동포 연구단체, 활동가 단체, 재외동포언론, 재외동포단체, 재외동포재단 등이 참여하는 민간 협의회를 구성할 필요가 있다. 재외동포 문제에 대한 일부 소수의 제한되고 폐쇄적인 정책결정과정보다는 관련 구성원들의 폭넓은 참여를 위한 제도적 장치가 필요하다.

다섯째, 새로운 분야의 한민족네트워크를 발굴하고 조직화하도록 해야 한다. 현재 경제 분야 세계한상네트워크가 세계한상대회를 통해 가장 널리 알려진 네트워크이다. 한민족과학기술인의 경우 'KOSEN'이 온라인 상에서 가장 활발한 활동을 전개하고 있다. 세계한민족네트워크가 활성화 되려면 아직은 걸음마 단계인 각 분야 차세대네트워크를 활성화 하도록 지원해야 한다. 또한, 언론 및 방송인네트워크, 민족교육자네트워크, 한민족농업인네트워크(IKAN), 세계한민족선교사네트워크, 국제한인법률인네트워크(IAKL), 세계한민족여성네트워크, 금융 및 부동산네트워크, 문화예술인네트워크, 세계태권도네트워크 등이 더욱 활성화 될 수 있도록 다각적인 방법을 강구해야한다.

3. 재외동포 정책과 예산

1) 국무총리실 재외동포정책위원회

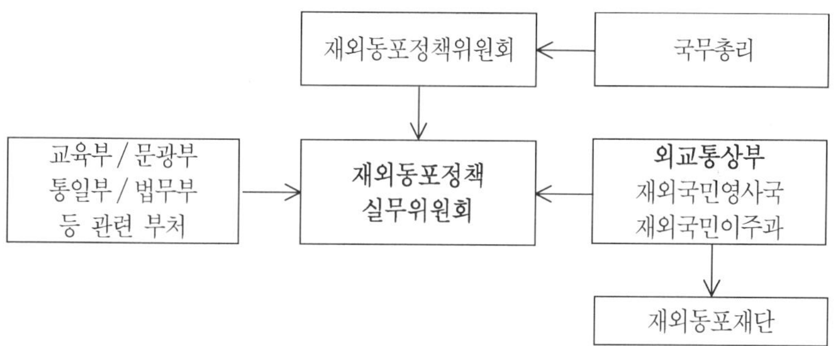

출처: 국회사무처 법제실,『재외동포정책에 관한 법제적 검토』, 2005. 9
〈그림 9-2〉 재외동포정책 추진체계

재외동포정책위원회는 1996년 대통령 훈령 제63호에 의해 제정되었
다. 이 위원회는 정부의 재외동포에 관한 정책을 종합적으로 심의·조정
하기 위하여 국무총리소속하에 설치되어 있다.[198] 이 위원회의 기능은
①재외동포의 정착 지원에 관한 사항 ②재외동포의 법적·사회적 지위향
상에 관한 사항 ③재외동포와의 유대강화에 관한 사항 ④재외동포의 국
내외 경제활동 지원에 관한 사항 ⑤재외동포 관련 부처별 사업계획의 조
정 및 심의에 관한 사항 ⑥기타 재외동포와 관련된 사항으로서 위원장이
부의하는 사항 등이다.

위의 규정으로 보았을 때 세계한민족네트워크 사업을 총괄적으로 주

---

[198] 위원장은 국무총리가 되고, 부위원장은 재정경제원장관, 통일원장관 및 외무부장
관이 되며 위원은 행정자치부, 법무부, 교육인적자원부, 문화관광부의 장관·국무
총리행정조정실장 및 기타 안건과 관련된 관계부처 및 기관의 장으로 구성된다.

도해 나가야 할 부처가 총리실이다. 즉 형식상 재외동포정책과 관련된 최고 의사결정기구이다. 그런데 총리실에 설치된 이 위원회는 1996년 설치된 이후 단 4회만 개최되었다. 1998년 이후 개최되지 않다가 7년만인 2004년 10월에 제4차 회의가 개최되었다.

아래 〈표 9-1〉는 재외동포와 관련된 업무가 15개 이상의 부처에 산재되어 있는 것을 보여준다. 현재 이러한 업무 등은 정부 부처 간에 유기적인 관계 속에서 상호 협조 속에 이루어기보다는 부처이기주의 속에서 자기부처 사업을 보존하기 위해 경쟁적으로 진행되고 있다. 각각의 정부 부처에서 추진하는 사업은 자기 부처에서 보면 정당성이 있지만 총괄적으로 보았을 때 많은 문제가 있다. 같은 대상에 대하여 같은 사업을 따로따로 추진하여 인력과 예산의 낭비를 초래하고 있다.

〈표 9-1〉 각 부처별 재외동포 관련업무 현황

관계 부처	관 련 업 무
외교통상부	재외동포 보호육성정책 수립 및 시행, 재외동포재단 통한 교류지원·연구조사
행정자치부	해외 이민자 주민등록 정리, 재외동포 관련 NGO 공모지원사업
재정경제부	교민재산 국외반출 허용, 교민의 국내투자 등 경제활동, 금융인네트워크
법무부	재외동포 국적처리, 재외동포의 출입국 관리 및 거소 등록, 법률인네트워크
교육부	재외동포 교육 지원, 국내 교육연수
산업자원부	교민 무역인을 통한 국산품 수출증대문제, 한상네트워크
건설교통부	해외교민의 국내 소유 토지문제
문화관광부	교민에 대한 문화교류·육성사업 및 문화제전 지원, 종교단체 해외선교
노동부	재외동포 취업관리제 및 외국인 고용허가제 실시·관리
해양수산부	선원 해외취업, 선박사고 관리, 교민 수산업자 관리, 해외선원회관 관리
국방부	재외동포 병역관리

관계 부처	관 련 업 무
민주평통	해외자문위원네트워크 구축 및 자문
병무청	재외국민의 국내 병역업무 관리
여성부	세계한민족여성네트워크 사업
국가보훈처	해외 국가유공자 관리, 5.18 등 민주화운동 세계화
국가인권위	재외동포 인권 사업
선거관리위원회	재외국민 선거 업무

이는 〈표 9-2〉과 같이 교육인적자원부와 문화관광부, 재외동포재단의 교류협력사업에서 알 수 있다. 무엇보다 큰 문제는 이러한 사업들이 한민족네트워크의 강화와 발전이라는 측면에서 추진되고 있지만 각각의 분야에 대한 총괄적인 현황 파악이나 자료조사도 없이 진행된다는 점이다. 현재 재외동포와 관련된 통계연감 하나 없는 것이 이를 반증해준다. 네트워크 구축에 기초가 되는 재외동포와 관련된 인구규모, 경제규모, 경제환경, 수출효과, 민족정체성 정도들을 제시해 줄 지표가 없는 실정이다. 재외동포와 관련된 종합적인 지표가 없이 진행되고 있는 사업은 단편적이고 일회적인 사업에 불과하다. 재외동포 현황과 주요이슈를 분석하여 정책 방향을 제시하고, 정기적으로 통계연감 등을 발간할 전문적인 재외동포 연구기관의 설립도 필요하다.

〈표 9-2〉 재외동포 사업의 중복의 사례

	재외동포 교류사업	재외동포 교육 및 초청사업
재외동포재단 (04예산)	세계한민족문화제전(6억 원) 해외입양인 초청연수(2억9천만 원)	모국어 및 민족교육 지원(44억 원) 재외동포 장학사업(6억6천만 원) 재외동포초청 교육연수(1억9천만 원)
문화관광부 (03예산)	세계한민족축전 (총예산 3억 원)	국어 해외보급 및 한국어교사 연수(7억 원)
교육인적자원부 (03예산)	중국·중남미 동포학생 연수 및 해외입양인 교육(1억3천만 원)	재외한국학교 운영(299억 원) 재외동포 국내초청교육(9억7천만 원) 재외동포 교육관계자 연수(2억 원)

자료: 통일외교통상위원회 한명숙의원 국정감사 자료, 2004.10.19

이를 전담하는 독립적인 국가 기구가 없는 상황에서 총리가 주재하는 재외동포정책위원회를 개최하여 각 부처별로 중첩적으로 추진 중인 네트워크 사업도 총괄적인 측면에서 계획을 수립할 필요가 있다. 특히 10여 개 부처 이상에서 추진되는 네트워크를 유기적으로 연계하여 시너지 효과를 창출할 통합적 기능을 갖는 국가기관이 필요하다. 그런데 이러한 재외동포정책위원회의 기능이 유명무실하기 때문에 독립적인 국가기구의 설립이 요청되고 있다.[199]

2) 외교통상부와 재외동포재단

정부의 재외동포정책 주무부서는 외교통상부이다. 외교통상부는 재외국민영사국 내의 재외국민이주과를 통하여 "국민의 해외진출과 재외국민 및 재외동포의 보호·육성에 관한 외교정책의 수립·시행 및 총괄 조정"하고 있다. 그리고 산하기관으로 재원동포재단을 설립하여 관련 연구 및 각종 지원사업을 추진하고 있다. 재외동포재단은 선거공약인 '교민청' 신설이 정부의 여러 부처의 반대로 무산되어 1997년 재단 형식으로 설립되었다. 외교통상부 산하 재외동포재단은 설립 당시 핵심 6개 부처의 29개 관련사업, 436억 원 예산 가운데 외교통상부, 교육부, 문광부, 공보처 등 5개 부처의 20개 사업, 50억 원의 예산만이 재단으로 이관되었다. 재단이 승계받은 소관부처별 재외동포 관련 업무는 다음과 같다.

---

199) 한명숙 의원은 대통령 직속의 독립행정위원회로 '재외동포위원회'의 설립하고 집행기능을 할 사무국을 설치할 것을 주장하였다. (2004년 10월 통외통위국감자료) 이종훈의 경우도 이 위원회를 공정거래위원회처럼 총리실 산하로 두고 사무국 또는 사무처를 신설하는 방법, 규제개혁위원회처럼 대통령 직속위원회에 두고 총리실에 조정관이나 심의관을 두는 방법, 대통령 직속에 두고 사무처를 신설하는 방법 등을 제한하고 있다. 강장석과 윤인진도 설치 방법에는 다소 차이가 있지만 재외동포정책의 활성화와 지속이라는 측면에서 독립적인 집행기구로의 설립에 찬성하고 있다.

〈표 9-4〉 재외동포재단이 승계받은 소관부처 업무

부 처	업 무
외무부	흑인지도자 초청사업 유공동포의 모국방문지원사업 대한적십자사의 모국방문사업 지원
교육부	재외동포지도자의 육성사업 미국 흑인학생의 초청연수사업 재외동포교육유공인사의 초청사업
문화체육부	재외동포의 문화용품 구입 지원사업 한민족의 뿌리찾기 사업 한민족 소식지의 발간사업
공보처	재외동포단체의 행사 지원사업 재외동포의 신문 및 방송 지원사업

재외동포재단은 집행기능 없이 재외동포와 관련된 조사연구사업, 교류사업, 문화, 교육, 홍보업무를 하고 있기 때문에 활동 범위에 한계가 있다. 재단은 부처이기주의로 인하여 핵심적인 사업을 담당하지 못하고 주변적인 위치로 전락하고 말았다.[200] 그리고 2005년부터는 재외동포재단의 예산을 국제협력재단의 기금 출연을 통해 이루어지고 있다.[201] 현재 기획예산처의 기금운영계획에 의해 한국국제교류재단 기금을 보조금 형식으로 지원받고 있다. 출연기관이 출연기관에 출연하거나 보조금을 주는 상황인 것이다.

이에 대해 국회 통외통위 수석전문위원은 검토요지에서 '입법정책에 반하고' '기금관리법 취지에도 맞지 않다'고 제시하였다. 즉 입법취지에도 불구하고 정부는 '예산편성지침'(2004. 4. 30, 기획예산처의 지침)에 의하여 별개의 목적과 법률에 의해 설치된 재외동포재단의 사업을 국제교류기

---

200) 윤인진, "재외동포정책의 재검토", 2003년 외교통상부용역과제, p.16.
201) 한국국제교류재단법을 개정하여 "한국국제교류재단은 목적사업으로 국제사회에서 한국의 위상을 제고하고 민족적 유대감을 고취하기 위한 재외동포 관련 단체의 활동에 대한 지원"을 추가함(제6조 제6호)

금에서 지원하도록 편성하였으나, 상임위원회의 예산심사 시 이는 위법적인 예산편성이라는 지적이 있었고, 2003년 12월에 국회가 의결한 사항을 4개월 만에 2004년 4월부터 기금법의 취지에 반하여 예산편성을 행한 것은 국회의 입법권을 저해하는 행정행위라는 지적이다.[202] 최성·박계동·최병국 의원도 재외동포 사업예산을 유관기관의 기금에서 사용하는 것은 상당히 편의적·임의적 형태로 법체계나 논리상 또 이후의 운영과정상 많은 문제제기될 것이라 지적하며, 재외동포 정책에 대한 중장기 대책을 마련하여 보고하도록 하였다.[203] 국제교류재단에서 제출한 국제협력기금 운용 전망에 의하면 재외동포재단에 06년에 160억 원, 07년에 192억 원, 08년에 230억 원, 09년에 276억 원을 지출할 계획을 갖고 있다.

그러나 이러한 예산운용을 통한 재외동포 정책은 한계가 있기 때문에 외교통상부와 재외동포재단은 예산 마련을 위한 중장기 계획을 마련해야 한다. 재단의 예산을 늘리는 방법으로 여권 발급 시 드는 비용을 재외동포재단 기여금으로 이관하는 것도 제시될 수 있다.

예산문제가 갖는 한계와 함께 세계한민족네트워크 구축사업도 많은 문제점이 있다. 재외동포재단이 세계 한민족네트워크의 포탈사이트 운영이라는 실질적인 역할이 중요하지만 현재 한상네트워크 사업 위주로 추진되고 있다. 재단 내 전문적인 연구 인력이 없기 때문에 현지조사연구를 통한 네트워크 기반조상 사업에는 많은 한계가 있다. '코리안 넷'의 콘텐츠를 분석해 보면 각 디렉터리가 상당부분 활용 불가능한 내용이다. '한상 넷'의 경우도 마찬가지이며, 매년 한상대회 개최 후 발행하는 '한상 기업디렉터리'는 세계한상기업을 포괄하지 못하고 한상대회 등록자만 포함되어 있다.

---

202) 국회 통외통위 수석전문위원 김용구 검토 보고서(2005.2)
203) 국회 통일외교통상위 한국국제교류재단법·재외동포재단법 개정안 심사보고서(2005.2)

〈표 9-5〉 국제교류기금 중장기 운용 전망(향후 5개년 기준)

(단위: 억원)

구 분	'04계획	'05계획 (안)	'06전망	'07전망	'08전망	'09전망
자체수입 총계(A)	450	494	461	464	463	459
국제교류기여금	311	330	330	340	350	360
기금운용수입	138	139	130	123	112	98
기타수입	0.5	25	0.5	0.5	0.5	0.5
지출 총계(B)	236	409	504	586	675	770
국제교류재단	236	276	344	394	445	494
기금운영비	61	57	83	94	103	107
경상사업비	175	219	261	300	342	387
재외동포재단	0	133	160	192	230	276
여유자금 총계(A-B)	214	85	-43	-122	-212	-311
적립금 누계	2,520	2,605	2,562	2,440	2,228	1,917

※ 여유자금 회수분('05년도 405억원) 제외
※ 금년 5월 말 국제교류재단 및 재외동포재단에서 작성, 기획예산처에 제출한 자료임. ('05년
   도 계획은 국회에 제출된 조정예산안임)
※ '06년도 이후 지출규모는 추후 국회 심의 결과에 따라 변경될 수 있으며, 따라서 실제 연간
   여유자금 규모는 변동 가능함.
자료: 국회 통일외교통상위 한국국제교류재단법 개정안 심사보고서(2005.2)

〈표 6-6〉 2005년 재외동포재단 예산 현황

구 분	사 업 명	예 산
조사연구사업	(1) 재외동포사회 실태조사사업	50,000
	(2) 재외동포 연구기반 조성사업	496,000
	(3) 재외동포사이버민원실운영	20,000
	(4) 재외동포역사회고전	60,000
	소 계	626,000
문화사업	(1) 한민족문화제전	724,000
	(2) 문화예술단 파견사업	240,000
	(3) 재외동포문화예술 지원사업	340,000
	소 계	1,304,000

구 분	사 업 명	예 산
홍보사업	(1) 홍보자료 발간사업	372,032
	(2) 재외동포언론 지원사업	150,000
	소 계	522,032
교류사업	(1) 재외동포사회 교류촉진 및 권익신장활동 지원	1,971,000
	(2) 한민족공동체 구현사업	620,000
	(3) 한인의 해외이주 기념사업	500,000
	(4) 국외입양인 초청연수 및 지원사업	290,000
	소 계	3,381,000
교육사업	(1) 모국어 및 민족교육 지원사업	4,919,000
	(2) 재외동포 장학사업	781,000
	(3) 재외동포 초청 교육연수사업	300,000
	(4) 재외동포사이버한국어강좌 개발, 운영	222,000
	소 계	6,222,000
경제사업	(1) 한상네트워크 운영사업	1,150,000
	(2) 내외동포 경제교류 촉진사업	813,000
	소 계	1,963,000
정보화사업	(1) Korean.net 구축사업	219,000
	(2) Korean.net 운영사업	836,000
	소 계	1,055,000
재일민단지원사업	(1) 재일민단지원사업	3,700,000
한국어뉴스세계위성 방송망구축사업	(1) 한국어뉴스세계위성방송망구축사업	1,500,000
총 계		20,273,002

자료: 재외동포재단 2005년 주요사업 계획(http://www.okf.or.kr)

재외동포재단의 사업을 활성화하기 위해서는 무엇보다 재단의 조직운영의 혁신이 필요하다. 재외동포재단이 창립된 지 10년이 되어가지만 조직 구성에 있어서 몇 가지 문제점이 노출되고 있다. 이러한 문제점은 재외동포들과 국민들에 대한 재외동포재단의 직무 만족도를 저하시키고 조직의 효율성을 약화시키는 요인이다. 기획예산처의 2005년 외교통상부 산하 기관 경영평가 결과 재외동포재단이 최하위를 차지하였다.

첫째, 외교통상부에서 파견되어 근무하는 기획이사와 기획조사실장에 대한 문제이다. 외교통상부에서 파견 나온 임원이 재단운영의 핵심 부서인 기획부야를 담당하고 있는 것은 민간 성격이 강한 재단과 어울리지 않는다. 재외동포 라는 특수 사업을 담당하는 재외동포재단의 자율성과 독립성을 침해할 수 있다. 설립 10년이 되어 가는 상황에서 재단 내부 인사나 민간 재외동포전문가들을 영입하여 재단 운영의 자율성을 강화할 필요가 있다.

둘째, 재단 구성에 있어서 일반직 직원과 계약직 전문직 문제로 직무 만족도 가 떨어지고, 관련 부서 간 통합기능이 약화되고 있다. 현재 재단 46명의 직원 중 일반직은 34명, 계약직은 11명으로 편성되어 있다. IT 등 분야는 계약직으로 활용하고 있는데 Korean.net사업의 문제점이 신분불안이 하나의 요인이기 때문에 효율적인 운영방안을 모색할 필요가 있다. 재외동포재단이 존재하는 이유가 세계 한민족과 남북한을 연결시키는 다리의 역할을 하기 위해 각 부서의 사업을 추진하고 이를 온라인상에서 Korean.net으로 구현하는 것이라 할 수 있는데, 이 사업을 임시직인 계약직원들이 담당하는 것은 문제가 있는 것이다.

셋째, 조직 직제에 편성된 자문위원회를 실질적인 자문을 할 수 있도록 영역별로 구성할 필요가 있다. 재단의 각 부서별로 관계되는 국내외 동포전문 학자, 언론인, 활동가 등이 실질적인 자문을 하도록 해야 한다. 지금의 포괄적인 자문으로는 각 부서의 전문성을 살리지 못하고 형식적인 회의로 진행될 수 있다.

넷째, 재외동포재단 임직원들의 전문성은 출범 당시 보다 향상되었다. 재외동포관련 주재로 석·박사 학위를 받은 분이 6명, 박사과정 재학생이 2명이나 된다. 그렇지만 아직은 동포사회 전반을 포괄하는 전문성을 낮다고 평가할 수 있다. 매월 임직원을 대상으로 전문성 강화 프로그램 운영 할 필요가 있다. 임직원들이 자발적으로 재외동포 사회 문제와 이슈에 대하여 발제하고 토론하며, 전문가를 초청하여 특별 강연을 듣는 시간을 통해 전문성과 현장성을 강화할 것이다. 이러한 프로그램에 참여를 평가하여 인사에 반영하는 것도 필요하다.

다섯째, 최근 들어 재외동포에 대한 국내외 수요가 급증하고 있다. 특히 국내의 정부기관과 민간단체, 언론 등에서 관심 갖고 많은 요구와 제안를 하고 있다. 재외동포 관련 국내외 수요를 면밀히 분석하여 효율적인 조직개편을 할 필요가 있다. 국가나 지역별로 담당관을 두고, 전문성을 갖춘 전문 인력을 채용하여 보강할 필요가 있다.

다음으로 재외동포와 관련된 부처간 유기적인 협력 시스템을 구축할 필요가 있다. 재외동포와 관련된 업무가 20개 이상의 부처에 산재되어 있다. 재외동포 정책 및 업무에 있어서 주무부처의 판단에 있어서의 혼선이 되고 있다. 현행 정부조직상 국적(재외국민과 외국인동포) 및 체류국(국내와 국외)에 따른 주무부처의 배정이 불합리하게 되어 있다. 국외의 재외국민은 외교통상부, 국내의 재외국민은 법무부, 국내의 외국인동포는 법무부 등으로 분산되어 있다. 재외동포문제에 대해 정부 부처간에 유기적인 관계 속에서 상호 협조 속에 이루어기 보다는 부처이기주의 속에서 자기부처 사업을 보존하기 위해 경쟁적으로 진행되고 있다. 각각의 정부 부처에서 추진하는 사업은 자기 부처에서 보면 정당성이 있지만 총괄적으로 보았을 때 많은 문제가 있다. 같은 대상에 대하여 같은 사업을 따로따로 추진하여 인력과 예산의 낭비를 초래하고 있다.

이를 전담하는 독립적인 국가 기구가 없는 상황에서 총리가 주재하는 재외동포정책위원회를 개최하여 각 부처별로 중첩적으로 추진 중인 네트워크 사업도 총괄적인 측면에서 계획을 수립할 필요가 있다. 특히 20여 개 부처이상에서 추진되는 네트워크를 유기적으로 연계하여 시너지 효과를 창출할 통합적 기능을 갖는 국가기관이 필요하다. 그런데 이러한 재외동포정책위원회의 기능이 유명무실하기 때문에 독립적인 국가기구의 설립이 요청된다.

마지막으로 재외동포재단은 재외동포단체, 국회, 언론, 학계, NGO 등과 유기적인 관계를 유지하며 재외동포 사업을 추진해야 한다. 각 분야의 사업마다 관련 재외동포 단체의 폭넓은 참여를 통해 투명한 사업을 진행할 필요가 있다. 국내단체와 재외동포 단체의 네트워킹, 재외동포 언론과 유기적 관계를 유지할 계획이다. 재외동포 연구자와 학회 간에 정기적인 학술회의를 국가별로 순회하며 개최할 필요가 있다. 지방정부와 재외동포 단체간의 네트워킹을 강화하여 지역균형발전을 도모해야 한다.

앞으로 재외동포 관련 문제 제기와 지원체제 강화 요구, 모국과 동포 사회간 호혜적 관계발전을 추구하는 최적모델을 창출하기 위한 다양한 노력을 해야 한다.

제10장 맺는말

제10장 맺는말

이 책은 국제사회에서 국경을 초월하여 나타나는 초국가민족네트워크 현상을 diaspora politics의 관점에서 접근하였다. 이 책에서 사용하는 diaspora라는 용어 자체가 유대인의 정치적 역정에서 보듯이 매우 정치적인 의미를 내포하고 있다. diaspora 민족들이 거주하는 곳을 떠나 다른 곳으로 이주하게 된 배경은 전쟁, 차별, 억압, 불평등, 폭력 등 정치적인 행위와 밀접한 관계가 있다. 그리고 새로 정착한 곳에서도 차별과 억압, 편견, 불평등이 존재하고 자치, 공존, 평등의 경우도 나타난다. 그리고 민족주의의 한 형태인 'homeland nationalism'은 diaspora community와 모국과의 정치외교 및 경제적 문제와 밀접한 관계가 있다. 모국과 거주국 사이에서 정치적 참정권 문제, 국가수립과 민족자치, 분리독립주의 운동, 전쟁과 테러 같은 안보문제, 소수민족에 대한 제도와 정책, 모국과의 무역과 투자, 민족간 국제적 연대와 통합, 민주화에 대한 압력 등의 행위가 국가를 벗어나 글로벌 수준에서 활발하게 이루어지고 있다. 국제사회에서 새롭게 나타나는 이러한 현상은 유대인과 이스라엘의 관계, 화교와 중국과의 관계를 분석해 보면 명확히 알 수 있다. 유대인들이 조국인 이스라엘을 위해 정치외교적으로 얼마나 중요한 역할을 했는지 미국 내 최대 유대인 정치로비 단체인 AIPAC의 사례를 통해 생생하게 보여주고 있다. 6000만 명 규모의 화교는 중국 개혁개방이후 국가발전 과정에 투자와 기술이전 등을 통해 현재의 중국의 경제성장을 있게 하였다.

이러한 두 사례를 통해 세계 한민족이 한국의 경제발전, 첨단과학기술 이전, 수출증대, 외자유치, 남북통일, 지역경제 활성화라는 측면에서 실질적인 기여를 하고 있음을 실증자료를 통해 제시하였다. 그리고 세계한상대회나 세계한상네트워크를 활용하여 국내 취업문제나 지역 중소기업의 해외수출시장 개척에 활용 방안을 제시하고 있다. 세계한상네트워크를 활용하여 국내 우수한 인적자원을 국제 전문 인력으로 육성하여 세계로 진출하기위한 '차세대 한상(韓商) 육성' 프로그램을 제시하고 있다. 이 책은 재외동포들의 입장에서 재외동포들이 한국의 국가발전에 어떠한 기여를 하면서 관계를 맺어 왔는가를 조사 연구하여 제시하였다. 이를 통해 국가가 재외동포 문제에 관심을 갖고 정책과 제도적 지원을 해야 하는 근거를 이야기 하는 것이다.

이제 21세기 아니 100년 후 세계를 무대로 역동적인 활동을 하게 될 한민족의 모습을 그려보아야 한다. 20세기의 한민족은 일제에 의해 강제로 이주당하거나, 반강제로 조국을 떠나 해외로 이주하였고, 해방된 이후에도 많은 수의 한민족이 귀환하지 못하고 거주국의 소수민족이나 외국인으로서 살아야 했다. 그리고 1945년 해방과 분단, 한국전쟁을 거치면서 남북분단이 고착화되고 남과 북의 이념에 따라 대립과 갈등 속에서 헤어나지 못했다.

이러한 한민족에게 극적인 변화를 가져온 것은 20세기말 구소련을 비롯한 사회주의권의 붕괴이후이다. 특히 21세기 들어 2000년 6.15 남북정상회담의 개최이후 민족간의 대립과 갈등은 약화되어가고 상호간에 교류와 협력이 진행되고 있다. 이러한 세기의 전환기에 한민족의 미래를 구상해본다는 것은 의미 있는 일이 아닐 수 없다. 왜냐하면 21세기의 한민족은 분단을 극복하여 통일국가를 이루어야하고, 세계를 무대로 역동적으로 활동해야하기 때문이다.

21세기 국제사회는 세계화와 정보화가 결합되어 네트워크 사회로 이행되고, 네트워킹이 잘되어 있는 민족, 경제적으로 잘 연결되어 있는 민족이 경쟁력을 가질 수 있다. 때문에 남북한 통일과 더불어 700만 규모의 재외한인을 네트워크화 하는 일은 한민족의 발전에 중요한 일이다.

700만 규모의 재외동포들은 한반도 주변 강대국에 90.5%가 거주하고 있는 특성을 보이고 있다. 이와 같은 재외동포들이 보유하고 있는 자본과, 첨단과학기술, 유통망, 자본주의 경험 등은 남북한 관계의 특수성으로 인한 불확실성과 비경제적 제약요인을 극복하고, 북한의 국제사회로 진출을 매개하는 역할을 할 수 있다. 그리고 재외동포들은 남북경제공동체 건설과 세계 한민족네트워크 공동체 건설하는데 중요한 민족적 자산이다. 재외동포들은 남북한을 연결하는 중요한 매개자 역할을 수행함으로써 남북한간의 경제 교류 협력에 주체로서 또는 가교자로서 역할을 할 수 있다.

현재 세계 한민족네트워크 구축 사업이 하나의 커다란 물결처럼 대부분의 정부 부처에서 진행되고 있지만 한상네트워크와 과학기술분야 네트워크 분야 정도만 활성화되어 있는 실정이다. 한민족 세계이주 140년이 된 상황에서 세계한민족네트워크 활성화를 위해서는 재외동포 관련 법적, 제도적 장치의 정비와 현안이슈 해결을 비롯하여, 네트워크 구축과 정책입안의 기반이 되는 재외동포 사회 전반에 대한 종합적 조사연구도 안되어 있다. 정부의 지원 속에 다양한 분야에서 세계한민족 네트워크가 추진되고 있지만 이를 총괄적으로 통합 조정할 네트워크가 부재하다. 세계한민족네트워크는 각 분야간의 네트워크가 국내외 한민족 상호간에 종횡으로 이루어질 경우 시너지 효과가 발생하는데 말이다. 지역별, 영역별로 분산된 한민족네트워크를 글로벌 수준의 통합네트워크로 구축하는 작업은 많은 예산과 인력이 요구되는 사업으로서 국가전략적인 측면에서 중장기 전략을 갖고 실천해야할 사업이다. 세계한민족네트워크 구축 사업을 활성화하기 위한 방향을 제시하면 다음과 같다.

첫째, 세계 '한민족 망' 구축을 위한 중장기 전략을 수립해야 한다. 국가별, 영역별, 글로벌 수준의 한민족네트워크 구축 현황을 종합조사하고, 이를 바탕으로 효율적이고 실용적인 네트워킹을 구축해야 한다. 이 기본 틀은 통일한국의 구상과 연계하여 틀을 만들어야하고 통일과정, 통일이후의 세계한민족공동체의 비전을 담아내야한다.

둘째, 세계한민족을 네트워킹하기 위해서는 정책집행 기능을 강화해야 한다. 지역별, 영역별로 분산된 한민족네트워크를 글로벌 수준의 통합네트워크로 구축하는 작업은 많은 예산과 인력이 요구되는 사업으로서 국가전략적인 측면에서 중장기 전략을 갖고 실천해야할 사업이다. 현재 재외동포와 관련 정부부처가 20여개가 넘고, 각각 예산이 편성되어 있다. 재외동포 네트워크가 개별 정부부처의 업무와 밀접한 관련이 있기 때문에 무리하게 하나의 네트워크로 통합할 필요는 없다. 다만 지역별, 영역별로 네트워크 상호간의 소통과 연대(networking of networks)가 가능하도록 조정할 필요가 있고, 이러한 역할을 할 통합네트워크로서 새로운 제도적 장치가 필요하다고 본다. 현재 총리실 재외동포정책위원회의 유명무실, 외교통상부와 재외동포재단의 한계를 극복할 제도적 장치의 마련해야 한다.

셋째, 세계한민족네트워크를 활성화하기 위해서는 무엇보다도 재외동포의 기본적인 권한과 권리 증진을 위한 기본법의 제정이 필수 불가결함에도 불구하고 재외국민을 포함한 동포의 참정권문제 및 중국과 구소련 지역 출신들의 자유로운 왕래를 위한 조치 등이 도 오늘까지 확실한 진전이 없는 실정이다. 이는 국회 통일외교통상위원회에서 재외동포문제가 외교문제, 안보문제, 통일문제, FTA문제 등에 밀려 부수적인 정책 대상으로 취급받아 온 사실을 반영한 것이다. 국회의원 연구단체로 '재외동포연구회' '한민족평화네트워크' '해외동포무역경제포럼' 등이 결성되어 국회의원 50여명이 진정한 연구 활동을 하고 있는지 궁금하다. 세계한민족네트워크 구축을 위한 재외동포 연구단체, 활동가 단체, 재외동포 언론, 재외동포단체, 재외동포재단 등이 참여하는 민간 협의회를 구성할 필요가 있다.

넷째, 새로운 분야의 한민족네트워크를 발굴하고 조직화하도록 해야 한다. 현재 경제 분야 세계한상네트워크가 세계한상대회를 통해 가장 널리 알려진 네트워크이다. 한민족과학기술인의 경우 'KOSEN'이 온라인 상에서 가장 활발한 활동을 전개하고 있다. 세계한민족네트워크가 활성화 되려면 아직은 걸음마 단계인 각 분야 차세대네트워크를 활성화 하도록 지원해야 한다. 또한, 언론 및 방송인네트워크, 민족교육자네트워크, 한민족농업인네트워크(IKAN), 세계한민족선교사네트워크, 국제한인법률인네트워크(IAKL), 세계한민족여성네트워크, 금융 및 부동산네트워크, 문화예술인네트워크, 세계태권도네트워크 등이 더욱 활성화 될 수 있도록 다각적인 방법을 강구해야 한다.

국정홍보처, 『참여정부 국정비전과 국정과제』, 국정홍보처, 2003.

국제민주연대, 「해외한국기업 인권상황 백서」, 2003년 국가인권위

권준철, 『21세기로 매진하는 중국 조선족 발전방략 연구』, (요녕민족출판사, 1997)

권태환, 『세계의 한민족: 중국』, (통일원, 1996)

권병현, "동북아 경제중심국가 건설을 위한 재외동포 역량결집방안" 노무현 대통령 취임 기념 해외동포정책 포럼, 해외교포문제연구소, 2003.

권중달, "민족통합의 조건과 실천", 『민족발전연구 제5호』, 중앙대학교 민족발전연구원 민족통일연구소, 해외민족연구소, 2001.

김병선, "사이버한민족네트워크 형성과제", 2002년 재외한인학회 연례학술회의논문집, 2002.

김강일, "남북통일에 있어서 중국 조선족의 역할," 『한국통일과 해외한인에 관한 국제학술회의 논문집』 (광주: 1998년도 전남대 사회과학연구소, 한국국제정치학회 국제학술회의논문집, 1998)

김강일, 『중국 조선족 사회의 문화우세와 발전전략』, (연길: 연변인민출판사, 2001)

김광용, "대중화경제권과 동아시아지역의 국제질서" 『중소연구』, 통권 78호 (1998년 여름)

김동석, "미주동포 정치세력화 전망", 세계한민족네트워크 국제학술회의논문집(5.18 25주년 기념한국정치학회, 전 남대 세계한상문화연구단)

김병호, "중국의 민족이론정책과 법률에 있어서의 연변조선족의 지위," 『평화연구』, 제8호, (고려대 평화연구소, 1999)

김인, "대중화경제권과 아태지역 경제협력-APEC을 중심으로," 『중소연구』. 통권 78호 (1998 여름)

김병호, 『중국 민족문제와 조선족』, (서울: 도서출판 학고방, 1997)

김재기, "통일대비 교포정책 활성화 방안연구-중국과 구소련을 중심으로-", 『통일정책I』, 서울: 통일부, 1996.

김재기, Peculiarities of the Korean Diaspora in Central Asia and Prospects of Development, (중앙아시아강제이주 60주년 기념 국제학술회의논문집, Almaty, 1997)

김재기, "신정부 중앙아시아 재외동포 정책 방향", 고려일보 창간 75주년 국제학술회의 논문집, 1998, 알마티: 고려일보사.

김재기, "중앙아시아 한인의 강제이주·정착·재이주의 정치경제", 「중앙아시아 한인연구」(연구총서5), 전남대 사회과학연구소, 1999.9

김재기, "중국의 소수민족정책과 한국의 재외동포정책"(연변대 개교50주년술회의, 1999)

김재기, "남북협력시대 과계민족(跨界民族)으로서 중국 조선족과 남북관계," 『6.15 남북공동선언과 한민족발전전략 국제학술회의논문집』, (민주평통, 한국동북아학회, 2001)

김재기, "중국의 민족문제와 '서부 대개발': 정치경제적 배경과 딜레마", 『한국동북아논총』, 제18집, (한국동북아학회, 2001년)

김재기, "중국 농촌발전과 촌민자치" 제9회 조선족발전심포지엄(2003년 1월 중국 장춘, 민화협)

김재기, "중국 조선족 집거구 해체위기와 대응", 『재외한인연구』, 제12집, (재외한인학회, 2002)

김재기, "노무현 정부에 대한 중국동포들의 호감과 기대", 『OK TIMES』, 2월호 (해외교포연구소, 2003)

김재기, "6·15공동선언 3주년 평가와 평화번영정책의 과제", 『한국동북아논총』, 제8권2호, (한국동북아학회, 2003

김재기, "중국 조선족 '집중촌' 건설현상과 네트워크 구축", 학술진흥재단 지원국제학술회의(2003년 10월 10일 북경)

김재기, "중국 동북3성 조선족 집거구 현황과 특성"『한국동북아논총』, 제8권3호, (한국동북아학회, 2003)

김재기, "한민족 경제문화 공간으로서 중국 조선족 집거구에 관한 연구", 통일부 신진연구논문집, 2003

김재기, "중국의 민족문제와 티베트이슈", 『한국동북아논총』, 제30집, (한국동북아학회, 2004)

김재기, "세계화시대 한상네트워크 구축의 정치경제", 『한국동북아논총』, 제31집,

(한국동북아학회, 2004)

김재기, "러시아 재이주 한인의 난민적 상황과 인권보호", 『민주주의와 인권』, 4권 1호, 전남대 5.18연구소, 2004

김재기, "중화경제권 화교네트워크의 부상과 조직적 특성에 관한 연구" 『대한정치학회보』, 12권 3호, (대한정치학회, 2005)

김재기, "남북통일과정에서 재외동포의 대북한 경제협력: 중국 조선족과 재일 총련을 중심으로", 『한국동북아논총』, 제34집, (한국동북아학회, 2005)

김재기, "세계한민족 디아스포라와 네트워크구축의 정치경제", 『21세기정치학회보』, 제15집2호, (21세기정치학회, 2005)

김재기, "중국 조선족 농촌 집거구 해체위기와 '집중촌' 건설론", 『통일문제연구』, 2005년 하반기. (평화문제연구소, 2005)

김재기, "중국으로부터 티베트 분리독립운동의 기원과 전개" 『대한정치학회보』, 13권 3호, (대한정치학회, 2006)

김재기, "세계한민족네트워크 활성화와 정부의 역할", 『21세기 민주주의와 한국정치』 5.18 25주년기념 한국정치학회 국제학술회의(2005.5.19. 전남대)

김재기, "세계한상네트워크와 광주지역경제", 『동북아공동네트워크구축: 한상과 화상』(제8차세계화상대회조직위, 전남대 세계한상문화연구단 공동학술회의, 2005.9.8)

김재기, "미국에서 유대인네트워크의 정치경제적 영향력", 『경영정보』, 제6호, 전남대 경영연구소, 2004

김재기, "Global Jewish Network and AIPAC" 21세기정치학회연례학술회의 (2005년 부산영산대)

김재기, 조롱제 "세계한민족 무역인네트워크 현황과 발전방향", 『평화번영정책, 통일 교육, 그리고 한민족네트워크 학술회의』(2004.10.19일 전남대학교)

Kim, Jai Gi, "The New Generation of Overseas Korean Viewpoint about North Korea and Korea Unification" World Korean Forum. (New York, UN & Millenium UN Plaza, 2005.8.12-15)

Kim, Jai Gi, "Activation of establishing network for future generation of the Global Korean" Korea Peninsula Peace and CIS Koreans, Gorbachev Foundation, ACDPU(Russia Moscow, 2005.12.16-17)

Park, Haeng Soon, Kim, Jai Gi, "Women's Network for Science &

Engineering in Gwangju-Jeonnam", The 9th international confe-
rence on Public Communication of Science and Technology
(PCST-9) Science Culture for Global Citizenship(2006.5.17-18)

박행순, 김재기 외, "중국 연변 조선족 여성과학기술인 현황과 교류협력방안," 과학
기술부 보고서(2006.5)

김재용, "대중화경제권과 동남아 화교자본."『중소연구』, 통권 73호 (1997년 봄)

김재훈, "화교경제네트워크의 구조와 행태,"『사회과학연구』, 제6집 제4호, 대구대
학교 사회과학연구소, 1999

김종국, "조선족의 ≪위기의식≫문제", 『세기교체기의 시각에서 본 중국조선족』,
(연길: 연변인민출판사, 1999),

김택권, "한국 경제의 세계화와 한민족네트워크 공동체 활용", 세계화와 민족통합:
민족분산의 현황과 한민족네트워크공동체 수립(1998 학술진흥재단 대학부설
연구소 보고서), 한림대 민족통합연구소, 1999.

김화섭, 『금융위기 이후 중화경제권의 전개와 산업협력 방향』, 서울: 산업연구원, 1998

대한상공회의소 한국경제연구센터, 『해외교포가 한국발전에 미치는 영향』, 대한상공
회의소 한국경제연구센터, 1996.

마뉴엘 카스텔. 2003.『네트워크 사회의 도래: 정보시대 경제, 사회, 문화1』, 서울:
한울아 카데미.

머레이 와이덴바움 외 共著, 지해범 역, 『화교 네트워크』, 서울: 세종서적, 1998

민주평통, "평화번영의 동북아시대" 정책보고서, 2003.

박기철, "화교네트워크의 정치적 함의 연구"『중국학연구』, 제20집, 중국학회

박기철, "화교네트워크와 경제적 연고주의", 아시아문화, 제15호,

박사명 外, 『동남아의 화인사회: 형성과 변화』, 서울: 도서출판 전통과 현대, 2000.

박준식, "네트워크 공동체의 사회적 조건과 형성"『한민족공영체』, 제10권, 해외 한
민족연구소, 2000.

박동준, "21세기 한민족공동체 실천방안"『한민족공영체』, 제10권, 해외한민족연구
소, 2000.

박승록, "한민족공동체와 경제적 네트워크 구축"『한민족공영체』, 제10권, 해외한민
족연구소, 2000.

박재선, 『유대인의 미국』, (해누리, 2002)

박창규, "새로운 국제환경과 한민족공동체," 평화연구, 제11권 2호, 고려대 평화연

구소. 2003

배정호, 『조총련계 기업의 대북투자 실태』, (서울: 민족통일연구원, 1999)

부가이, 『재소 한인들의 수난사』, 성남: 세종연구소, 1996.

(사)한중경제포럼, 『현대중국건설과 화교의 역할』(재외동포재단, 2003)

성경륭 외, 『21세기 한민족네트워크공동체의 비젼과 전략』한국방송공사, 1999

성경륭 외, "한민족네트워크공동체 육성을 위한 정책 방안", 『한민족네트워크공동체 의식조사』, 한림대학교 민족통합연구소, 1999.

세계한인무역협회(WORLD-OKTA) 평양무역상담회 준비위원회, 『OKTA 평양무역상담회』, (2004.10. 21-25, 평양인민문화궁전)

신의기, 『재중동포에 대한 범죄와 대책』, (한국형사정책연구원, 1998)

신주백, 『만주지역한인의 민족운동사(1920-1945)』, (아세아문화사, 1999)

심영섭, 김 게르만 편, 1998. 카자흐스탄 한인사: 고문서자료 제1집. 알마티: 알마아타 한국교육원.

심헌용, "강제이주의 발생 메카니즘과 민족관계의 특성 연구", 「국제정치논총」 제39집 3호, 서울: 한국국제정치학회. 1999.

심헌용 외. "독립국가연합의 정치경제적 상황과 고려인의 당면과제", 「아세아연구」 제44권 제2호, 서울: 고려대 아세아문제연구소, 2001.

심혜숙, 『중국 조선족 취락지명과 인구분포』, (연변대학출판사, 1992)

시그레이브 著, 원경주 譯, 『보이지 않는 제국, 화교 중국인 이야기』, (서울: 프리미엄북 스, 1997)

양창영. "세계한인상공인총연합회 10년사", (세계한인상공인총연합회, 2003)

에이미 추아 지음, 윤미연 옮김, "불타는 세계: 세계화는 어떻게 전세계의 민족갈등을 심화시키고 있는가?", (부광, 2004)

외교통상부, "참여정부의 재외동포정책", 2006

유진석, 『중국경제의 부상』, (삼성경제연구소, 2004)

유현석, "동북아 경제중심 실현, 추진전략과 과제" 615공동선언 3주년 학술회의논문집, (민주평통, 2003)

연변력사학회 편찬, 『연변40년기사(1949-1989)』, (연변인민출판사, 1989)

오승렬, "북한의 경제개방과 재외동포의 대북투자," 『통일문제연구』, (평화문제연구소, 2004)

윤덕희, "사회주의권의 변화와 민족주의의 부활", 『한국정치학회보』32집 2호 (서울:

한국정치학회, 1998)

윤인진, 『코리안디아스포라: 재외한인의 이주, 적응, 정체성』, (고려대학교 출판부, 2004)

윤인진, "재외동포 모국투자의 현황과 활성화 방안," 2002년 재외동포재단보고서, (재외동포재단, 2002)

윤인진, 『재외동포정책의 재검토』, 2003년 외교통상부 용역과제 보고서, (외교통상부, 2003)

이구홍, 안영진, 『재외동포연구목록』, (재외동포재단, 2000)

이만우, "한민족공동체(KC) 이론정립"『한민족공영체』, 제9권, (해외한민족연구소, 1999)

이광규, 『재중한인』, (일조각, 1994)

이종훈·박호성·이종철, 『주요 국정지표에 기초한 재외동포정책 추진방향과 재외동포재단 중장기사업계획』, (재외동포재단연구보고서 98-1, 1999)

이종훈·박호성·이종철, "한민족공동체와 한국정부의 역할," (2002년 재외한인학회 연례학술회의논문집, 2002)

이덕훈, 『화교경제의 생성과 발전』, (한남대학교출판부, 2001)

이덕훈, "화교기업의 기업가적 특성과 문화,"『생산성논집』, 제11권 제2호 (1997년 6월).

이덕훈, "화교의 자본형성 과정과 경영전략,"『경영사학』. 제16권(1997년)

이덕훈, "중화경제권의 등장과 화교경제,"『생산성논집』, 제12권 제1호(1997년 12월)

이문봉, "화교네트워크의 실상과 대응"『삼성세계경제』, (삼성경제연구소, 1994)

이문형, 『세계 華商 네트워크 분석과 한·華人경제권 협력 강화방안』, (산업연구원, 1999)

이봄철, 러시아 볼고그라드 고려인 현황과 특성, 한반도평화와 고려인 국제학술회의 2005년 12월 17일, 고르바초프재단)

이 애리아, "타지키스탄의 민족분쟁과 고려인". 통일문제 국제학술회의 발표논문집. 「한국통일과 해외 한인」. (광주: 전남대 사회과학연구소, 1998.)

연변인민출판사, 『중국의 우리민족』, (연변인민출판사, 1984)

이종철, "민족문화영역의 관점에서 본 재중동포정책 방향,", 『국제지역연구』, 제4권2호, (한국외국어대학교 외국어종합연구센터, 2000).

이채진, 『중국안의 조선족』, (청계연구소, 1988)

이형근, 『러시아남부 볼고그라드지역 한인(고려인) 정착지원을 위한 기초조사 보고서』, (서울: 우리민족서로돕기운동 한국본부, 러시아본부, 2001)

임채완, "중앙아시아 고려인의 언어적 정체성과 민족의식", 「한국통일과 해외한인」 전남대 사회과학 연구소 주최 국제학술회의, 1998년 11월.

임금숙, "연변과 조선변경지역간의 경제무역교류 현황과 전망", 『중국 조선족 사회의 문화우세와 발전전략』, (연변인민출판사, 2001)

정신철, 『중국조선족사회의 변천과 전망』, (심양: 요녕민족출판사, 1999)

정영훈, "한민족공동체 형성과제와 민족정체성 문제," 2002년 재외한인학회 연례학술회의논문집, 2002.

정진영, "동북아 경제중심 건설을 위한 외교적 과제", 2003년 한국학술연구원학술회의, 2003.

정판룡, 『중국조선족과 21세기』, (하얼빈: 흑룡강조선민족출판사, 1999)

중국조선민족발자취총서 발간위, 『개척』, 『불씨』, 『봉화』, 『결전』, 『승리』, 『창업』, 『풍랑』, 『개혁』(1-8권), (민족출판사, 1998)

재외동포재단 한상대회사무국 보도자료(문서번호 0712-07), 2004.

재외동포재단, 『한상네트워크를 통한 교역증진효과 조사』, 2004.

재일본조선인상공련합회, 『재일본조선인상공련합회 55년』 2001,

조명철, 『북한과 중국의 경제관계 현황과 전망』, (대외경제정책연구원, 1997)

조선중앙통신사, 『조선중앙년감 2000』(평양: 조선중앙통신사, 2000)

조정남, "동아시아의 민족환경과 재외한인," 『평화연구』, 제8호, (고려대평화연구소, 2000)

진희관, "재일총련의 신용조합 해체와 향후과제", 『통일경제』, (현대경제연구원, 2002)

진희관, "총련의 성격변화와 재일동포의 사회통합", 『한민족공영체』, 제11호, (해외한민족연구소, 2003)

최배근, 『네트워크사회의 경제학』, (한울아카데미, 2003)

최창모, "세계 유대인 네트워크와 반유대주의", 세계한민족네트워크 국제학술회의논문집(5.18 25주년 기념한국정치학회, 전남대 세계한상문화연구단, 2005)

최영관, 임채완, 김재기, 김강일, "한국통일과 중국 동북3성 조선족에 관한 연구," 『한국동북아논총』제20집, (한국동북아학회, 2001)

평양무역상담회 WORLD-OKTA 준비위원회, 『OKTA 평양무역상담회』, (2004.10.

21-25, 평양 인민문화궁전)

프레드 벅스텐, 최인범, 『코리안 디에스포라와 세계경제』, (국제경제연구소 특별보고서, 2003)

한국갤럽조사연구소(編), 『광복 50주년 한민족공동체 의식조사』, (공보처, 1995)

한명규, 『50달러로 억만장자가 된 한상』, (생각의 나무, 2003)

해외한민족연구소, 『21세기 한민족공동체(Korean community)형성과 과제』, (해외한민족연구소, 1998)

황덕남, "연변과 북한 변경무역의 활성화 방안," 『한·중·조 협력실태와 지역개발의 전망』, (국토연구원, 2000)

한선화, "세계한민족 과학기술자네트워크 현황과 발전방향", 『평화번영정책, 통일교육, 그리고 한민족네트워크 학술회의』, (전남대학교, 2004)

Anthony Giddens, *The Third Way: The Renewal of Social Democracy* (Polity Press, 1998)

Benard M. Hoekman and Michel M. Kostecki, *The Political Economy of the World Trading System: From GATT to WTO* (Oxford: Oxford University Press, 1996)

Bradshaw, M. J. & Kirkow, P. "The Energy Crisis in the Russian Far East: Origins and Possible Solutions", *Europe-Asia Studies*, Vol.50. No.6. 1998.

Clifford, J. "Diasporas", *Cultural Anthropology*, 9(3). 1994.

Conner, W. "The Impact of Homelands upon Diasporas", *Modern Diapora in International Politics*, (London Helm), 1996.

Safran, W. "Diaspora in Modern Societies: Myth of Homeland and Return", *Diaspora 1: 1*, 1991.

Christopher Rudolph, "Security and the Political Economy of International Migration", *American Political Science Review*, 2003.

Sowell, Thomas. *Migrations and Cultures: A World View*, N.Y.: BasicBooks. 1996.

Vertovec, Steven. "conceiving and researching transnationalism" *Ethnic and racial studies*, 22(2) March. 1999.

Wahlbeck, Osten. " The concept of diaspora as an analytical tool in the study of refugee communities", *Journal of ethnic and migration studies* Vol.28, No .2. 2002

Sowell, Thomas, *Migrations and Cultures: A World View,* N.Y.: Basic Books, 1996.

Vertovec, Steven, "Conceiving and Researching Transnationalism" *Ethnic and racia studies,* 22(2) March, 1999.

Werbner, Pnina, "The Place which is diaspora: citizenship, religion and gender in the marking of chaordic transnationalism" *Journal of ethnic and migration studies* Vol.28, No .1.. 2002,

Chang, Ryun., *Korean Church in Los Angels Metropolis in Relation to Present Status and Future Prospects.* M.A. Thesis: University of California. Los Angels. 1989.

Chin, Ku-Sup, Yoon, In-Jin, and Smith, David. "Immigrant Small Business and International Economic Linkage: A Case of the Korean Wig Industry in Los Angeles, 1968-1977". *International Migration Review.* 1996.

Choi, Helen. *The Korean-American Experience: A Detailed Analysis of How Well Korean Americans Adjust to Life in the United States.* New York: Vintage Press. 1995.

Conner, W. "The Impact of Homelands upon Diasporas". *Modern Diapora in International Politics*(London Helm). 1996.

East Asia Analytical Unit). "Overseas Chinese Business Networks in Asia". *Department of Foreign Affairs and Trade.* 1995.

East Asia Analytical Unit (EAAU), Overseas Chinese Business Networks In Asia. Department of Foreign Affairs and Trade, Commonwealth of Australia, AGPS Press, 1995.

Fred W. Riggs, "The Modernity of Ethnic Identity and Conflict", *International Political Science Review,* Vol.19, No.3, 1998,

F. Fukuyama, *The End of History and the Last Man*(London: Hamish Hamilton, 1993).

Haley, Georgre, T., *New Asian Emperors,* Heinemann, 1998.

Harry Harding, "The Concept of Greater China: Themes, Variations and Reservations." The China Quarterly, No 135 (September 1993).

Hobsbawm, *Nations and Nationalism since 1780,* (London: Canto, 1992)

Henry Teune, "Introduction: The "Problom" of Ethnic Nationalism,", *International Political Science Review,* Vol.19, No.3 (July 1998)

Hurh, Won Moo. *The Korean Americans.* Westport. Connecticut. Greenwood Press. 1998.

Immanuel Wallestein, *The Modern World-System* I. II, (New York: Academic Press, 1980)

Immanuel Kant, *Perpetual Peace(1975), Kant's Political Writings,* ed. Hans Reiss and trans. H. B. Nisbet(Cambridge University Press, 1971). pp.93-130.

Israel, Central Bureau of Statistics, *Monthly Bulletin of Statistics* (Jerusalem, 2004).

J.J. Goldberg, *Jewish Power: Inside the American Jewish Establishment,* (Perseus Publishing, 1996), pp.3-20.

John L. Gaddis, "Long Peace: Elements of Stability in the Postwar International System," *International Security* 10, (Spring, 1986).

Min, Pyong Gap. *Caught in the Middle: Korean Merchants in America's Multi-ethnic Cities.* Berkeley: University of California Press. 1996.

Min, Pyong Gap. "Minority Business Enterprise: A Case Study of Korean Small Business in Atlanta." *Ph. D. dissertation, Georgia State University.* 1983.

Min, Pyong Gap. ""Problems of Korean Immigrant Entrepreneurs." *International Migration Review.* 1990.

Min, Pyong Gap. "Korean Merchants in America's Multi-ethnic Cities." *Caught in the Middle.* Berkley: University of California Press. 1996.

Motyl, A. J. "The Modernity of Nationalism," *Journal of International Affairs,* Vol.45. No.2, 1992,

Murray Friedman, *The Neoconservative Revolution: Jewish Intellectuals and the Shaping of Public Policy*, (Cambridge University Press, 2005)

Pierre Hassner, "Beyond Nationalism and Internationalism: Ethnicity and World Order.", *Survival*, Vol.35. No.2, 1992.

Samuel P. Huntington, *The Clash of Civilization and the Remaking of World Order*(New York: Simon & Schuster, 1996).

Standifird, Stephen S. & R. Scott Marshall, "The Transaction Cost Advantage of *Guanxi*-Based Business Practices" *Journal of world business*, Spring 2000

Ted Robert Gurr and Barbara Harff, *Ethnic Conflict in World Politics* (Westview Press 1994)

Yon, K. "The Ownership Structures of Ethnic Chinese Business in the Southeast Asian Region", *Global Economic Review, 23(1)*

葛公尙, "試析跨界民族相關理論問題," 『民族硏究』, 第6期 (北京: 中國社會科學院 民族硏究所, 1999).

果洪升 主編, 『中國与前蘇聯民族問題對比硏究』(北京: 中央民族大學出版社, 1997).

國家民族事務委員會, 『中國民族工作五十年』(北京: 民族出版社, 1999).

國家民委民族問題硏究中心, 『跨世紀民族問題硏究與探索』(北京: 中央民族大學出版社, 2000).

國家民族史務委員會經濟司 編, 『中國民族統計年鑒』(北京: 民族出版社, 1998).

國家民族事務委員會, 『民族團結』, 1期 (北京: 國家民族事務委員會, 2000).

陳　虹, "民族區域自治与我國的政治法律制度", 『民族硏究』第1期(北京: 中國社會科學院民族硏究所, 1998).

経緯, "邊疆少數民族地區的政治文化和政治穩定," 『云南民族學院學報』哲社版 (1999.4).

金炳鎬, 『中國朝鮮族人口簡論』(北京: 中央民族學院出版社, 1993)

金春子・王建民, 『中國跨界民族』, 北京: 民族出版社, 1994)

都永浩, 王禹浪, "論民族意識与國家, 國民意識的關係: 兼論國家凝集力的重要性", 『民族硏究』期, 第125 號 (北京: 中國社會科學院 民族硏究所, 2000).

馬　戎, "中華民族凝集力的形成与發展", 『西北民族硏究』 第2期 (蘭州: 西北民族學院, 1999).

白光 主編, 『西部大開發: 第一部－總體戰略部署』(北京: 中國建材工業出版社, 2000).

費孝通, 『中華民族多元一體格局』(北京: 北京大學, 1997).

毛公宇·王鐵志, 『跨世紀民族問題研究与探索』(北京: 中央民族大學出版社, 2000).

新疆社會科學院歷史研究所, 『新疆簡史』第3編 (新疆人民出版社, 1997).

孫運來, 『吉林省邊疆民族地區穩定和發展的主要問題与對策』, (北京: 中央民族大
　　　學出版社, 1994)

沈林, 『中國的民族鄉』, (北京: 民族出版社, 2001).

沈桂萍, 『民族政策科學理論』(北京: 中央民族大學出版社, 1998).

潘龍海 外, 『中華民族學初探』(延吉: 延辺大學出版社, 1992).

王戈柳, 『民族區域自治制度的發展』(北京: 民族出版社, 2001).

徐興祥, "先秦時期的民族思想"『民族研究』第2期 (北京: 中國社會科學院民族研究
　　　所, 1999).

宋　全, "党的第三代領導集體堅持和完善民族區域自治制度的基本思路", 『跨世紀民
　　　族問題研究与探索』(北京: 中央民族大學出版社, 2000).

新　薇, "西藏穩健項目社會評价期望", 『民族研究』第1期 (北京: 中國社會科學院
　　　民族研究所, 2000).

鐵木尒, 『中國民族鄉統計分析与對策研究』, (北京: 民族出版社, 2002),

王鐵志, "新中國民族政策發展的歷史軌迹和時代特點", 『民族研究』5期 (北京: 中國
　　　社會科學院 民族研究所, 1999).

段爾煜, 『中國民族自治地方 行政管理學』(北京: 中央民族學院出版社, 1994).

李紅杰, "西部大開發中需要注意的若干与民族有關的問題", 『民族研究』4期, 第 126
　　　號(北京: 中國社會 科學院 民族研究所, 2000).

李俊峰, "加快西部開發的戰略對策," 『中央民族大學學報』(哲學社會科學版), 第 27
　　　號(北京: 中央民族大 學, 2000).

李國淸, 『民族區域自治与西藏的發展變化』(北京: 中央民族大學出版社, 1999).

李德洙, 『中央第三代領導与少數民族政策』(北京: 中央民族大學出版社, 1999).

李文潮 編 『中國少數民族經濟新論』(北京: 中央民族學院出版社, 1990).

張金新外, 『發展: 跨世紀中國的戰略選擇』(濟南出版社, 1997).

鄭信哲, "人口流動給朝鮮族社會發展帶來的喜与慢," 『城市中的少數民族』, (北京: 民
　　　族出版社, 2001).

曹　興, "跨界民族問題及其對地緣政治的影向," 『民族研究』, 第6期 (北京: 中國社

會科學院民族研究所1999).

中共中央宣傳部宣傳敎育局, 『改革開放20年』(北京: 學習出版社, 1998).

中國社會科學院西部發展研究中心, 『西部開發大戰略与新思路』(北京: 中共中央黨出版社, 2000).

中央統戰部民族宗敎工作局編, 『中國民族工作五十年理論和實踐』(北京: 中央民族大學出版社, 1999).

彭英明 主編, 『新編 民族理論與民族問題』(北京: 中央民族學院出版社, 1995).

何潤, 『民族理論和民族政策綱要』(北京: 中央民族大學出版社, 1999).

黃光學, 『新中國的民族關係』(鷺江出版社, 1998).

黃保勤, "西部民族地區經濟社會現狀与發展研究", 『民族研究』5期 (北京: 中國社會科學院 民族研究所, 1999).

黃健英, "西部大開的背景分析," 『中央民族大學學報』(哲學社會科學版), 3期, 第27號 (北京: 中央民族 大學, 2000)

胡中安 外, 『民族區域自治法學』(北京: 中央民族大學出版社, 1993).

吳仕民 『民族問題槪論』(四川人民出版社, 1997).

저자약력

김재기

전남 무안 출생, 광주제일고등학교 졸업
전남대 정치학박사(재외한인 및 남북관계, 중국정치)
전남대학교 세계한상문화연구단 기획연구실장(현)
중국 중앙민족대학, 연변대학 방문교수
제12기 대통령자문 민주평통 국제위원회 상임위원(현)
통일부 통일교육위원(현)
한국정치학회 국방안보분과 위원(현)
21세기정치학회 감사(현)
한국동북아학회 재외한인연구위원장(현)
전남대학교 정치외교학과 및 대학원 세계한민족네트워크협동과정 강의와 연구

〈최근 연구실적〉
「세계화시대 한상네트워크 구축의 정치경제」(한국동북아논총, 2004)
「세계 한민족 Diaspora와 네트워크 구축의 정치경제」(21세기정치학회보, 2005)
「러시아 재이주한인의 난민적 상황과 인권보호」(민주주의와 인권, 2004)
「6.15공동선언 3년의 평가와 평화번영정책의 방향」(한국동북아논총, 2003)
「중화경제권 화교네트워크 부상과 조직적 특성」(대한정치학회보, 2005)
「Global Jewish Network와 AIPAC의 정치활동」(21세기정치학회, 2005)
「남북통일과 재외동포:중국 조선족과 재일 총련」(한국동북아논총, 2005)
「중앙아시아 고려인의 러시아 볼고그라드 재이주 현상」(한국동북아논총, 2006)
「티베트의 중국으로부터 분리독립운동의 기원과 전개」(대한정치학회보, 2006)
「중국 조선족 농촌집거구 해체위기와 집중촌 건설」(통일문제연구, 2005)
「중국 조선족의 과계민족적 특성과 남북통일관」(한국동북아논총, 2006)
「중국의 민족문제와 티베트 이슈」(한국동북아논총, 2004)
「중국진출 한국기업 활용 일자리 창출방안」(국회 산자위, 2006)
「재외한인 집거지역 사회경제」(공저, 집문당, 2005)
「중국의 민족문제와 서부대개발:정치경제적 배경과 딜레마」(한국동북아논총, 2002)
등 다수

세계화시대 글로벌 코리안 네트워크와 국가발전

• 초판 인쇄	2006년 9월 30일
• 초판 발행	2006년 9월 30일
• 지 은 이	김재기
• 펴 낸 이	채종준
• 펴 낸 곳	한국학술정보㈜
	경기도 파주시 교하읍 문발리 526-2
	파주출판문화정보산업단지
	전화 031) 908-3181(대표) · 팩스 031) 908-3189
	홈페이지 http://www.kstudy.com
	e-mail(출판사업팀사업부) publish@kstudy.com
• 등 록	제일산-115호(2000. 6. 19)
• 가 격	20,000원

ISBN　　　89-534-5718-1 93340 (Paper Book)
　　　　　　89-534-5719-X 98340 (e-Book)